Was koche ich heute?

11. Oktober

Heute was Spezielles!

Alle Zutaten dazu findest du in diesem Kochbuch.

Freue mich!

Was koche ich heute?

365 Rezepte für jeden Tag

FONA

Wo nicht anders vermerkt, sind die Rezepte für 2 Personen berechnet.

www.fona.ch
Verantwortlich für das Lektorat: Léonie Haefeli-Schmid
Gestaltung Umschlag: Andrea Heimgartner, Zürich
Gestaltung Inhalt: Heidy Schuppisser, Ennetbaden
Rezepte: Quellennachweis beim Verlag
Fotos: Quellennachweis beim Verlag
Lithos: Repro Schicker AG, Baar; Neue Schwitter AG, Allschwil
Druck und Bindung: Offizin Andersen Nexö, Leipzig

ISBN 3-03780-235-9

Vorwort

Wer die Wahl hat, hat die Qual. Nicht mit diesem Buch.
Wir haben gewählt, Sie dürfen einkaufen, kochen und genießen.

Wichtige Kriterien bei der Rezeptauswahl waren eine große Vielfalt bezüglich Lebensmitteln, viel leichte Kost, Saisonalität, einheimische und fremdländische Gerichte, Rezepte für den großen und kleinen Haushalt.

Herbst und Winter ist die Zeit der Kastanien, des Kürbis, der Pastinaken und der Stachys, immer wieder anders zubereitet. Bärlauch gibt es Ende Februar und März, Erdbeeren im Mai, Kirschen im Juli und August ...

Wenn Sie den Menüplan 1:1 übernehmen, kaufen Sie garantiert saisonal und damit auch preisgünstiger ein. Und Sie werden Produzenten aus der Umgebung berücksichtigen können, was aus ökologischer Sicht sinnvoll ist.

Kulinarischen Genuss pur, 365 Tage, das wünschen wir Ihnen von Herzen.

Januar

Kalbsmedaillons in Nuss-Kräuter-Kruste

6 dünne Kalbsmedaillons, ca. 200 g

50 g grob geriebene Baumnüsse/Walnüsse
1 Hand voll gehackte Kräuter, z. B. Thymian, Rosmarin, Majoran, Salbei
½ unbehandelte Zitrone, wenig abgeriebene Schale
Kräutersalz
frisch gemahlener Pfeffer
1 Eiweiß

Olivenöl zum Braten

Zitronenscheiben für die Garnitur

1 Nüsse, Kräuter und Zitronenschalen mischen, mit Kräutersalz und Pfeffer würzen.

2 Eiweiß gut verquirlen.

3 Medaillons zuerst im Eiweiß, dann in der Nusspanade wenden, gut andrücken. Kalbfleischmedaillons in einer Bratpfanne bei mittlerer Hitze beidseitig je 4 bis 5 Minuten braten.

Varianten Kalbfleisch durch Lamm- oder Poulet-/Hähnchenfleisch oder frisches Thunfischfilet ersetzen.

Dazu passen Reis oder zweifarbige feine Nudeln

Spaghetti mit Trockentomatenpesto

200 g nicht zu feine Spaghetti

Trockentomatenpesto

50 g in Öl eingelegte getrocknete Tomaten

1 Bund Petersilie

1 Schöpflöffel Spaghettiwasser

frisch gemahlener Pfeffer

2 EL geriebener Sbrinz oder Parmesan

in Öl eingelege getrocknete Tomaten für die Garnitur

1 Trockentomaten und von den Stielen gezupfte Petersilie zu einer nicht zu feinen Paste mixen.

2 Spaghetti gemäß Packungsbeschrieb in einem großen Topf in reichlich Salzwasser al dente kochen, etwa einen Schöpflöffel Kochwasser unter den Pesto rühren. Spaghetti abgießen.

3 Heiße Spaghetti und Tomatenpesto mischen, mit Pfeffer abschmecken, anrichten, mit Käse bestreuen und mit Trockentomaten garnieren.

Dazu passt ein bunter Blattsalat

Linsen-Kürbis-Suppe mit Kokosnussmilch

1 EL Olivenöl extra nativ
1 kleine Zwiebel, gehackt
80 g orange Linsen
1 EL mittelscharfes Currypulver
300 g mehliges Kürbisfleisch, z. B. Potimarron, gewürfelt
4 dl/400 ml Gemüsebrühe
1–2 dl/100–200 ml Kokosnussmilch
Salz
1 Stück frische Ingwerwurzel, nach Belieben
Schlagrahm/-sahne für die Garnitur
1 EL gehackte Petersilie

1 Zwiebeln im Olivenöl andünsten, Linsen, Curry und Kürbis zugeben und mitdünsten, mit der Gemüsebrühe ablöschen, aufkochen, köcheln lassen, bis der Kürbis weich ist. Einen Teil der Kokosnussmilch zugeben und nochmals kurz köcheln lassen. Suppe pürieren.

2 Ingwer auf der Bircher-Rohkostreibe dazu reiben. Je nach Konsistenz mit mehr Kokosnussmilch verdünnen.

3 Heiße Linsen-Kürbis-Suppe anrichten, mit der Petersilie und wenig Schlagrahm garnieren.

Orange Linsen Sehr kurze Garzeit, 10 bis 15 Minuten, ideal für die schnelle Küche.

Gewürze Der Mix von Kokosnussmilch und Ingwer gibt der Suppe ein wunderbares exotisches Aroma.

Dazu passen ein bunt gemischter Blattsalat und knuspriges Brot

Felchenfilets in der Folie

300 g Fischfilets, Felchen, Zander oder Barsch
Kräutersalz
frisch gemahlener Pfeffer
glattblättrige Petersilie
1 unbehandelte Zitrone, in feinen Scheiben
2–3 EL Olivenöl extra nativ

1 Fischfilets mit Kräutersalz und Pfeffer würzen, auf je eine große, leicht eingeölte Alufolie legen, mit abgezupften Petersilienblättchen und ein paar Zitronenscheiben belegen, mit Olivenöl beträufeln, Folie einschlagen. Alupäckchen in eine Gratinform legen.

2 Fischfilets im vorgeheizten Backofen bei 180 °C 15 Minuten dünsten.

Dazu passt Schalen- oder Ofenkartoffeln oder Reis und ein bunter Salat

Rösti mit Pilzragout

600 g gekochte Schalenkartoffeln (fest kochende Sorte) vom Vortag
Salz
frisch gemahlener Pfeffer
Bratbutter/Butterschmalz

Pilzragout

1 EL Olivenöl extra nativ
1 kleine Zwiebel, in Streifen
200 g Pilze
1 Msp Mehl
einige EL Weißwein
einige EL Gemüsebrühe
gehackte Kräuter
1 kleine Knoblauchzehe
70 g Crème fraîche

1 Kartoffeln schälen und auf der Röstiraffel reiben, würzen. Rösti in 4 Portionen braten. Dazu die Bratpfanne ohne Fett sehr heiß werden lassen, von der Wärmequelle nehmen. Temperatur auf mittlere Stufe zurückschalten. Reichlich Bratbutter in die Bratpfanne geben, Kartoffeln einfüllen und zu einem Kuchen formen, Bratpfanne auf die Wärmequelle zurückstellen, Rösti auf beiden Seiten braten, immer wieder kraftvoll bewegen, damit sie nicht anbrennen kann. Vor dem Wenden keine Butter mehr zufügen. Größere Fettmengen oder Flüssigkeit mit Haushaltpapier auftupfen. Rösti wenden und unter Zugabe von wenig Bratbutter fertig braten. Warm stellen.

2 Pilze putzen und je nach Größe ganz lassen, halbieren oder in Scheiben schneiden, mit Zwiebeln im Olivenöl andünsten, Mehl darüber streuen. Weißwein und Gemüsebrühe zugeben, ein paar Minuten köcheln lassen. Kräuter und durchgepresste Knoblauchzehe unterrühren, abschmecken. Crème fraîche unterrühren.

Käse-Karotten-Quiche

für eine runde Form von
26–28 cm Durchmesser oder
eine mittelgroße rechteckige Form

für 3–4 Portionen

350–400 g Kuchenteig, Seite 31

2 Freilandeier
1 Becher (200 g) Naturjogurt oder Sauermilch
1 Prise frisch geriebene Muskatnuss
200 g Gruyère
300 g Karotten
3 Knoblauchzehen
1 Prise Salz
frisch gemahlener Pfeffer
1 TL gemahlener oder zerstoßener Koriander
2 Prisen Thymianpulver

1 Kuchenteig rund oder rechteckig ausrollen, in die eingefettete Form legen.

2 Backofen auf 200 °C vorheizen.

3 Gruyère auf der Röstiraffel reiben. Karotten schälen und ebenfalls auf der Röstiraffel reiben. Knoblauchzehen in sehr feine Scheiben schneiden.

4 Eier und Jogurt verquirlen, Gruyère, Karotten und Knoblauch zufügen, vermengen, würzen, auf den Teigboden verteilen.

5 Käse-Karotten-Quiche auf der zweituntersten Schiene in den Backofen schieben, bei 200 °C 30 Minuten backen.

Dazu passt ein bunt gemischter Blattsalat

Gratinierte Brüsseler Endivie

3 Brüsseler Endivien
Paniermehl/Semmelbrösel oder Kokosnussflocken oder geriebene Mandeln
1 unbehandelte Zitrone, abgeriebene Schale
50 g geriebener Sbrinz
frisch gemahlener schwarzer Pfeffer

1 Brüsseler Endivie halbieren, im Dampf 10 Minuten garen.

2 Paniermehl, Zitronenschalen und Käse mischen, abschmecken.

3 Backofen auf 200 °C vorheizen. Eine Gratinform einfetten.

4 Brüsseler Endivien in die Gratinform legen, Panade darüber verteilen. Im Ofen bei 200 °C 15 Minuten gratinieren.

Dazu passen Dampfkartoffeln oder Gnocchi, Seite 105

Saltimbocca

1 EL Olivenöl extra nativ
4 Schweinsschnitzel, je 50 g, dünn geklopft
Salz
frisch gemahlener Pfeffer
2 Scheiben Rohschinken, halbiert
4 Salbeiblätter

1 Schnitzel mit Salz und Pfeffer würzen, mit Rohschinken und Salbeiblättern belegen, mit Zahnstochern fixieren.

2 Olivenöl in einer Bratpfanne erhitzen, Saltimbocca beidseitig etwa 2 Minuten braten. Saltimbocca aus der Bratpfanne nehmen und anrichten.

Dazu passt Safranreis, Seite 222

Polentakugeln mit Pilzen und Gorgonzola

¾ l Gemüsebrühe oder halb Milch/halb Gemüsebrühe
125 g Maisgrieß

2 EL Olivenöl extra nativ
1 kleine Zwiebel
200 g Pilze, z. B. Shiitake, Austernpilze oder braune Champignons
1 Knoblauchzehe
80 g Rahm-/Sahnegorgonzola
Salz
frisch gemahlener Pfeffer
1 Bund glattblättrige Petersilie
2 EL geriebener Sbrinz oder Parmesan

1 Gemüsebrühe aufkochen, Maisgrieß einrieseln, unter häufigem Rühren 30 bis 45 Minuten bei schwacher Hitze köcheln.

2 Pilze putzen, klein schneiden. Zwiebel fein hacken. Gorgonzola zerbröckeln. Petersilie fein hacken.

3 Zwiebeln im Olivenöl andünsten, Pilze zugeben, 5 Minuten mitdünsten, Knoblauch dazupressen, Rahmgorgonzola auf den Pilzen verteilen und schmelzen lassen, mit Pfeffer würzen.

4 Von der heißen Polenta mit einem Eisportionierer Kugeln abstechen, anrichten. Heiße Pilz-Käse-Mischung darüber verteilen. Petersilie und geriebenen Käse darüber streuen. Sofort servieren.

Dazu passt ein bunter Blattsalat

Fischröllchen auf Lauchgemüse

4–6 Felchenfilets, ca. 150 g pro Person

Füllung

3–4 getrocknete Tomaten (nicht aus dem Öl) oder Tomatenpesto (Reformhaus/Bioladen)

6 entsteinte schwarze Oliven

Olivenöl extra nativ

frisch gemahlener Pfeffer

Lauchgemüse

1 EL Olivenöl extra nativ

300–400 g Lauch

1–2 getrocknete Tomaten, in Streifchen

wenig Gemüsebrühe

1 Getrocknete Tomaten in Streifen schneiden, mit Oliven und wenig Olivenöl fein pürieren oder mit einem scharfen Messer fein hacken, mit Pfeffer würzen.

2 Fischfilets mit der Paste bestreichen und aufrollen, mit einem Zahnstocher fixieren. In eine leicht geölte Gratinform legen, mit Pfeffer würzen. Kein Salz verwenden, da die Tomatenpaste schon sehr salzig ist. Röllchen mit wenig Olivenöl bepinseln. Wenig Gemüsebrühe in die Form gießen. Gratinform mit Alufolie verschließen. Im Ofen bei 180 °C etwa 12 Minuten pochieren.

3 Grobfasrige Hüllblätter vom Lauch entfernen, Stängel längs halbieren und in 1 cm breite Streifen schneiden. Lauch und getrocknete Tomaten im Olivenöl unter Rühren andünsten, wenig Gemüsebrühe zugeben, vorsichtig würzen, Gemüse knackig garen.

Dazu passen Reis oder im Dampf gegarte Kartoffeln

Linguine mit Nüssen und Kastanien

150 g Linguine oder Pasta nach Wahl
1 EL Olivenöl extra nativ
6 gekochte Kastanien (aus dem Glas)
30 g Baumnüsse/Walnüsse
1 Knoblauchzehe, in feinen Scheiben
1 Dutzend Salbeiblätter
Salz
frisch gemahlener Pfeffer
2 EL Olivenöl extra nativ
20 g geriebener Sbrinz oder Parmesan

1 Pasta in reichlich Salzwasser al dente kochen, abgießen, mit kaltem Wasser abschrecken.

2 Kastanien, Nüsse sowie Knoblauch im Olivenöl kurz braten, Salbei kurz mitbraten, mit Salz und Pfeffer abschmecken.

3 Linguine und restliches Olivenöl zu den Kastanien geben, vermengen. Anrichten. Mit Sbrinz bestreuen.

Kastanien Für dieses Rezept keine tiefgekühlten Kastanien verwenden, weil sie zu wenig Aroma haben.

Bunte Gemüsesuppe mit Avocadokugeln

2 EL Olivenöl extra nativ
200 g Karotten
200 g Knollensellerie
200 g fest kochende Kartoffeln
1 EL gehackte frische oder getrocknete Kräuter
8 dl/800 ml Gemüsebrühe
1 EL gehackte Petersilie
frisch geriebene Muskatnuss
Salz
1 reife Avocado

1 Karotten, Knollensellerie und Kartoffeln schälen und in Würfel oder Scheiben schneiden.

2 Karotten und Sellerie im Öl andünsten, getrocknete Kräuter (frische erst am Schluss zufügen), Gemüsebrühe zugeben, aufkochen, bei mittlerer Hitze 15 Minuten oder länger kochen, bis das Gemüse gar ist. Kräuter zufügen, mit Muskatnuss und Salz abschmecken.

3 Gemüsesuppe anrichten. Avocado halbieren, Stein entfernen, Fruchtfleisch mit einem Kugelausstecher portionieren, zur Suppe geben. Rasch servieren.

Kürbiscurry mit Lammfleisch

1 EL Olivenöl extra nativ
1 kleine Zwiebel
1 Knoblauchzehe
1 Spross Stangensellerie
500–600 g fruchtiges Kürbisfleisch, Muscade de Provence, Butternut, Acorn
1 TL milder Curry
wenig frischer Thymian
ca. 2 dl/200 ml Gemüsebrühe

1 TL Olivenöl extra nativ
200 g Lammfilet
Salz
frisch gemahlener Pfeffer

2 EL trocken geröstete Pinienkerne

1 Kürbisfleisch würfeln. Zwiebel und Knoblauchzehe fein hacken. Stangensellerie in Scheiben schneiden.

2 Zwiebeln, Knoblauch sowie Stangensellerie im Olivenöl gut andünsten, Kürbis nur ganz kurz mitdünsten, Curry und Thymianblättchen unterrühren, Gemüsebrühe zugeben, bei schwacher Hitze köcheln lassen, bis der Kürbis weich ist. Nicht zu oft rühren, sonst zerfallen die Kürbiswürfel.

3 Lammfilet in Würfel schneiden, im heißen Olivenöl braten, mit Salz und Pfeffer würzen.

4 Kürbiscurry mit Lammfleisch mischen, Pinienkerne darüber streuen.

Kartoffelpüree mit Oliven

600 g mehlig kochende Kartoffeln
2½ dl/250 ml heiße Milch
Salz
frisch gemahlener Pfeffer
frisch geriebene Muskatnuss
Olivenöl extra nativ
15 entsteinte schwarze Oliven, fein gehackt

1 Kartoffeln schälen und in mittelgroße Würfel schneiden, im Dampf weich garen.

2 Kartoffeln noch heiß durch Passevite/Flotte Lotte drehen, so viel heiße Milch unterrühren, bis das Püree die richtige Konsistenz hat, mit Salz, Pfeffer und Muskatnuss würzen, mit Olivenöl abschmecken. Oliven unterrühren.

Dazu passt gedünstetes Gemüse

Mexikanische Maissuppe

1 kleine Zwiebel
1 Knoblauchzehe
3–4 Pelati (aus Glas oder Dose)
2 EL Erdnussöl
3 Chiles Jalapeno (aus Dose)
1 mittelgroße Zwiebel
300 g tiefgekühlte Maiskörner
1 l Hühnerbrühe
Salz
Korianderkraut oder Petersilie

1 Kleine Zwiebel und Knoblauchzehe grob hacken. Bei den Pelati Stielansatz entfernen. Zwiebeln, Knoblauch und Tomaten pürieren.

2 Bei den Chiles den Stielansatz entfernen, Schoten in Scheiben schneiden. Zwiebel in feine Scheiben schneiden.

3 Chiles und Zwiebeln im Erdnussöl andünsten, Maiskörner kurz mitdünsten. Tomatenpüree und Hühnerbrühe zugeben, aufkochen, bei schwacher Hitze 15 Minuten köcheln lassen, mit Salz abschmecken.

4 Maissuppe anrichten, mit Koriander garnieren.

Variante Für eine dickflüssigere Suppe und mehr Maisaroma den Tomaten vor dem Pürieren 2 Esslöffel feinen Maisgrieß zugeben.

Dazu passt Mahlzeit mit einem Blattsalat beginnen

Muscheln mit Ricotta und Spinat

200 g Teigwarenmuscheln

Sauce
150–200 g Winterspinat mit Stiel/italienischer Spinat mit großen Blättern
1 Hand voll Baumnüsse/Walnüsse
250 g Ricotta
1 EL Olivenöl extra nativ
frisch gemahlener schwarzer Pfeffer
2 EL Kochwasser der Muscheln

Sbrinz oder Parmesan

1 Spinat waschen und trocken schleudern, mit den Nüssen mittelgrob hacken, Ricotta und Olivenöl unterrühren, mit Pfeffer abschmecken.

2 Muscheln in reichlich Salzwasser al dente kochen, wenig Kochwasser entnehmen, abgießen.

3 Kochwasser unter die Ricottamasse rühren, bis die Sauce sämig ist. Über die Muscheln verteilen. Käse separat servieren.

Dazu passt ein bunt gemischter Blattsalat

Gebratener Kabeljau

300 g Kabeljaubäggli/-nuggets, in mundgerechten Stücken
1–2 EL Weißmehl
1 EL grob geschnittene glattblättrige Petersilie
Salz
frisch gemahlener Pfeffer

Olivenöl zum Braten

1 Mehl auf einen flachen Teller geben, mit Salz und Pfeffer würzen, Petersilie darüber streuen. Fischstückchen sanft in die Panade drücken, mit zusätzlichem Mehl aus dem Sieb leicht bestäuben, wenig salzen.

2 Panierten Fisch in einer weiten Bratpfanne im Olivenöl beidseitig je 1 Minute braten.

Dazu passt gedünstetes Gemüse

Zwiebelrostbraten

2 EL Butter
200 g Zwiebeln, in feinen Scheiben
2 EL Mehl
1 EL Öl
2 Scheiben Rindsrostbraten (von der hohen Rippe oder vom Filet)
frisch gemahlener schwarzer Pfeffer
Salz
etwa 1 dl/100 ml Fleischbrühe
2 EL Butter

1 Zwiebelscheiben im Mehl wenden, in einer Bratpfanne in der Butter bei mittlerer Hitze unter häufigem Rühren etwa 15 Minuten knusprig braten. In eine Schüssel geben und mit ein wenig Salz bestreuen. Im Backofen bei 100 °C warm stellen.

2 Fleisch flach klopfen, Fettränder mehrmals einschneiden, mit Pfeffer würzen. Im heißen Öl auf jeder Seite kurz braten, mit Salz würzen, warm stellen.

3 Fleischbrühe in die Pfanne geben, aufkochen und Bratsatz auflösen, Butter unterrühren.

4 Fleischscheiben auf Tellern anrichten, Fleischsaft des warm gestellten Fleisches unter die Sauce rühren, nochmals aufkochen, über das Fleisch gießen. Zwiebeln darüber verteilen.

Dazu passen gedünstetes Gemüse und Kartoffelpüree (ohne Oliven), Seite 25, oder Spätzle, Seite 84.

Kastanien-Tofu-Burger mit Kräutern

100 g weicher Tofu
100 g gekochte Kastanien (aus dem Glas)
1 Kräutersträußchen, z. B. Thymian, Majoran, Rosmarin, glattblättrige Petersilie
1 Freilandei
Kräutersalz
frisch gemahlener Pfeffer
½ unbehandelte Zitrone, abgeriebene Schale

Olivenöl zum Braten

1 Tofu, Kastanien und Kräuter am besten im Cutter hacken, mit dem Ei vermengen, würzen, Zitronenschalen unterrühren.

2 Aus der Tofu-Kastanien-Masse kleine Burger formen, im Olivenöl beidseitig je 3 bis 4 Minuten braten.

Variante Einen kleinen roten Peperoncino entkernen, mit Tofu, Kastanien und Kräutern hacken.

Dazu passen gebratene Pilze und gedünstetes Gemüse

Apfelkuchen

für eine runde Form
von 28 cm Durchmesser

für 3–4 Portionen

Teig
200 g Weißmehl
½ TL Salz
100 g kalte Butterstückchen
¾–1 dl/75–100 ml Wasser

5 mittelgroße Äpfel

Guss
2 Freilandeier
2 dl/200 ml Rahm/Sahne
2 EL Zucker
1 Schuss Kirsch
½ unbehandelte Zitrone, abgeriebene Schale
1 Prise Zimtpulver

1 Für den geriebenen Teig Mehl und Salz in einer Schüssel mischen, Butterstückchen zufügen, mit dem Mehl krümelig reiben. Wasser nach und nach zugeben, rasch zusammenfügen, nicht kneten. Teig in Klarsichtfolie einwickeln, 30 bis 60 Minuten kühl stellen.

2 Teig rund ausrollen und in die eingefettete Form legen, 30 Minuten kühl stellen.

3 Backofen auf 210 °C vorheizen.

4 Äpfel schälen, vierteln und entkernen. Apfelviertel in feine Scheiben schneiden, kreisförmig auf den Teigboden legen.

5 Für den Guss Eier, Rahm, Zucker und Kirsch gut verquirlen, Zitronenschalen und Zimt zufügen, über die Äpfel gießen.

6 Apfelkuchen in der Mitte in den Ofen schieben, bei 210 °C 30 bis 40 Minuten backen.

Dazu passt Mahlzeit mit einer Gemüsesuppe beginnen

Crêpes mit buntem Gemüse

Crêpeteig

- 2 dl/200 ml Milch
- 2 Freilandeier
- 1 Prise Salz
- 60 g Weißmehl
- gehackte Kräuter

- Olivenöl zum Braten

Gemüse

- 1 EL Olivenöl extra nativ
- 1 kleine Zwiebel, gehackt
- 300 g gemischtes Gemüse
- einige EL Weißwein
- frisch gemahlener Pfeffer
- Kräutersalz

1 Für den Teig Milch und Eier verquirlen, Salz und Mehl zufügen und glatt rühren. Teig mindestens 30 Minuten zugedeckt quellen lassen.

2 Gemüse putzen und klein schneiden. Zwiebeln im Olivenöl andünsten, Gemüse zugeben und mitdünsten, mit dem Weißwein ablöschen, würzen, zugedeckt bei schwacher Hitze knackig garen.

3 Gehackte Kräuter unter den Teig rühren. In einer beschichteten Bratpfanne in wenig Olivenöl 4 Crêpes ausbacken.

4 Crêpes mit dem Gemüse belegen.

Pouletbrüstchen mit Olivenfüllung und Pinienkernen

2–3 EL Olivenpaste
frischer Thymian
2 Poulet-/Hähnchenbrüstchen, je 150 g
1–2 EL Olivenöl zum Braten
Kräutersalz
½ Eiweiß
2 EL Pinienkerne

1 Backofen auf 220 °C vorheizen.

2 Thymianblättchen von den Stielen zupfen, hacken und unter die Olivenpaste rühren.

3 Pouletbrüstchen aufschneiden, die Hälfte der Olivenpaste in die Taschen streichen. Brüstchen in einer Bratpfanne im Olivenöl beidseitig anbraten. Rest der Paste auf die Oberseite der Brüstchen verteilen (einseitig). Pinienkerne mit dem leicht verquirlten Eiweiß vermengen, auf die Paste verteilen.

4 Gefüllte Pouletbrüstchen im vorgeheizten Ofen bei 220 °C 12 Minuten backen.

Dazu passen gedünsteter Lauch, Reis, im Dampf gegarte Kartoffeln oder Nudeln

Nudeln mit Tomaten-Ingwer-Zwiebel-Sugo

200 g Nudeln oder Spaghetti
2 EL Olivenöl extra nativ
1 große Zwiebel
250 g Pelati aus dem Glas
1 Stück Ingwer
Salz

Olivenöl extra nativ
zum Abschmecken

1 Zwiebel in feine Scheiben schneiden. Stielansatz der Pelati entfernen, Tomaten zerkleinern.

2 Nudeln in reichlich Salzwasser al dente kochen, abgießen.

3 Olivenöl, Zwiebeln und Tomaten bei mittlerer Hitze langsam erwärmen, bei schwacher Hitze ein paar Minuten köcheln lassen, Ingwer schälen und dazureiben, mit Salz abschmecken.

4 Nudeln mit dem Sugo vermengen, erhitzen, mit Olivenöl beträufeln.

Dazu passt ein bunt gemischter Blattsalat

Schwertfisch in der Karottenkruste

2 Schwertfischscheiben, je ca. 200 g
Zitronensaft
Salz
frisch gemahlener Pfeffer
1 Freilandei
ca. 150 g Karotten oder mehliger Kürbis
1 EL grob gehackte glattblättrige Petersilie
Salz
frisch gemahlener Pfeffer
Olivenöl zum Braten
Limonenöl oder Olivenöl extra nativ zum Beträufeln

1 Fischscheiben mit Zitronensaft beträufeln, etwa 15 Minuten marinieren. Mit Küchenpapier trockentupfen, mit Salz und Pfeffer würzen, leicht einreiben.

2 Karotten schälen und auf der Röstiraffel reiben.

3 Ei verquirlen, Karotten und Petersilie zugeben, mit Salz und Pfeffer würzen.

4 In einer Bratpfanne das Olivenöl erhitzen. Fischscheiben in der Kürbis-Ei-Masse wenden, vorsichtig in die Bratpfanne legen, bei mittlerer Hitze auf beiden Seite je 3 bis 4 Minuten braten, je nach Dicke der Scheiben. Mit Limonen- oder Olivenöl beträufeln.

Variante Für dieses Rezept eignen sich auch andere Fische mit festem Fleisch, z. B. Seeteufel, Thunfisch usw.

Dazu passt Reis

Kastanien-Risotto mit Kräutern und Pilzen

1 EL Olivenöl extra nativ
1 kleine Zwiebel
100 g Risottoreis
½ dl/50 ml Weißwein
1 Kräutersträußchen, z. B. Salbei, Rosmarin, Thymian, gehackt
100 g gekochte Kastanien aus dem Glas oder 100 g tiefgekühlte Kastanien
ca. 4 dl/400 ml heiße Gemüse- oder Hühnerbrühe
½ dl/50 ml Rahm/Sahne
fein gehackte glattblättrige Petersilie
geriebener Sbrinz nach Belieben
frisch gemahlener Pfeffer
Olivenöl extra nativ zum Beträufeln

1 EL Olivenöl extra nativ
150 g Pilze, Sorte je nach Saison
Salz
frisch gemahlener Pfeffer

1 Zwiebel fein hacken, im mäßig heißen Olivenöl andünsten, Reis zufügen und glasig werden lassen, Weißwein und Kräuter unterrühren, nach und nach heiße Gemüsebrühe zugeben, diese immer wieder einkochen lassen. Die Garzeit beträgt etwa 20 Minuten; der Risotto soll noch Biss haben. Gekochte Kastanien die letzten 5 Minuten mitkochen, tiefgekühlte Früchte 10 bis 12 Minuten vor Ende der Garzeit unter den Reis rühren. Die Kastanien dürfen zerfallen. Risotto mit dem Rahm verfeinern und diesen ein wenig einkochen lassen. Kurz vor dem Servieren mit Petersilie und Sbrinz bestreuen. Mit frisch gemahlenem Pfeffer abschmecken, nach Belieben mit einigen Tropfen Olivenöl abrunden.

2 Pilze mit einem trockenen Tuch abreiben, je nach Größe halbieren, vierteln oder in Streifen schneiden, im Olivenöl braten, mit Salz und Pfeffer abschmecken, über den Risotto verteilen.

Dazu passt ein bunt gemischter Blattsalat

Lauchsalat mit Tomaten und Roquefort

1 große Lauchstange
60 g in Öl eingelegte getrocknete Tomaten
10 schwarze Oliven
8 Baumnuss-/Walnusskernhälften oder 2 EL Kürbiskerne
100 g Roquefort oder Ziegenfrischkäse oder Pecorino dolce, zerbröckelt

Sauce
2 EL Himbeer-, Apfel- oder Rotweinessig
1 TL Balsamico-Essig
frisch gemahlener Pfeffer
Kräutersalz
4–5 EL Olivenöl extra nativ
1 EL gehackte Petersilie

1 Grobfasrige Hüllblätter beim Lauch entfernen, Stange längs halbieren, quer in 1 cm breite Streifen schneiden, im Dampf knackig garen.

2 Für die Sauce sämtliche Zutaten glatt rühren. Den noch lauwarmen Lauch zufügen, vermengen, 15 Minuten marinieren. Getrocknete Tomaten in feine Streifen schneiden, mit den Oliven unter den Salat mischen.

3 Salat anrichten, mit Roquefort und Nüssen garnieren.

Dazu passt Mahlzeit mit einer Gemüsecremesuppe beginnen

Kartoffel-Wirz-Suppe

2 EL Olivenöl extra nativ
1 kleine Zwiebel
300 g fest kochende Kartoffeln
1 l Gemüsebrühe
1 mittelgroßer Wirz/Wirsing, 400 g
1 dl/100 ml Rahm/Sahne
Kräutersalz
frisch gemahlener Pfeffer
frisch geriebene Muskatnuss

1 Zwiebel fein hacken. Kartoffeln schälen und klein würfeln. Äußere zähe Blätter des Wirz entfernen, Wirz im Cutter oder von Hand hacken.

2 Zwiebeln im Olivenöl andünsten, Kartoffeln und Gemüsebrühe zugeben, aufkochen, bei schwacher Hitze 5 Minuten kochen, Wirz zugeben, weitere 5 bis 10 Minuten kochen, Rahm zugeben, würzen.

Variante einen Eintopf zubereiten und die Flüssigkeitsmenge entsprechend reduzieren.

Gesundheit Kohl ist eines der gesündesten Gemüse überhaupt.

Lammkotelett in der Honig-Nuss-Kruste

6 Lammkoteletts
50 g mittelfein gehackte Baumnüsse/Walnüsse oder Haselnüsse oder halb/halb
frische Kräuter, z. B. Rosmarin, Thymian, Majoran, wenig Salbei, grob gehackt
1 EL Honig
1 EL Olivenöl extra nativ
Kräutersalz
alter Balsamico-Essig zum Beträufeln

Olivenöl zum Braten

Kürbisgemüse

1 EL Olivenöl extra nativ
250 g Kürbisfleisch, z. B. Butternut (fester, süßlicher Kürbis), gewürfelt
2 EL Honig
1 Rosmarinzweiglein, Nadeln abgestreift und fein gehackt oder 1 TL Thymianblättchen
wenig Gemüsebrühe oder Wasser
Salz

Salbei und/oder Rosmarin für die Garnitur

1 Für die Fleischkruste Nüsse, Kräuter, Honig und Olivenöl verrühren, mit Kräutersalz abschmecken.

2 Für das Gemüse Kürbis im Olivenöl andünsten, Honig darüber träufeln, unter Rühren leicht karamellisieren, Rosmarinnadeln zufügen, ein wenig Gemüsebrühe angießen, Kürbis bei schwacher Hitze weich garen, mit Salz abrunden.

3 Lammkoteletts mit der Nuss-Kräuter-Masse gleichmäßig «einpacken», Panade gut andrücken, in einer Bratpfanne in wenig Olivenöl bei mittlerer Hitze beidseitig braten, je 2 bis 4 Minuten. Mit Balsamico-Essig beträufeln.

4 Kürbisgemüse mit den Koteletts anrichten, mit den Kräutern garnieren.

Reisnudeln mit Tofu

2 Schalotten
8 schwarze Pfefferkörner
1 große frische rote Chilischote
½ TL Salz
6 EL Kokosnusscreme
3 EL Gemüsebrühe oder Wasser
1 TL Zucker
½ TL Chilipulver
2 EL helle pikante Sojasauce
150 g dünne Reisnudeln (Sen mee)
150 g Tofu
Öl zum Frittieren oder Braten
100 g Sojasprossen
1 kleine Zwiebel, fein gehackt
Koriander für die Garnitur

1 Reisnudeln 20 Minuten in viel kaltem Wasser einweichen.

2 Tofu in Würfel schneiden, in einer Fritteuse frittieren oder in einer beschichteten Bratpfanne braten.

3 Zerkleinerte Schalotten, Pfefferkörner, zerkleinerte Chilischote und Salz im Mörser zu einer Paste zerstoßen.

4 Kokosnusscreme in einem Topf oder im Wok erwärmen, nicht kochen. Gemüsebrühe, Zucker, Chilipulver, Sojasauce und Gewürzpaste unterrühren.

5 Reisnudeln auseinanderziehen, mit der Sauce vermengen, köcheln lassen, bis die Nudeln fast gar sind. Tofuwürfel, Sojasprossen und Zwiebeln untermischen, mit dem Koriander garnieren.

Bouillabaisse mit Sauce Rouille

für 4 Personen

3 EL Olivenöl extra nativ
4 Schalotten, fein gehackt
1 Knoblauchzehe, in feinen Scheiben
je 100 g Fenchel, Lauch, Stangensellerie, Karotten, in feinen Streifen
1 EL Thymianblättchen
1 unbehandelte Orange, abgeriebene Schale
2 Briefchen Safranpulver
1 Lorbeerblatt
1 EL Pastis (französischer Anisschnaps)
1 l Fischfond (aus dem Glas)
Salz
frisch gemahlener schwarzer Pfeffer
400 g fest kochende Kartoffeln, in 1 cm großen Würfeln
800 g gemischter Meerfisch, in Stücken oder Filets, z.B. Seeteufel, Thunfisch, Knurrhahn

Sauce Rouille

8 Knoblauchzehen
100 g Peperoni/Paprikaschote
2 EL Bouillabaissebrühe
1–2 Eigelbe von Freilandeiern
6 EL Olivenöl extra nativ
1 mittelgroße gekochte Schalenkartoffel
Salz
frisch gemahlener schwarzer Pfeffer
einige Safranfäden

1 Olivenöl in einem großen Topf erhitzen, Schalotten und Knoblauch darin andünsten. Gemüsestreifen, Thymian, Orangenschalen, Safranpulver und Lorbeerblatt zugeben und andünsten. Pastis und Fischfond zugeben, aufkochen, mit Salz und Pfeffer würzen. Kartoffeln zugeben, aufkochen, bei schwacher Hitze etwa 10 Minuten köcheln lassen, bis die Kartoffeln knapp gar sind. Fischstücke zufügen, aufkochen, Topf von der Wärmequelle nehmen, zugedeckt 10 Minuten garziehen lassen.

2 Für die Sauce Rouille Knoblauch, Peperoni, Bouillabaissebrühe und Eigelbe fein pürieren. Olivenöl nach und nach unterrühren. Kartoffel schälen, durch ein feines Sieb streichen, unter die Sauce rühren, mit Salz und Pfeffer abschmecken. Separat servieren.

Lötschentaler Käseküchlein

200 g Alpkäse
1 EL scharfer Senf
1 EL Mehl

Rapsöl zum Braten

Teig
1 Freilandei
¼–½ dl/25–50 ml Milch
50 g Weißmehl
1 Prise Kräutersalz
Thymianblättchen
1 Bund Schnittlauch, fein geschnitten

1 Für den Teig Ei und Milch verquirlen, Mehl und Kräutersalz unterrühren. Teig etwa 30 Minuten zugedeckt quellen lassen. Kräuter unterrühren.

2 Alpkäse in 3 bis 5 mm dicke Scheiben schneiden, dünn mit Senf bestreichen, mit Mehl bestäuben.

3 In einer Bratpfanne wenig Rapsöl erhitzen. Käse durch den Teig ziehen, im Öl bei mittlerer Hitze beidseitig braten.

Dazu passt gedünsteter Lauch; 2 EL Rosinen/Sultaninen mit 1 dl/100 ml kochendem Weißwein übergießen, 5 Minuten quellen lassen. Etwa 300 g Lauch von den grobfasrigen Blättern befreien, Stangen längs aufschneiden und in feine Streifen schneiden, in 1 EL Butter andünsten, Rosinen mit Flüssigkeit zum Lauch geben, knackig dünsten, mit Kräutersalz und Pfeffer würzen.

Februar

Geschmorte Kalbshaxen	1
Ricotta-Grieß-Burger	2
Pikanter Lauch-Curry mit Krevetten	3
Kastanien-Zwiebel-Suppe mit Rotwein	4
Kartoffel-Teigwaren-Gratin	5
Züritopf	6
Gebratene Felchenfilets auf Lauch-Wirsing-Gemüse	7
Reiskuchen mit Apfelstückchen	8
Nuss-Kartoffel-Pastete	9
Kürbis-Kohl-Gemüse mit Kichererbsen	10
Schrotbratlinge mit Lauch	11
Bunter Endiviensalat	12
Kartoffeln in weißer Sauce	13
Fruchtiges Sauerkraut mit Apfelwürfelchen und Pilzen	14
Risotto-Küchlein mit Kürbis und Feta	15
Kokoscurry mit roten Bohnen	16
Schweinesteak mit Champignons	17
Erbscremesuppe	18
Seeteufel auf Oliven-Lauch-Gemüse	19
Pasta alle rape	20
Kutteln in Tomatensauce	21
Kürbis-Kräuter-Quiche	22
Suppeneintopf mit Kohl und Rüben	23
Kastanienravioli mit Salbeibutter	24
Seelachs süßsauer	25
Wirz mit Rahmsauce	26
Rindsaftschnitzel	27
Kürbispuffer	28
Apfel-Risotto mit Frischkäse	29

Geschmorte Kalbshaxen

2 EL Olivenöl extra nativ
2 Kalbshaxenscheiben
1 mittelgroße Zwiebel
2 mittelgroße Karotten
2 Sprossen Stangensellerie
Salz
frisch gemahlener Pfeffer
Wasser oder Weißwein oder Rotwein
250 g Tomaten aus dem Glas
ca. 2 cm Ingwerwurzel oder ½ unbehandelte Zitrone, abgeriebene Schale
Olivenöl extra nativ

1 Zwiebel grob hacken. Karotten schälen, in 5 bis 8 cm lange Stäbchen schneiden. Stangensellerie in 5 bis 8 cm lange Stücke schneiden.

2 Kalbshaxen in einem Brattopf im Olivenöl rundum kräftig anbraten. Zwiebeln, Karotten und Stangensellerie zufügen und mitdünsten, mit Salz und Pfeffer würzen, wenig Flüssigkeit zugeben, Haxen bei schwacher Hitze 15 bis 20 Minuten schmoren. Bei den Pelati den Stielansatz entfernen, Tomaten längs vierteln oder achteln, zu den Kalbshaxen geben, 25 bis 30 Minuten schmoren. Ingwer schälen, auf der Bircher-Rohkostreibe zum Fleisch reiben, bei schwacher Hitze nochmals 60 Minuten schmoren. Mit Olivenöl beträufeln.

Wichtig Kalbshaxen bei niedrigster Temperatur schmoren.

Dazu passt Polenta, Seite 20, oder Gnocchi, Seite 105, oder Kartoffelpüree, Seite 99

Ricotta-Grieß-Burger

250 g Ricotta
1 Freilandei
4 EL Weizengrieß
½ unbehandelte Zitrone, abgeriebene Schale
½ Bund glattblättrige Petersilie, fein gehackt
1 Knoblauchzehe
Salz
frisch gemahlener Pfeffer
feine Haferflocken

Olivenöl zum Braten

1 Ricotta, Ei, Grieß, Zitronenschalen und Petersilie vermengen, Knoblauchzehe dazupressen, mit Salz und Pfeffer würzen.

2 Aus der Masse mit einem Eisportionierer oder einem Esslöffel Kugeln respektive Klöße abstechen, mit Hilfe der Haferflocken 8 Burger formen.

3 Burger in einer beschichteten Bratpfanne in wenig Olivenöl bei mittlerer Hitze beidseitig braten, je 4 bis 5 Minuten.

Dazu passen gedünstetes Gemüse und Salat

Pikanter Lauch-Curry mit Krevetten

1 EL Olivenöl extra nativ
400 g Lauch
1 kleine Zwiebel, fein gehackt
1 Knoblauchzehe, fein gehackt
1 TL mittelscharfer Curry
1 Prise Ingwerpulver, nach Belieben
2 EL Weißwein
2 TL Sojasauce
wenig Gemüsebrühe
Salz
frisch gemahlener Pfeffer
250 g geschälte Krevetten/Garnelen
Olivenöl zum Braten
Kräutersalz
½ Zitrone, Saft

1 Grobfasrige Hüllblätter beim Lauch entfernen, Stangen längs halbieren und quer in 5 cm breite Stücke schneiden.

2 Lauch, Zwiebeln und Knoblauch im Olivenöl andünsten. Curry und Ingwer darüber streuen. Weißwein und Sojasauce zugeben und unter zeitweiligem Rühren dünsten, bis der Lauch gar, aber noch knackig ist. Eventuell noch etwas Gemüsebrühe zugeben, mit Salz und Pfeffer abschmecken.

3 Krevetten im Olivenöl kurz braten, mit Kräutersalz würzen, auf dem Lauch-Curry anrichten, mit Zitronensaft beträufeln.

Dazu passen Reis oder im Dampf gegarte Kartoffeln

Kastanien-Zwiebel-Suppe mit Rotwein

2 EL Olivenöl extra nativ
1 mittelgroße Zwiebel, gehackt
reichlich frische Rosmarinnadeln oder 1 Bund Thymian, Blättchen abgestreift
300 g gekochte Kastanien aus dem Glas oder 300 g tiefgekühlte Kastanien
1 dl/100 ml kräftiger Rotwein
6–7 dl/600–700 ml Gemüse- oder Hühnerbrühe
frisch gemahlener Pfeffer
1 dl/100 ml Rahm/Sahne

Thymianblättchen zum Bestreuen

1 Zwiebeln im Olivenöl braun und knusprig braten. Rosmarin oder Thymian zufügen und kurz andünsten, Kastanien und Rotwein zugeben, 2 bis 3 Minuten köcheln lassen, mit Gemüsebrühe auffüllen, aufkochen, bei schwacher Hitze kochen, bis die Kastanien zerfallen sind. Suppe pürieren.

2 Kastanienuppe anrichten, mit dem steif geschlagenen Rahm garnieren, mit Thymianblättchen bestreuen. Nach Belieben mit Olivenöl beträufeln.

Dazu passen ein bunter Salat aus Wurzeln (Karotten, Knollensellerie, Randen/Rote Bete usw.) und winterliche Blattsalate

Kartoffel-Teigwaren-Gratin

1 EL Butter
1 große Zwiebel
1 EL Mehl
1½ dl/150 ml Milch
3 dl/300 ml Gemüsebrühe
300 g fest kochende Kartoffeln
60–80 g Teigwaren, z. B. Hörnli oder Muscheln
frisch gemahlener Pfeffer
Muskatnuss
80 g geriebener Gruyère

1 Zwiebel und Kartoffeln schälen, beides in feine Scheiben schneiden.

2 Zwiebeln in der Butter andünsten, mit Mehl bestäuben, gut vermengen. Milch zugeben, aufkochen, Sauce unter Rühren bei schwacher Hitze dickflüssig einkochen lassen. Gemüsebrühe zugeben, unter Rühren aufkochen. Kartoffeln und Teigwaren zugeben, das Ganze zugedeckt bei schwacher Hitze 15 bis 20 Minuten köcheln lassen, bis die Teigwaren und die Kartoffeln gar sind, gelegentlich rühren. Würzen.

3 Backofen auf 250 °C vorheizen.

4 Kartoffel-Teigwaren-Mischung in eine eingefettete Gratinform oder in Portionenförmchen füllen, Gruyère darüber streuen.

5 Gratinform auf mittlerer Schiene in den Ofen schieben, bei 250 °C rund 10 Minuten überbacken.

Dazu passt ein bunter Salat aus Wurzelgemüse und Blattsalat

Züritopf

für 4 Portionen

2 EL Erdnussöl
400–600 g Schweinsragout
2 dl/200 ml helles Bier
2 dl/200 ml Fleischbrühe
300 g Weißkabis/-kohl, ohne Strunk
4 fest kochende mittelgroße Kartoffeln
12 tiefgekühlte Kastanien, nach Belieben

1 Kabisblätter in Streifen schneiden. Kartoffeln schälen und vierteln.

2 Schweinsragout in einem Brattopf im Erdnussöl rundum kräftig anbraten, mit Bier und Fleischbrühe ablöschen, aufkochen, zugedeckt bei schwacher Hitze 30 Minuten schmoren. Kabis und Kartoffeln zum Ragout geben, zugedeckt weitere 30 Minuten schmoren, bis die Kartoffeln gar sind. Eventuell noch etwas mehr Fleischbrühe zugeben. Kastanien zugeben, erwärmen.

Variante Mit gebratenen Cipollata/Kalbsbratwürsten anrichten.

Gebratene Felchenfilets auf Lauch-Wirsing-Gemüse

250–300 g Felchenfilets
wenig Zitronensaft
Salz, Zitronenpfeffer
Mehl zum Wenden
Olivenöl zum Braten
2 EL weißer Balsamico
Olivenöl extra nativ zum Beträufeln

Lauch-Wirsing-Gemüse
1 EL Olivenöl extra nativ
1 kleine Zwiebel, fein gehackt
200 g Wirz/Wirsing, in Streifen
1 kleiner Lauch
½ dl/50 ml Weißwein
2–3 EL Gemüsebrühe
Zitronenpfeffer
je 1 Prise Ingwer- und Korianderpulver
Salz

1 Felchenfilets mit Küchenpapier trockentupfen, mit Zitronensaft beträufeln, mit Salz und Zitronenpfeffer würzen, sanft einreiben, 10 Minuten marinieren.

2 Grobfasrige Blätter beim Lauch entfernen, die Stange in Scheiben schneiden. Zwiebeln im Olivenöl andünsten, Wirz und Lauch zugeben und mitdünsten, Weißwein und Gemüsebrühe zugeben, mit Zitronenpfeffer, Ingwer, Koriander und Salz würzen, Gemüse knackig dünsten.

3 Fischfilets trockentupfen, im Mehl wenden und überschüssiges Mehl abschütteln. Fischfilets in einer beschichteten Bratpfanne im Olivenöl beidseitig braten, je 2 bis 3 Minuten.

4 Lauch-Wirsing-Gemüse auf vorgewärmten Tellern anrichten. Fischfilets darauf legen, mit weißem Balsamico und Olivenöl beträufeln.

Reiskuchen mit Apfelstückchen

für eine Springform
von 20 cm Durchmesser

für 4 bis 6 Personen

süßer Mürbeteig
150 g Weißmehl
1 Prise Salz
25 g Zucker
75 g kalte Butterstückchen
1 Eigelb von einem Freilandei

400 g Äpfel
1 dl/100 ml Apfelsaft
80 g Rundkornreis (Milchreis)
2½ dl/250 ml Milch
1 Prise Salz
1 Vanilleschote, aufgeschnitten
30 g Butter
1 unbehandelte Zitrone, abgeriebene Schale
3 Eigelbe von Freilandeiern
50 g Akazienblütenhonig
3 Eiweiß
1 TL Puderzucker

weiche Butter für die Form
Puderzucker zum Bestäuben

1 Für den Teig Mehl, Salz und Zucker mischen, Butter zufügen, mit dem Mehl krümelig reiben. Eigelb zufügen, zu einem weichen Teig zusammenfügen, nicht kneten. 30 Minuten kühl stellen. Rand und Boden der Springform mit der Butter einfetten. Teig groß genug ausrollen, dass auch der Rand ausgekleidet werden kann, in die Form legen. Kühl stellen.

2 Äpfel schälen, vierteln und entkernen, Fruchtviertel würfeln, im Apfelsaft weich kochen, mit einem Schaumlöffel herausnehmen. Apfelsaft bei schwacher Hitze köcheln lassen, bis er bindet, Apfelwürfelchen zugeben.

3 Reis, Milch, Salz, Vanilleschote, Butter und Zitronenschalen aufkochen, Reis bei schwacher Hitze weich garen, rund 20 Minuten. Vanillemark abstreifen und unterrühren, Schoten entfernen. Eigelbe mit dem Honig zu einer luftigen Creme aufschlagen, unter die noch warme Reismasse rühren. Eiweiß und Puderzucker zu steifem Schnee schlagen, unter die Reismasse ziehen. Die Hälfte der Reismasse auf dem Teigboden ausstreichen, Äpfel darauf verteilen, mit dem restlichen Reis zudecken. Reis-Apfel-Kuchen in der Mitte in den auf 180 °C vorgeheizten Ofen schieben, 1 Stunde backen.

Dazu passt die Mahlzeit mit einer klaren Gemüsesuppe beginnen, z. B. Rezept Seite 23

Nuss-Kartoffel-Pastete

für 2 Cake-/Kastenformen von 15 cm Länge

500 g mehlig kochende Kartoffeln
100 g grob gehackte Baumnüsse/Walnüsse
120 g geriebener Gruyère oder anderer Reibkäse
3 Freilandeier, Eigelb und Eiweiß getrennt
1 TL eingelegte grüne Pfefferkörner
1 TL Salz
1 EL gehackte Kräuter, z. B. Basilikum, Bärlauch oder glattblättrige Petersilie

1 Kartoffeln in der Schale im Dampf weich kochen.

2 Backofen auf 180 °C vorheizen. Cakeformen einfetten.

3 Schalenkartoffeln noch heiß schälen und durch Passevite/Flotte Lotte drehen oder mit dem Kartoffelstampfer fein zerdrücken. Nüsse, Käse, Eigelbe und grüne Pfefferkörner unterrühren, mit Salz und Kräutern würzen. Eiweiß zu Schnee schlagen und unterziehen. Masse in die Formen füllen und glatt streichen.

4 Formen in der Mitte in den Ofen schieben, bei 180 °C 30 bis 40 Minuten backen. Auskühlen lassen.

Dazu passen ein bunter Salat und Crème fraîche, angereichert mit viel gehackten Kräutern, abgeschmeckt mit Salz und Pfeffer

Kürbis-Kohl-Gemüse mit Kichererbsen

2 EL Olivenöl extra nativ
1 kleine Zwiebel, fein gehackt
1 Knoblauchzehe, fein gehackt
½ roter Peperoncino
200 g Weißkabis/-kohl, in Streifen
400 g fruchtiges Kürbisfleisch
200 g Karotten
100 g gekochte Kichererbsen
½ dl/50 ml Gemüsebrühe
1 EL Sojasauce
wenig Zitronensaft
je 1 Prise Zimt- und Ingwerpulver
Salz

1 Peperoncino ganz lassen und in Ringe schneiden oder längs aufschneiden, entkernen und in Streifchen schneiden. Kürbis und Karotten schälen und in Stäbchen schneiden.

2 Zwiebeln, Knoblauch, Peperoncini, Kohl, Kürbis und Karotten im Wok oder in einer Bratpfanne im Olivenöl bei mittlerer Hitze ein paar Minuten rührbraten. Kichererbsen, Gemüsebrühe und Sojasauce zugeben, ein paar Minuten köcheln lassen. Mit Zitronensaft, Zimt, Ingwer und Salz abschmecken.

Schrotbratlinge mit Lauch

100 g mittelgrober Schrot von Dinkel, Weizen oder Grünkern
2 dl/200 ml Wasser
1 TL mildes Currypulver
1 TL Gemüsebrühepulver oder 1 TL Kräutersalz
2 EL Olivenöl extra nativ
1 kleine Zwiebel, fein gehackt
1–2 Knoblauchzehen, fein gehackt, nach Belieben
1 mittelgroße Lauchstange
1 Kräutersträußchen
1 Freilandei
Salz
frisch gemahlener schwarzer Pfeffer
Olivenöl zum Braten

1 Schrot in einem Kochtopf unter Rühren bei mittlerer Hitze leicht rösten, mit dem Wasser ablöschen, mit Curry und Gemüsebrühepulver würzen, aufkochen, bei schwacher Hitze etwa 15 Minuten köcheln, dann auf der ausgeschalteten Wärmequelle etwa 30 Minuten ausquellen lassen.

2 Grobfasrige Blätter beim Lauch entfernen, Stange längs halbieren und quer in Streifchen schneiden, im Olivenöl andünsten, abkühlen lassen. Kräuter fein hacken, mit dem Lauch vermengen, Ei und Schrot zufügen, vermengen, mit Salz und Pfeffer abschmecken.

3 Von der Schrotmasse mit einem Eisportionierer Kugeln abstechen, in ein rundes Ausstechförmchen füllen, die Masse glatt streichen, das Förmchen entfernen, so verfahren, bis die Masse aufgebraucht ist. In einer beschichteten Bratpfanne wenig Olivenöl erhitzen, Schrotbratlinge mit dem Spatel behutsam in die Pfanne legen und bei mittlerer Hitze auf beiden Seiten je etwa 3 Minuten braten.

Dazu passt ein bunter Salat

Bunter Endiviensalat

1 kleiner Cicorino rosso/ Radicchio di Verona
1 Brüsseler Endivie
¼ Kopf krause Endivie/Escariol
glattblättrige Petersilie
1 EL Olivenöl zum Braten
50–100 g Shiitake, Steinpilze oder Champignons
einige gekochte Kastanien aus dem Glas
6 Baumnüsse/Walnüsse, grob gehackt
1 Thymianzweiglein, Blättchen abgezupft
50 g Roquefort, zerbröckelt, oder anderer Käse
50 g Bacon (Frühstücksspeck)

Sauce

2–3 EL Olivenöl extra nativ
1 EL Balsamico-Essig
½ kleine Zitrone, Saft
Kräutersalz nach Belieben
frisch gemahlener Pfeffer

1 Cicorino rosso, Brüsseler Endivie und krause Endivie in mundgerechte Stücke schneiden. Petersilie von den Stielen zupfen.

2 Pilze trocken abreiben, je nach Größe ganz lassen, halbieren, vierteln oder in Streifen schneiden, im Olivenöl ein paar Minuten braten, mit Salz und Pfeffer abschmecken.

3 Kastanien und Nüsse im Olivenöl kurz knusprig braten, mit Thymianblättchen, Salz und Pfeffer würzen.

4 Speckscheiben in der heißen Pilzpfanne ohne Fett kurz braten.

5 Sauce zubereiten, mit wenig Kräutersalz und Pfeffer würzen.

6 Blattsalate, Petersilie, Pilze, Kastanien-Baumnuss-Gemisch und Roquefort vermengen, auf Tellern anrichten. Sauce darüber träufeln. Mit den Speckscheiben garnieren.

Variante Speck durch Bündner Fleisch ersetzen. Die Scheiben aber nicht braten, sondern lediglich einrollen.

Dazu passt knuspriges Brot

Kartoffeln in weißer Sauce

500 g fest kochende Kartoffeln
1 TL Mehl
1 dl/100 ml Gemüsebrühe
2–3 EL Weißwein
½ dl/50 ml Rahm/Sahne
Salz
frisch gemahlener Pfeffer
1 Hand voll Kräuter

1 Kartoffeln schälen, quer halbieren und längs vierteln.

2 Mehl und Gemüsebrühe in einer Pfanne glatt rühren, Weißwein und Rahm unterrühren, aufkochen, 2 bis 3 Minuten köcheln lassen, würzen. Kartoffeln zur Sauce geben, bei schwacher Hitze weich kochen, fein gehackte Kräuter unterrühren.

Tipp Eine zu dünne Sauce mit Mehlbutter binden. Dazu die gleiche Menge Butter und Mehl zusammenfügen und krümelig zu den Kartoffeln reiben, kurz köcheln lassen.

Dazu passen kurz gebratenes Fleisch und ein bunter Blattsalat

Fruchtiges Sauerkraut mit Apfelwürfelchen und Pilzen

- 1 TL Bratbutter/Butterschmalz
- 1 mittelgroßer Boskoop
- 1 kleine Zwiebel
- 1½–2 dl/150–200 ml Naturtrüb-Süßmost/Apfelsaft
- 200–300 g rohes Sauerkraut
- 1 Lorbeerblatt
- einige Pfefferkörner
- wenig frischer Meerrettich
- Kräutersalz
- frisch gemahlener weißer Pfeffer

- 1 TL Olivenöl extra nativ
- 300 g Shiitake
- 2–3 EL Weißwein
- 1 TL Aceto Balsamico

1 Kerngehäuse des Boskoop mit einem Kernausstecher ausstechen, Apfel halbieren, eine Hälfte auf der Röstiraffel reiben, Zwiebel in feine Scheiben schneiden, beides in der Butter andünsten. Süßmost, Sauerkraut, Lorbeerblatt und Pfefferkörner zugeben, aufkochen, bei schwacher Hitze rund 45 Minuten köcheln lassen.

2 Zweite Apfelhälfte in Würfelchen schneiden, in wenig Butter kurz dünsten, unter das Sauerkraut mischen. Lorbeerblatt entfernen, Kraut mit Meerrettich, Kräutersalz und Pfeffer würzen.

3 Pilze putzen, je nach Größe zerkleinern oder in Streifen schneiden. Olivenöl in einer Bratpfanne erwärmen, Pilze zugeben und anbraten, Weißwein zugeben, Pilze weich dünsten, mit Salz und Pfeffer würzen, mit Balsamico abrunden. Pilze mit Sauerkraut auf vorgewärmten Tellern anrichten.

Dazu passen im Dampf gegarte Kartoffeln oder Brot

Risotto-Küchlein mit Kürbis und Feta

1 EL Olivenöl extra nativ
1 kleine Zwiebel, fein gehackt
1 Knoblauchzehe, durchgepresst
150 g Risottoreis, z. B. Arborio
½ dl/50 ml Weißwein
ca. 4 dl/400 ml heiße Gemüsebrühe
150 g mehliges Kürbisfleisch, z. B. Potimarron, ohne Schale und Kerne, klein gewürfelt
15 g Butterstückchen
30 g geriebener Parmesan
1 EL fein geschnittener Schnittlauch
Salz
frisch gemahlener Pfeffer
50 g Fetawürfelchen

Olivenöl zum Braten

1 Zwiebeln und Knoblauch im Olivenöl andünsten, Reis zufügen und glasig werden lassen. Weißwein zugeben und bei schwacher Hitze einköcheln lassen, immer wieder Gemüsebrühe zugeben, damit der Reis knapp mit Flüssigkeit bedeckt ist, unter häufigem Rühren bei schwacher Hitze al dente kochen, 15 bis 20 Minuten. Während der letzten 5 Minuten Kürbis mitkochen. Butter, Parmesan und Schnittlauch unterrühren, mit Salz und Pfeffer würzen.

2 Reismasse auf einem kalt abgespülten Blechrücken gleichmäßig ausstreichen, auskühlen lassen. Aus der Reismasse Kugeln in der Größe eines Tischtennisballs formen und je einen Fetawürfel in die Mitte drücken, Küchlein formen.

3 Die Reisküchlein im Olivenöl bei mittlerer Hitze beidseitig je 3 bis 4 Minuten braten, herausnehmen, warm stellen.

Dazu passt ein bunter Blattsalat

Kokoscurry mit roten Bohnen

100 g Borlotti- oder Kidneybohnen (rote Bohnen)
1 TL Öl
1 kleine Zwiebel
1 Knoblauchzehe
300 g gemischtes Gemüse, z. B. Karotten, Knollensellerie, Pastinaken, Kabis/Kohl, Wirz/Wirsing
wenig frisch geriebene Ingwerwurzel
1 EL Curry, Schärfe nach Belieben
1½ dl/150 ml Kokosnussmilch
1 Msp Mehl
1 TL Zitronensaft
1 EL Sojasauce

1 Rote Bohnen über Nacht in reichlich Wasser einweichen. Einweichwasser anderntags weggießen. Bohnen mit viel frischem Wasser aufkochen, bei schwacher Hitze weich garen, etwa 40 Minuten.

2 Zwiebel in feine Scheiben schneiden, Knoblauchzehe hacken. Gemüse putzen/schälen, in mundgerechte Stücke schneiden.

3 Zwiebeln, Knoblauch und Gemüse in einer Bratpfanne im Öl andünsten, Ingwer und Curry mitdünsten. Kokosnussmilch und Mehl glatt rühren, in die Pfanne geben, aufkochen, Gemüse bei schwacher Hitze knackig garen. Bohnen zufügen. Mit Zitronensaft und Sojasauce abschmecken.

Variante Tofuwürfelchen in wenig Öl separat braten und zum Curry geben.

Schweinesteak mit Champignons

- 1 TL Butter
- 1 große Lauchstange
- 1 kleine Zwiebel
- 100 g Champignons
- 50 g saurer Halbrahm/saure Sahne
- Salz
- frisch gemahlener Pfeffer

- 1 EL Bratbutter/Butterschmalz
- 2 Schweinesteaks, je 120–150 g
- Paprikapulver
- ½ dl/50 ml Weißwein
- 100 g milder Gruyère

1 Pilze putzen und in Scheiben schneiden. Grobfasrige Blätter beim Lauch entfernen, Stange in Scheiben/Ringe schneiden. Zwiebel fein hacken.

2 Lauch und Zwiebeln in der Butter andünsten, Pilze kurz mitdünsten, Sauerrahm unterrühren, würzen. In eine Gratinform verteilen.

3 Backofen auf 220 °C vorheizen.

4 Steaks in der Bratbutter auf beiden Seiten je 2 Minuten braten. Mit Salz, Pfeffer und Paprika würzen, auf das Gemüse legen. Bratfond mit dem Weißwein ablöschen, aufkochen und über das Fleisch verteilen. Käse in 4 Scheiben schneiden, auf die Steaks legen, mit Paprika bestreuen.

5 Gratinform in der Mitte in den Ofen schieben, Steaks bei 220 °C etwa 10 Minuten überbacken.

Erbscremesuppe

100 g getrocknete gelbe Erbsen
1 TL Sonnenblumenöl
20 g Speckwürfelchen
1 Schalotte, fein gehackt
1 kleine Knoblauchzehe, fein gehackt
100 g gemischtes Gemüse, z. B. Karotten, Lauch, Knollensellerie
1 Lorbeerblatt
1 Prise Muskatnuss
Cayennepfeffer
Salz
½ dl/50 ml Weißwein
½ l Gemüsebrühe
½ dl/50 ml Milch
2 EL Schlagrahm/-sahne

Einlage

1 kleine Lauchstange
1 Karotte
1 Hand voll tiefgekühlte grüne Erbsen
1 Bund Schnittlauch, fein geschnitten
Würstchen, z. B. Wienerli, Frankfurter
in Butter gebratene Brotwürfelchen

1 Gelbe Erbsen über Nacht in viel kaltem Wasser einweichen. Einweichwasser am nächsten Tag weggießen.

2 Speckwürfelchen im Sonnenblumenöl anbraten, Schalotten, Knoblauch, Gemüse und eingeweichte gelbe Erbsen zugeben und mitdünsten, Gewürze zugeben, mit dem Weißwein ablöschen, wenig einköcheln lassen, mit Gemüsebrühe und Milch auffüllen, aufkochen, 30 bis 40 Minuten bei schwacher Hitze köcheln lassen. Lorbeerblatt entfernen. Suppe pürieren.

3 Für die Einlage grobfasrige Blätter beim Lauch entfernen, Stange längs halbieren und in breite Streifen schneiden. Karotte schälen und in Scheiben schneiden. Lauch und Karotten im Dampf knackig garen, Erbsen kurz mitgaren.

4 Würstchen in der Erbsensuppe erwärmen. Schlagrahm unterziehen.

5 Erbscreme auf Teller verteilen, Würstchen und Gemüse darauf verteilen. Mit Schnittlauch und Brotwürfelchen bestreuen.

Seeteufel auf Oliven-Lauch-Gemüse

5 entsteinte große grüne Oliven
1 EL Pinienkerne
2 Salbeiblätter
1 EL Olivenöl extra nativ
400 g Lauch
1 EL fein gehackte Petersilie

300 g Seeteufel, in Scheiben
1 EL Zitronensaft
Kräutersalz
frisch gemahlener Pfeffer
Olivenöl extra nativ

Zitronenscheiben für die Garnitur

1 Oliven und Pinienkerne grob hacken. Grobfaserige Blätter beim Lauch entfernen, Stängen längs halbieren und quer in feine Streifen schneiden.

2 Oliven, Pinienkerne und Salbei im Olivenöl andünsten, Lauch zugeben und einige Minuten mitdünsten, eventuell wenig Wasser zugeben, Petersilie untermischen. Warm stellen.

3 Seeteufel mit Zitronensaft beträufeln, ein paar Minuten marinieren. Trockentupfen, mit Kräutersalz und Pfeffer würzen. Im Öl beidseitig kurz braten.

4 Fisch und Oliven-Lauch-Gemüse anrichten. Mit Zitronenscheiben garnieren.

Dazu passen Reis oder im Dampf gegarte Kartoffeln

Pasta alle rape

250 g Spaghetti oder Nudeln
200–300 g Cima di Rapa/Stängelkohl

2 EL Olivenöl extra nativ
1 Knoblauchzehe, grob zerkleinert
wenig roter Peperoncino
1 dl/100 ml Weißwein oder Teigwarenkochwasser
Salz
frisch gemahlener Pfeffer

1 Cima di Rapa zerkleinern. Peperoncino grob hacken.

2 Spaghetti in reichlich Salzwasser 4 Minuten kochen. Cima di Rapa zufügen und etwa 4 Minuten mitkochen, bis die Spaghetti al dente sind. Abgießen.

3 Knoblauch und Peperoncini im Olivenöl andünsten, Weißwein zugeben, einige Minuten bei schwacher Hitze kochen, mit Salz und Pfeffer würzen. Spaghetti und Cima di rapa zur Sauce geben, gut vermengen.

21. FEBRUAR

Kutteln in Tomatensauce

1 EL Olivenöl extra nativ
1 Schalotte, fein gehackt
400 g gekochte Kutteln, in Streifen
einige getrocknete Steinpilze, eingeweicht
½ Dose (250 g) Pelati, Stielansatz entfernt, gehackt
¾ dl/75 ml Rotwein
1 TL Tomatenpüree
1 Lorbeerblatt
2 Zweiglein Majoran oder 1 Msp getrockneter Majoran
Salz
frisch gemahlener Pfeffer
wenig Schlagrahm/-sahne, nach Belieben
frischer Salbei
2 EL geriebener Parmesan

1 Schalotten im Olivenöl andünsten, Kutteln und abgetropfte Steinpilze zugeben und einige Minuten mitdünsten. Pelati, Einweichwasser der Pilze, Rotwein, Tomatenpüree, Lorbeer und Majoran zugeben, mit Salz und Pfeffer würzen, Kutteln bei schwacher Hitze 1 Stunde köcheln lassen.

2 Kuttelgericht mit Salz und Pfeffer abschmecken, Schlagrahm unterziehen, mit Basilikum garnieren. Käse separat servieren.

Dazu passen im Dampf gegarte Kartoffeln, Reis oder Weißbrot (Ciabatta).

Kürbis-Kräuter-Quiche

für ein Kuchenblech
von 28 cm Durchmesser

für 4 Portionen

350–400 g geriebener Teig, Seite 31

ganze und gehackte
geröstete Kürbiskerne

2 EL Olivenöl extra nativ
1 Schalotte, fein gehackt
1 große Knoblauchzehe, fein gehackt
600 g mehliges Kürbisfleisch, z. B. Potimarron
1 EL gehackte Kräuter, z. B. Rosmarin, Thymian, Majoran
Kräutermeersalz
Gemüsebrühepulver

Guss

3 Freilandeier
1 dl/100 ml Rahm/Sahne
1 Becher (150–180 g) Crème fraîche
Kräutersalz
frisch gemahlener Pfeffer
1 TL mittelscharfer Curry

1 Teig rund ausrollen und in die eingefettete Form legen.

2 Kürbisfleisch auf der Röstiraffel grob raspeln.

3 Schalotten, Knoblauch und Kürbis im Olivenöl gut andünsten, gehackte Kräuter untermischen, würzen.

4 Backofen auf 220 °C vorheizen.

5 Für den Guss Eier, Rahm und Crème fraîche verquirlen, würzen.

6 Ganze und gehackte Kürbiskerne auf den Teigboden streuen. Kürbismasse darauf verteilen, Guss darüber gießen.

7 Kürbis-Kräuter-Quiche in der unteren Hälfte in den Backofen schieben, bei 220 °C 25 bis 30 Minuten backen.

Dazu passt ein bunter Salat

Suppeneintopf mit Kohl und Rüben

für 4 Portionen

- 2–3 EL Olivenöl extra nativ
- 1 große Zwiebel
- 2 Knoblauchzehen
- 200 g Weißkabis-/kohl
- 200 g Karotten
- 150 g Dinkelkörner
- 1 TL Rosenpaprikapulver
- 1 TL Senf
- einige Kümmelsamen
- 1½ l Gemüsebrühe
- 150 g rohes Sauerkraut oder Sauerrüben
- 1 EL fein gehackter Majoran
- 100 g Kidneybohnen
- Kräutersalz
- frisch gemahlener Pfeffer

1 Dinkelkörner und rote Bohnen über Nacht getrennt in kaltem Wasser einlegen. Einweichwasser am nächsten Tag weggießen.

2 Indianerbohnen mit reichlich frischem Wasser aufkochen, bei schwachem Feuer etwa 45 Minuten garen, bis die Kerne weich sind, oder die Bohnenkerne im Dampfkochtopf gemäß Anleitung der Topfhersteller garen.

3 Zwiebel und Knoblauchzehen fein hacken. Kabis in feine Streifen schneiden. Karotten schälen und klein würfeln.

4 Zwiebeln, Knoblauch, Kabis und Karotten im Olivenöl andünsten, Dinkelkörner beifügen, Paprika, Senf und Kümmel unterrühren, mit der Gemüsebrühe ablöschen, aufkochen, bei schwacher Hitze etwa 20 Minuten köcheln lassen. Sauerkraut beifügen, weitere 20 bis 30 Minuten köcheln lassen, bis der Dinkel weich und etwas aufgequollen ist. Zum Schluss Indianerbohnen und Majoran unterrühren, würzen.

Kastanienravioli mit Salbeibutter

für 35 bis 45 Ravioli

für 4 Portionen

Ravioliteig
150 g Weißmehl
100 g Kastanienmehl (aus luftgetrockneten Kastanien)
2 Freilandeier
1 TL Salz
1 EL Olivenöl extra nativ
evtl. wenig Wasser (2–3 EL)
1 Bund Salbei oder Petersilie
50 g Butter

Füllung
30 g Speckwürfelchen oder 1 EL Olivenöl extra nativ
100 g gekochte Kastanien (aus dem Glas oder tiefgekühlt)
1 unbehandelte Zitrone, wenig abgeriebene Schale
reichlich fein gehackte Kräuter, z. B. Salbei, Rosmarinnadeln, Thymian, Basilikum
2 Knoblauchzehen
100 g Ricotta
40 g Ziegen- oder Kuhmilchfrischkäse
3 EL Olivenöl extra nativ
Salz
frisch gemahlener Pfeffer

1 Mehle, Eier, Salz und Olivenöl in einer Schüssel glatt rühren. So viel Wasser zugeben, dass ein glatter Teig entsteht. Teig in Klarsichtfolie einwickeln, bei Zimmertemperatur mindestens 30 Minuten ruhen lassen.

2 Ravioliteig auf bemehlter Arbeitsfläche dünn ausrollen. Rondellen von 5,5 bis 8 cm Durchmesser ausstechen. 30 Minuten trocknen lassen.

3 Kastanien und Kräuter fein hacken. Speckwürfelchen in einer Bratpfanne auslassen oder das Olivenöl erhitzen, Kastanien und Kräuter unterrühren, Knoblauchzehen dazupressen, kurz dünsten. Abkühlen lassen. Ricotta, Frischkäse und Olivenöl unterrühren. Würzen.

4 Kastanienmasse auf die Hälfte der Teigrondellen verteilen, eine zweite Rondelle darauf legen, Ränder mit einer Gabel gut andrücken.

5 Ravioli in viel Salzwasser al dente kochen, 4 bis 5 Minuten.

Seelachs süßsauer

1 EL Erdnussöl
250–300 g Seelachsfilet, in 2 cm großen Würfeln
2–3 Schalotten, in feinen Scheiben
1 kleine Lauchstange
1 kleine Ananas
20–30 g Cashewkerne

Marinade

1 Knoblauchzehe, fein gehackt
wenig frisch geriebener Ingwer
je 2 EL süße und salzige Sojasauce
3 EL Reiswein
1 Msp Sambal Oelek
frisch gemahlener schwarzer Pfeffer

1 Marinade in einer Schüssel zubereiten. Fischwürfel zugeben und vermengen. Zugedeckt 30 Minuten marinieren.

2 Lauch längs halbieren, in 3 bis 4 cm lange Stücke schneiden. Ananas schälen, oben und unten kappen, «Augen» ausstechen, Frucht halbieren, harten Mittelteil entfernen, Fruchtfleisch würfeln.

3 Cashewkerne in Bratpfanne oder Wok trocken rösten.

4 Erdnussöl in der Bratpfanne bei mittlerer Hitze heiß werden lassen, Schalotten und Lauch zugeben, 2 Minuten rührbraten, an den Rand schieben. Fischwürfel zugeben und rund 4 Minuten vorsichtig rührbraten. Ananas unterrühren, Cashewkerne darüber streuen.

Wirz mit Rahmsauce

1 EL Butter
1 kleine Zwiebel, fein gehackt
1 kleiner Wirz/Wirsing
½ dl/50 ml Gemüsebrühe
80 g Crème fraîche
Salz
frisch gemahlener Pfeffer
Muskatnuss

1 Beim Wirz Hüllblätter entfernen, Kopf vierteln, Strunk teilweise entfernen, Viertel quer in Streifen schneiden.

2 Zwiebeln in der Butter andünsten, Wirz zugeben und mitdünsten, Gemüsebrühe zugeben, bei schwacher Hitze 10 bis 15 Minuten köcheln lassen. Crème fraîche unterrühren, mit Salz, Pfeffer und Muskatnuss abschmecken, nochmals erhitzen.

Dazu passen im Dampf gegarte Kartoffeln oder Bratkartoffeln

Rindsaftschnitzel

1 TL Öl
300 g dünne Scheiben Rindfleisch zum Saftbraten
Salz
frisch gemahlener Pfeffer
1 TL Dijonsenf
100 g Champignons
50 g Schinkenwürfelchen
1 Rosmarinzweiglein
1–1½ dl/100–150 ml Rotwein

1 Fleischscheiben mit Salz und Pfeffer würzen, beidseitig mit Dijonsenf bestreichen.

2 Champignons in Scheiben schneiden.

3 Brattopf mit Öl einpinseln.

4 Fleischscheiben, Champignons sowie Schinkenwürfelchen lagenweise in den Brattopf füllen, Rosmarin darauf legen, Rotwein zugeben, aufkochen, Rindfleisch bei schwacher Hitze zugedeckt etwa 50 Minuten schmoren lassen.

Dazu passen Nudeln oder Reis

Kürbispuffer

für 2 bis 3 Portionen

2–3 Freilandeier
250 g mehliges Kürbisfleisch, z. B. Potimarron
50 g Kartoffeln
50 g geriebene Haselnüsse
50 g Vollkornmehl
2 EL gehackte Kräuter
frisch gemahlener Pfeffer
1 Msp geriebene Muskatnuss
Olivenöl zum Braten

1 Eier in einer Schüssel verquirlen. Kürbis auf der Röstiraffel, Kartoffel auf der Bircher-Rohkostreibe dazu reiben. Nüsse, Mehl und Kräuter unterrühren. Würzen.

2 In einer beschichteten Bratpfanne ein wenig Olivenöl erhitzen. Für jeden Puffer einen gehäuften Esslöffel der Kürbismasse in die Bratpfanne geben; die Masse läuft ein wenig auseinander. Puffer beidseitig bei mittlerer Hitze braten.

Dazu passen gedünstetes Gemüse und Blattsalat

Apfel-Risotto mit Frischkäse

1 EL Butter
1 kleine Zwiebel, fein gehackt
1 Knoblauchzehe
200 g Rund- oder Mittelkornreis
2 dl/200 ml vergorener Apfelsaft
4 dl/400 ml Gemüsebrühe
einige Rosmarinnadeln, nach Belieben
1 EL eingelegte grüne Pfefferkörner
1 TL eingelegte rosa Pfefferkörner
80 g Frischkäse
Salz
frisch gemahlener Pfeffer

1 EL Butter
2 rotbackige Äpfel
Rosmarinnadeln, nach Belieben

1 Zwiebeln in der Butter andünsten, Knoblauchzehe dazupressen, Reis kurz mitdünsten, Apfelsaft zugeben, bei schwacher Hitze offen einkochen lassen, Gemüsebrühe nach und nach zum Reis geben, immer wieder einkochen lassen. Der Reis soll mit Flüssigkeit stets knapp bedeckt sein. Etwa 20 Minuten kochen bis der Risotto sämig, aber noch leicht al dente ist. Rosmarin und Pfefferkörner unterrühren.

2 Äpfel mit Schale vierteln, Kerngehäuse entfernen, Viertel in Schnitze schneiden, mit Rosmarinnadeln in der Butter dünsten.

3 Frischkäse unter den Risotto rühren, erwärmen, damit der Käse schmelzen kann, mit Salz und Pfeffer abschmecken. Anrichten. Äpfel darauf legen.

März

Sprossengemüse mit Tofu und Karotten	1
Glasierte Pouletbrust mit Honigkruste	2
Kartoffelgratin mit Majoran	3
Penne mit Frischlachs und Rucola	4
Bärlauch-Nuss-Cake	5
Gebratener Ingwer-Reis	6
Kastanienspätzle	7
Röstimedaillons im Speckmantel	8
Orientalisches Linsenpüree mit Gemüse	9
Kaninchenfleisch an Zitronensauce	10
Bärlauchquiche mit Sesamsamen	11
Rindszunge mit Lauchvinaigrette	12
Älplermagronen	13
Reiskroketten	14
Lamm-Gemüse-Spieß mit Nussdip	15
Apfel-Quark-Auflauf	16
Kastanien-Buchweizen-Blinis mit Lauch	17
Gemüserösti mit kleinen Fleischkugeln	18
Forellenfilets mit Kräuterbutter	19
Pasta mit Gorgonzola	20
Karotten-Reis-Kugeln im Sesammantel	21
Kartoffelpüree mit Lauch	22
Rindsbraten nach Weinbauernart	23
Tagliatelle mit Barba di Frate und Pesto	24
Linsenschaumcreme mit Alfalfasprossen	25
Fischkuchen	26
Lamm-Kichererbsen-Eintopf	27
Gnocchi mit Nüssen überbacken	28
Gemüsepuffer mit Pilzragout	29
Nudeln mit Kalmare	30
Curryreis mit getrockneten exotischen Früchten	31

Sprossengemüse mit Tofu und Karotten

- 1 EL Olivenöl extra nativ
- 200 g Karotten
- 200 g gemischte Sprossen/Keimlinge, z. B. Sojabohnen, Linsen, Mungobohnen, Kichererbsen, Weizen, Dinkel, usw.
- frisch gemahlener Pfeffer
- frisch geriebene Muskatnuss
- 1 EL Sojasauce
- ca. 1 dl/100 ml Wasser
- 1 TL Hefeflocken (Reformhaus/Bioladen), nach Belieben
- 1 Prise Paprikapulver
- 1 Msp Kurkuma/Gelbwurz
- 1 Sträußchen Petersilie
- 200 g Tofu
- 1 EL Olivenöl extra nativ
- frisch gemahlener Pfeffer

1 Karotten schälen und in Stäbchen schneiden. Petersilie von den Stielen zupfen und fein hacken.

2 Tofu in Stäbchen schneiden, in einer beschichteten Bratpfanne im Olivenöl braten.

3 Karotten im Olivenöl andünsten, Sprossen/Keimlinge kurz mitdünsten, mit Pfeffer, Muskatnuss und Sojasauce würzen, ein wenig Wasser zugeben, bei schwacher Hitze kurz köcheln lassen. Hefeflocken, Paprika, Kurkuma und Petersilie unterrühren. Sprossengemüse und Tofu untermischen. Mit Olivenöl und Pfeffer abschmecken.

Glasierte Pouletbrust mit Honigkruste

Olivenöl extra nativ
ca. 300 g Poulet-/Hühnerbrustfilet mit Haut
Meersalz
frisch gemahlener Pfeffer
1 kleiner Rosmarin- oder Thymianzweig
1 große Zwiebel
1 Karotte
1 Lauchstange
2½ dl/250 ml Gemüsebrühe

Honigkruste
2 EL Wald- oder Thymianhonig
1 EL frisch gepresster Zitronensaft
Cayennepfeffer

1 Zwiebel vierteln oder achteln. Karotte schälen und in mundgerechte Stücke schneiden. Grobfasrige Hüllblätter beim Lauch entfernen, Stange in mundgerechte Stücke schneiden.

2 Pouletbrust mit Salz und Pfeffer würzen, in einem Brattopf in wenig Olivenöl beidseitig anbraten.

3 Pouletbrust, Kräuter, Zwiebeln und Gemüse mit der Gemüsebrühe in eine ofenfeste Form geben, im vorgeheizten Ofen bei 180 °C 30 Minuten schmoren.

4 Aus Honig und Zitronensaft eine Marinade rühren, mit Cayennepfeffer abschmecken, Geflügel auf der Hautseite mit der Marinade einpinseln, nochmals für etwa 10 Minuten in den Ofen schieben.

Dazu passen Risotto, Seite 222, oder Polenta, Seite 20

Kartoffelgratin mit Majoran

500 g fest kochende Kartoffeln
1 kleine Zwiebel oder
2 Frühlingszwiebeln
1 dl/100 ml Gemüsebrühe
1 dl/100 ml Rahm/Sahne
Salz
frisch gemahlener Pfeffer
gehackte Kräuter

1 Backofen auf 200 °C vorheizen.

2 Kartoffeln schälen, in 2 mm dicke Scheiben schneiden. Grün der Frühlingszwiebeln in feine Ringe schneiden, Zwiebeln fein hacken. Alles in eine eingefettete Gratinform verteilen.

3 Gemüsebrühe und Rahm verrühren, kräftig würzen, Kräuter zufügen. Den Guss über die Kartoffeln gießen.

4 Kartoffelgratin auf mittlerer Schiene in den vorgeheizten Ofen schieben, bei 200 °C rund 40 Minuten backen.

Dazu passen ein bunter Salat oder gedünstetes Gemüse

Penne mit Frischlachs und Rucola

180 g Vollkornpenne/-federn

2 EL Olivenöl extra nativ
1–2 Knoblauchzehen, grob gehackt oder durchgepresst
200 g Frischlachs, gewürfelt
Salz
frisch gemahlener Pfeffer
½ EL Zitronensaft
1 kleiner Bund Rucola, Blätter abgezupft
½ kleine, reife Avocado, in Würfelchen
Olivenöl extra nativ zum Abschmecken

1 Knoblauch in einer beschichteten Bratpfanne im Olivenöl goldgelb andünsten, Lachs zugeben, mit Salz, Pfeffer und Zitronensaft abschmecken, weiterdünsten, bis der Fisch durch und durch heiß ist.

2 Penne in reichlich Salzwasser al dente kochen. In ein Sieb abgießen, gleich mit Lachs, Rucola und Avocados mischen. Mit ein paar Tropfen Olivenöl abschmecken. Sofort servieren.

Dazu passt ein bunter Blattsalat

Bärlauch-Nuss-Cake

für eine Cake-/Kastenform
von 15 cm Länge

für 3 bis 4 Portionen

Cake

180 g Weißmehl
1 Briefchen Backpulver
3 EL Olivenöl extra nativ
3 Freilandeier
1 dl/100 ml Milch
1 TL Salz, frisch gemahlener Pfeffer
100 g geriebener Gruyère
40 g geriebene oder gehackte Baumnüsse/Walnüsse
150 g Pesto (Rezept unten)

Pesto

150 g Bärlauch oder
2 Bund Petersilie oder Basilikum
3 Knoblauchzehen
50 g Baumnüsse/Walnüsse
4 EL geriebener Pecorino oder Sbrinz
1 dl/100 ml Olivenöl extra nativ, Salz

1 Für den Pesto beim Bärlauch Stiele entfernen oder die Petersilie/den Basilikum von den Stielen zupfen. Die Zutaten nicht zu fein mixen, mit Salz abschmecken.

2 Backofen auf 180 °C vorheizen. Cakeform einfetten.

3 Mehl und Backpulver mischen. Öl, Eier und Milch verquirlen, mit Salz und Pfeffer würzen, Mehl zugeben, glatt rühren, Käse, Nüsse und Pesto unterrühren. Teig in die Form füllen.

4 Form in der Mitte in den Ofen schieben, Cake bei 180 °C etwa 50 Minuten backen. Stäbchenprobe machen. In der Form erkalten lassen.

Dazu passt ein bunter Salat

Gebratener Ingwer-Reis

2 EL Erdnussöl
100 g frische Pilze
150 g Seitan (Reformhaus) oder Tofu oder Poulet-/Hühnerbrust, gewürfelt
1 EL Sojasauce
1 Schalotte, fein gehackt
2½ cm Ingwer, fein gerieben
wenig Honig
200 g gekochter Langkornreis
1 Bund Schnittlauch

1 Pilze je nach Größe zerkleinern.

2 Pilze mit Seitan oder Tofu oder Fleisch in einer beschichteten Bratpfanne oder in einem Wok im Erdnussöl kräftig anbraten, aus der Pfanne nehmen, mit der Sojasauce würzen.

3 Schalotten und Ingwer in der Seitanpfanne anbraten, Honig unterrühren, Reis mitbraten. Pilz-Seitan-Gemisch zugeben, gut vermengen, mit fein geschnittenem Schnittlauch garnieren.

Dazu passt ein Blattsalat

Kastanienspätzle

für 4 Portionen

200 g Weißmehl
200 g Kastanienmehl
(aus luftgetrockneten Kastanien)
4 Freilandeier
2 dl/200 ml Milch
1 TL Salz

2 große Lauchstangen
wenig Gemüsebrühe
300–400 g Pilze
natives Olivenöl extra
frisch gemahlener Pfeffer
Kräutersalz
fein gehackte Kräuter,
z. B. Thymian, Majoran, Rosmarin

geriebener Sbrinz oder Pecorino
oder Parmesan

1 Alle Zutaten für die Spätzle in eine Schüssel geben, zu einem glatten Teig rühren, 30 Minuten ruhen lassen.

2 Grobfasrige Blätter beim Lauch entfernen, Stangen längs aufschneiden und in mundgerechte Stücke schneiden, in der Gemüsebrühe knackig dünsten.

3 Pilze mit einem trockenen Tuch abreiben, je nach Größe halbieren, vierteln oder in Streifen schneiden, in einer beschichteten Bratpfanne in wenig Olivenöl dünsten, würzen.

4 In einem Kochtopf reichlich Salzwasser erhitzen. Teig in Portionen durch das Spätzlesieb streichen, die Spätzle an die Oberfläche steigen lassen, mit dem Schaumlöffel herausnehmen und unter kaltem Wasser abschrecken.

5 Kastanienspätzle und Lauch zu den Pilzen geben, erhitzen, mit Kräutersalz und Pfeffer abschmecken, mit den Kräutern abrunden. Anrichten. Mit dem Käse bestreuen.

Röstimedaillons im Speckmantel

500 g gekochte Schalenkartoffeln/ Gschwellti vom Vortag
Salz
frisch gemahlener Pfeffer
frisch geriebene Muskatnuss
25 g Mehl
8 Scheiben Bacon (Frühstücksspeck)

Olivenöl zum Braten

1 Backofen auf 150 °C vorheizen.

2 Kartoffeln schälen und auf der Röstiraffel reiben, mit Salz, Pfeffer und Muskatnuss kräftig würzen, Mehl darüber streuen, sorgfältig mischen. Aus der Masse mit nassen Händen 8 gleich große Kugeln kneten, Medaillons von 5 bis 6 cm Durchmesser und 3 cm Dicke formen, mit Speck umwickeln, mit einem Zahnstocher fixieren.

3 In einer Bratpfanne wenig Olivenöl bei mittlerer Temperatur erhitzen, Medaillons beidseitig anbraten, auf ein Blech legen.

4 Blech in der Mitte in den Backofen schieben, Medaillons bei 150 °C 10 Minuten braten. Für die Sauce den Schnittlauch fein schneiden, mit dem sauren Halbrahm verrühren. Mit Salz und Pfeffer würzen.

Dazu passt gedünstetes Gemüse

Orientalisches Linsenpüree mit Gemüse

Linsenpüree

- 80–100 g orange Linsen
- 4 dl/400 ml Wasser oder Gemüsebrühe
- 1 Knoblauchzehe, durchgepresst
- 1 EL Olivenöl extra nativ
- 2–3 EL fein gehackte Petersilie

Gemüse

- 700 g Mischgemüse, z. B. Wirz/Wirsing, Karotten, Pfälzer Rüben (gelbe Rüben), Lauch, Fenchel, Kürbis, Knollensellerie

1 Gemüse putzen/schälen und zerkleinern, im Dampf oder in wenig Gemüsebrühe knackig garen.

2 Linsen aufkochen, bei schwacher Hitze weich garen, etwa 10 Minuten, abgießen, Brühe auffangen. Linsen, durchgepressten Knoblauch und Olivenöl pürieren, am besten mit dem Stabmixer. Je nach Konsistenz mit Gemüsebrühe verdünnen (Rest für eine Suppe verwenden). Kräuter unterrühren, mit Salz und Pfeffer abschmecken.

3 Linsenpüree mit dem Gemüse anrichten.

Kaninchenfleisch an Zitronensauce

- 1–2 EL Olivenöl extra nativ
- 300 g Kaninchenfilet
- 1 Rosmarinzweig, Nadeln abgestreift und fein gehackt

Zitronensauce

- 4–6 EL Olivenöl extra nativ
- 1 kleine Zitrone, Saft
- ½ Bund glattblättrige Petersilie, fein gehackt
- 2 Knoblauchzehen, fein gehackt
- einige schwarze Oliven, fein gehackt
- 2 getrocknete Tomaten, in Streifchen
- Salz, frisch gemahlener Pfeffer

1 Kaninchenfleisch mit Salz, Pfeffer und Rosmarin würzen.

2 Kaninchenfleisch in Stücke schneiden, in der Bratpfanne im Olivenöl rundum kräftig anbraten, in eine Schüssel geben, im Ofen bei 80 °C warm stellen.

3 Für die Zitronensauce alle Zutaten in der Fleischpfanne erwärmen, mit Salz und Pfeffer abschmecken, Fleisch zugeben und in der Sauce wenden.

Dazu passen Reis oder Polenta, Seite 20, oder Gnocchi, Seite 105

Bärlauchquiche mit Sesamsamen

für 2 bis 3 Portionen

für 6–8 Portionenförmchen
oder 1 Kuchenform
von 26–28 cm Durchmesser

Teig

- 250 g Weißmehl
- 3 EL (weiße) geschälte Sesamsamen
- 1 TL Salz
- 125 g kalte Butterstückchen
- 1 dl/100 ml Wasser

Belag

- 200 g Bärlauchblätter
- 1 Freilandei
- 1 Becher (200g) Naturjogurt
- 3 EL Sauerrahm/saure Sahne
- 150 g geriebener Gruyère
- Salz
- frisch geriebene Muskatnuss
- Cayennepfeffer
- Kardamompulver

1 Für den Teig Mehl, Sesamsamen und Salz in einer Schüssel mischen, Butterstückchen mit dem Mehl krümelig reiben, eine Vertiefung formen, Wasser in die Vertiefung geben, zu einem geschmeidigen Teig zusammenfügen, je nach Festigkeit noch etwas Wasser einkneten.

2 Teig ausrollen und Rondellen in der Größe der Portionenförmchen ausstechen, in die eingefetteten Förmchen legen. Mindestens 30 Minuten kühl stellen.

3 Backofen auf 200 °C vorheizen.

4 Bärlauch im Dampf zusammenfallen lassen, in ein Sieb geben, abkühlen lassen, von Hand gut ausdrücken, grob hacken.

5 Ei, Jogurt und Sauerrahm verrühren, Gruyère und Bärlauch unterrühren, würzen. Auf den Teigboden verteilen.

6 Bärlauchquiches in der Mitte in den Ofen schieben, bei 200 °C 30 Minuten backen.

Rindszunge mit Lauchvinaigrette

für 4 Portionen

1 möglichst kleine, ungesalzene Rindszunge
Salz

Vinaigrette

1 Stück frischer Ingwer
3 zarte Lauchstangen
6 EL Balsamico-Essig
Meersalz
frisch gemahlener Pfeffer
1 dl/100 ml Olivenöl extra nativ

1 Rindszunge in reichlich Salzwasser bei schwacher Hitze etwa 80 Minuten garen; im Schnellkochtopf 40 Minuten.

2 Ingwer schälen. Lauchstangen und Ingwer im Cutter oder von Hand sehr fein hacken. Essig, Gewürze und Öl gut verrühren, Lauch und Ingwer zugeben.

3 Zunge schälen, in dünne Scheiben schneiden, anrichten. Vinaigrette darüber verteilen.

4 Zunge nach Belieben noch warm oder kalt mit knusprigem Brot servieren.

Älplermagronen

200 g fest kochende Kartoffeln
100 g Makkaroni
100 g geriebener Bergkäse
1 gehackte Knoblauchzehe
½ dl/50 ml Rahm/Sahne
Salz

1 EL natives Olivenöl extra
1 mittelgroße Zwiebel, in feinen Ringen

1 Kartoffeln schälen, in 2 cm große Würfelchen schneiden.

2 Kartoffelwürfelchen mit den Makkaroni 10 Minuten im Salzwasser garen, in einem Sieb abtropfen lassen.

3 Backofen auf 210 °C vorheizen.

4 Kartoffel-Makkaroni-Gemisch mit der Hälfte des Bergkäses und dem Knoblauch in eine Gratinform füllen, vermengen, Rahm darüber gießen, restlichen Käse darüber streuen.

5 Gratinform in den Ofen schieben, Älplermagronen bei 210 °C während etwa 15 Minuten heiß werden lassen.

6 Zwiebelringe im Öl knusprig braten, über die Älplermagronen verteilen.

Reiskroketten

für 2 bis 3 Portionen

20 g Butter
1 Schalotte, fein gehackt
200 g Risottoreis
1 dl/100 ml Weißwein
6½ dl/650 ml Gemüse- oder Hühnerbrühe
125 g geriebener Sbrinz
2 Freilandeier
Salz
frisch gemahlener Pfeffer

Bratbutter/Butterschmalz zum Braten

Panade
3 EL Mehl
Paniermehl/Semmelbrösel
1 Freilandei

1 Schalotten in der Butter andünsten, Reis mitdünsten, mit Weißwein und Gemüsebrühe ablöschen, aufkochen, bei schwacher Hitze zugedeckt 20 Minuten köcheln, zugedeckt auskühlen lassen. Käse und Eier untermischen, würzen.

2 Je einen Teller mit Mehl, Paniermehl und verquirlten Eiern bereitstellen.

3 Aus der Reismasse esslöffelgroße Portionen abstechen, länglich formen. Kroketten im Mehl, dann im Ei und zuletzt im Paniermehl wenden.

4 Kroketten in der heißen Bratbutter goldgelb braten.

Dazu passen Blattsalat und gedünstetes Gemüse

Lamm-Gemüse-Spieß mit Nussdip

Spieß

- 200–250 g Lammfilet, gewürfelt
- 2 mittelgroße rote Zwiebeln
- frische Lorbeerblätter
- Kräutersalz, Pfeffer
- Olivenöl zum Braten

Nussdip

- 40 g geriebene (fast mehlfeine) Baumnüsse/Walnüsse
- 100 g Schafmilchjogurt
- 1 EL geriebener Pecorino oder Parmesan
- 1 kleine Knoblauchzehe
- 1 Prise Paprikapulver
- 1 Chilischote, aufgeschnitten
- 1 EL Baumnussöl/Walnussöl
- 1 EL Olivenöl extra nativ
- frisch gemahlener Pfeffer

1 Für den Dip alle Zutaten mixen, würzen.

2 Für die Spießchen Zwiebeln vierteln. Lammfleischwürfel, Zwiebeln und Lorbeerblätter abwechselnd auf Spießchen reihen, würzen. In einer großen Bratpfanne in wenig Olivenöl bei mittlerer Hitze braten.

Variante Zusätzlich 1 bis 2 Esslöffel gehackte glattblättrige Petersilie unter den Dip rühren.

Dazu passen Ofenkartoffeln

Apfel-Quark-Auflauf

für 3 bis 4 Portionen

3 Eigelbe von Freilandeiern
100 g neutraler Honig,
z. B. Akazien- oder Lindenblütenhonig
60 g abgekühlte flüssige Butter
1 unbehandelte Zitrone,
abgeriebene Schale
60 g Grieß oder Weißmehl
500 g Vollmilchquark
80 g Rosinen
3 Eiweiß

4 Äpfel
4 EL rote Konfitüre

1 Backofen auf 180 °C vorheizen.

2 Eigelbe und Honig mit dem Schneebesen luftig aufschlagen, flüssige Butter, Zitronenschalen, Grieß, Quark und Rosinen unterrühren. Steif geschlagenes Eiweiß sorgfältig unterziehen.

3 Kerngehäuse der Äpfel ausstechen, mit der roten Konfitüre füllen.

4 Auflaufmasse in eine mit Butter eingefettete Gratinform füllen, Äpfel darauf setzen.

5 Apfelauflauf in der Mitte in den Ofen schieben, bei 180 °C 45 bis 50 Minuten backen. Nadelprobe machen.

Dazu passen Mahlzeit mit einer Suppe beginnen. Zum Auflauf nach Belieben eine Fruchtsauce servieren.

Kastanien-Buchweizen-Blinis mit Lauch

Teig

2 dl/200 ml Milch
2–3 Freilandeier
1 EL Olivenöl extra nativ
70 g Kastanienmehl
(aus luftgetrockneten Kastanien)
70 g Buchweizen- oder Weißmehl
1 Msp Salz
½ TL phosphatfreies Backpulver
2 EL gehackte Gartenkräuter
Olivenöl oder Butter
zum Ausbacken

Gemüse

1 EL Olivenöl extra nativ
400 g kleine Lauchstangen
1 EL mittelscharfes Currypulver
1 dl/100 ml Weißwein
Gemüsebrühepulver, Salz
frisch gemahlener Pfeffer

Buchweizensprossen

1 Für den Teig Milch, Eier und Olivenöl verquirlen. Mehle, Salz und Backpulver unterrühren, zu einem glatten Teig rühren. 30 Minuten quellen lassen. Kräuter unterrühren.

2 Lauchstangen diagonal in 4 cm lange Stücke schneiden, im Olivenöl andünsten, Curry darüber streuen, Weißwein zugeben, Gemüse knackig garen, mit Gemüsebrühepulver, Salz und Pfeffer würzen.

3 In einer beschichteten Bratpfanne wenig Olivenöl erhitzen. Bliniteig aufrühren. Blinis ausbacken. Warm stellen. Blinis und Lauch auf vorgewärmten Tellern anrichten, mit Sprossen garnieren.

Variante Blinis zusätzlich mit wenig geräuchertem Lachs belegen, den man mit Limonenöl beträufelt. Mit Dill garnieren.

Kastanienmehl Mehl aus luftgetrockneten Früchten hat ein leicht süßliches Aroma, Mehl aus rauchgetrockneten Kastanien ein rauchiges, eher bitteres Aroma.

Gemüserösti mit kleinen Fleischkugeln

Fleischkugeln
1 Schalotte, fein gehackt
200 g gehacktes Rindfleisch
1 kleines Freilandei
Salz
frisch gemahlener Pfeffer
Cayennepfeffer
Paprikapulver

Öl zum Braten

1 kleine Lauchstange
300 g Kartoffeln
½ dl/50 ml Gemüsebrühe
½ Becher (100 g) saurer Halbrahm/saure Sahne, kochfest
Salz
frisch gemahlener Pfeffer

1 Für die Fleischkugeln Schalotten, Fleisch und Ei vermengen, würzen. Kleine Kugeln formen.

2 Lauchstange in feine Scheiben schneiden. Kartoffeln schälen und auf der Röstiraffel reiben.

3 Fleischkugeln im Öl rundum braun braten. Aus der Pfanne nehmen.

4 Kartoffeln und Lauch in der Fleischpfanne andünsten. Fleischbrühe und Sauerrahm unterrühren, mit Salz und Pfeffer würzen. Fleischkugeln darauf legen, zugedeckt 25 Minuten bei schwacher Hitze sanft ziehen lassen.

Dazu passt ein bunter Salat

Forellenfilets mit Kräuterbutter

2 Forellenfilets ohne Haut, je 120–150 g
ca. 40 g Butter
1 kleine Zwiebel, fein gehackt
1 Bund Petersilie, grob gehackt
1 Bund Schnittlauch, fein geschnitten
Salz
frisch gemahlener Pfeffer

1 Forellenfilets mit Salz und Pfeffer würzen, sanft in das Fleisch einreiben.

2 20 g Butter in einer beschichteten Bratpfanne schmelzen. Bevor die Butter zu schäumen beginnt, die Filets hineinlegen, bei mäßiger Hitze auf beiden Seiten 3 bis 4 Minuten dünsten. Warm stellen.

3 Zwiebeln in der restlichen Butter in der Bratpfanne dünsten, Kräuter zugeben.

4 Forellenfilets auf vorgewärmten Tellern anrichten, Kräuterbutter darüber träufeln.

Dazu passen im Dampf gegarte Kartoffeln oder Reis

Pasta mit Gorgonzola

200 g Pasta, z. B. Spaghetti, Penne usw.

Sauce
2 Knoblauchzehen
Olivenöl extra nativ
4 Baumnüsse/Walnüsse, grob gehackt
1 dl/100 ml Weißwein
100 g Gorgonzola
frisch gemahlener Pfeffer oder 1 roter Peperoncino/Pfefferschote

1 Pasta in reichlich Salzwasser al dente kochen, abgießen.

2 Knoblauchzehen halbieren und den Kochtopf damit ausreiben. Nüsse, Weißwein und Gorgonzola zufügen und diesen bei schwacher Hitze schmelzen, mit Pfeffer oder fein gehacktem Peperoncino abschmecken.

3 Pasta zur Sauce geben, gut vermengen, erhitzen. Sofort servieren.

Karotten-Reis-Kugeln im Sesammantel

- 150 g Risottoreis
- 3 dl/300 ml Wasser
- 2 große Karotten
- 5 EL Rahm- oder Vollmilchquark
- 1 Freilandei
- 4 EL Mehl
- 1 TL frisch geriebene Ingwerwurzel
- je 1 Msp Kardamom- und Korianderpulver
- 1½ TL Currypulver
- ½ TL Chilipulver
- 1 TL Sojasauce
- 1 Prise Vollrohrzucker
- Salz
- 1 Knoblauchzehe

Sesampanade

- 12 EL geschälte (weiße) Sesamsamen
- 30 g fein gehackter grüner Lauch

1 Reis in einer Pfanne unter Rühren trocken rösten, Wasser zugeben, aufkochen, Reis bei schwacher Hitze 10 Minuten köcheln. Karotten schälen, klein würfeln, auf den Reis verteilen. Auf der ausgeschalteten Wärmequelle zugedeckt 10 Minuten oder länger ausquellen lassen. Quark, Ei, Mehl, Gewürze und durchgepresste Knoblauchzehe unterrühren, vermengen.

2 Sesamsamen und Lauch in einem Teller mischen. Aus der Reismasse mit nassen Händen nussgroße Kugeln formen, im Sesam-Lauch-Gemisch wenden.

3 In einer Pfanne mit Dämpfaufsatz wenig Gemüsebrühe aufkochen, Reiskugeln in den Aufsatz legen und 10 Minuten zugedeckt dämpfen.

Dazu passt gedünstetes Gemüse

Kartoffelpüree mit Lauch

400 g mehlig kochende Kartoffeln
1 EL Olivenöl extra nativ
300 g Lauch
wenig Gemüsebrühe
2 EL Rahm/Sahne
Salz
frisch gemahlener Pfeffer
geriebene Muskatnuss

1 Kartoffeln schälen und würfeln, im Dampf weich garen, noch heiß durch Passevite/Flotte Lotte drehen.

2 Grobfasrige Blätter beim Lauch entfernen, Stangen längs halbieren und in Streifen schneiden, im Olivenöl andünsten, wenig Gemüsebrühe zugeben, knackig dünsten, mit Rahm verfeinern, würzen.

3 Lauch unter das Kartoffelpüree rühren.

Dazu passen gedünstete Karotten und ein bunter Blattsalat

Rindsbraten nach Weinbauernart

für 4 Portionen

Marinade
2 EL milder Senf
1 TL grob gemahlener schwarzer Pfeffer
2 EL Cognac

2 EL Öl
1 kg Rindfleisch von der Laffe oder vom Hohrücken
1 EL Tomatenpüree
2 dl/200 ml Rotwein
2½ dl/250 ml Fleischbrühe
einige Gewürznelken
2–3 Lorbeerblätter
Salz, frisch gemahlener Pfeffer
Thymian
Paprikapulver
100–150 g Eierschwämmchen oder Champignons
1 dl/100 ml Rahm/Sahne
1 Bund Schnittlauch

1 Zutaten für die Marinade verrühren, Rindsbraten damit einstreichen, in Alufolie einwickeln, über Nacht im Kühlschrank marinieren.

2 Backofen auf 180 °C vorheizen.

3 Rindsbraten im heißen Öl in einem Bräter rundum kräftig anbraten, Tomatenpüree kurz mitdünsten, mit dem Rotwein ablöschen, bei schwacher Hitze auf die Hälfte einkochen lassen. Fleischbrühe, Nelken und Lorbeerblätter zugeben, mit Salz, Pfeffer, Thymian und Paprika würzen.

4 Bräter zugedeckt in den Ofen schieben, Rindsbraten bei 180 °C 1½ bis 2 Stunden schmoren lassen, Fleisch öfter wenden. Den Braten warm stellen.

5 Bratjus durch ein Spitzsieb in eine kleine Pfanne passieren, eventuell einkochen lassen, Pilze und Rahm zufügen, erhitzen, ein paar Minuten köcheln lassen. Fein geschnittenen Schnittlauch unterrühren.

6 Rindsbraten in Scheiben schneiden, mit der Sauce auf vorgewärmten Tellern anrichten.

Dazu passen Reis oder Gnocchi, Seite 105

Tagliatelle mit Barba di Frate und Pesto

150–200 g Tagliatelle/Nudeln
ca. 500 g Barba di Frate
2–3 EL Olivenöl extra nativ

Nusspesto

1 Bund Bärlauch oder glattblättrige Petersilie
¾ dl/75 ml Olivenöl extra nativ, evtl. gemischt mit Nussöl
50 g Baumnüsse/Walnüsse
30 g Pecorino oder Sbrinz am Stück, zerkleinert
2 Knoblauchzehen
Salz
frisch gemahlener Pfeffer

1 Für den Nusspesto Bärlauch in Streifen schneiden, mit Olivenöl, Nüssen, Käse und Knoblauchzehen zu einer nicht zu feinen Paste mixen, mit Salz und Pfeffer abschmecken.

2 Wurzeln beim Barba di Frate großzügig abschneiden, Gemüse unter fließendem Wasser gründlich waschen, um möglichst allen Sand zu entfernen.

3 In einem großen Kochtopf reichlich Salzwasser erhitzen, Tagliatelle zugeben, al dente kochen, Barba di Frate die letzten 4 Minuten mitkochen, abgießen, in einer vorgewärmten Schüssel mit dem Olivenöl vermengen, sofort in vorgewärmten Tellern anrichten. Einen Esslöffel Pesto darauf geben oder separat servieren.

Dazu passt ein gemischter Salat

Barba di Frate Im frühen Frühling auf dem Gemüsemarkt beim Italiener oder beim Delikatessenhändler erhältlich. Das Gemüse stammt aus der Toskana.

Linsenschaumcreme mit Alfalfasprossen

- 1 EL Olivenöl extra nativ
- 1 kleine Zwiebel, fein gehackt
- 1 Karotte
- 150 g orange Linsen
- ½ TL getrockneter Thymian
- 1 Msp Ingwerpulver
- 1 Msp Kurkuma/Gelbwurz
- 1 Msp Curry
- geriebene Muskatnuss
- 8 dl/800 ml Gemüsebrühe
- 1 dl/100 ml Rahm/Sahne
- Kräutermeersalz
- frisch gemahlener Pfeffer

- Alfalfa- oder Zwiebelsprossen

1 Karotte schälen und klein würfeln.

2 Zwiebeln im Olivenöl andünsten, Karotten und Linsen mitdünsten, Gewürze zugeben, mit der Gemüsebrühe ablöschen, aufkochen, bei schwacher Hitze 15 bis 20 Minuten köcheln, bis die Linsen weich sind.

3 Der Suppe 2 Esslöffel Linsen für die Garnitur entnehmen. Suppe pürieren, Rahm unterrühren, nochmals erhitzen, abschmecken.

4 Linsenschaumsuppe anrichten, Linsen und Sprossen darüber streuen.

Dazu passen Mahlzeit mit einem bunten Salat beginnen. Suppe mit knusprigem Brot genießen.

Fischkuchen

für ein Kuchenblech von
28 cm Durchmesser

Geriebener Teig
- 250 g Weißmehl
- ½ TL Salz
- 100 g kalte Butterstückchen
- ½ dl/50 ml Weißwein

Belag
- 300 g geräucherte Forellenfilets
- 1 EL Butter
- 1 mittelgroße Zwiebel
- 1 mittelgroße Lauchstange
- 2 Karotten
- ½ dl/50 ml Gemüsebrühe
- Salz, frisch gemahlener Pfeffer

Guss
- 2 Freilandeier
- 1 dl/100 ml Weiß- oder Apfelwein
- 2 dl/200 ml Rahm/Sahne
- Salz, frisch gemahlener Pfeffer

1 Für den Teig Mehl und Salz mischen, Butterstückchen mit dem Mehl krümelig reiben, Weißwein zugeben, zu einem Teig zusammenfügen, nicht kneten. In Klarsichtfolie einwickeln, 1 Stunde kühl stellen.

2 Für den Belag Zwiebel hacken. Grobfasrige Hüllblätter beim Lauch entfernen, Stange längs halbieren und quer in Streifen schneiden. Karotte schälen und klein würfeln. Zwiebeln, Lauch und Karotten in der Butter andünsten, mit der Gemüsebrühe ablöschen, kurz köcheln, dann auskühlen lassen.

3 Backofen auf 220 °C vorheizen.

4 Teig 2 mm dick ausrollen, in die gut eingefettete Form legen. Forellenfilets in Streifen schneiden, auf den Teigboden legen, Lauch-Karotten-Mischung darauf verteilen, Guss darüber gießen.

5 Fischkuchen auf der untersten Schiene in den Backofen schieben, bei 220 °C rund 30 Minuten backen.

Lamm-Kichererbsen-Eintopf

für 4 Portionen

100 g Kichererbsen
400 g Lammragout von der Schulter
2 Poulet-/Hühnerflügel
1 mittelgroße Zwiebel, fein gehackt
½ TL Kurkuma/Gelbwurz
je 1 Msp Zimt-, Ingwer- und Safranpulver
frisch gemahlener schwarzer Pfeffer
1 TL Salz
1½ l Wasser
1 Tasse gekochten Reis (50 g Trockenreis)
1 Bund glattblättrige Petersilie
4 Zweiglein Koriander
1 kleine Dose Pelati

1–2 unbehandelte Zitronen

1 Kichererbsen über Nacht in viel kaltem Wasser einlegen. Erbsen am nächsten Tag abgießen. In einem Topf mit viel frischem Wasser aufkochen, eine Stunde bei schwacher Hitze kochen lassen, bis die Erbsen weich sind. Abgießen.

2 Lammfleisch, Zwiebeln, Pouletflügel, Gewürze und Wasser in einen großen Kochtopf geben, aufkochen, bei schwacher Hitze 90 Minuten köcheln lassen. Pouletflügel entfernen.

3 Kräuter von den Stielen zupfen und fein hacken. Stielansatz der Pelati entfernen, Tomaten in Würfel schneiden.

4 Restliche Zutaten in den Topf geben, weitere 10 Minuten köcheln lassen.

5 Zitronen in Spalten schneiden, separat servieren. Am Tisch kann so jeder seine Suppe individuell abschmecken.

Gnocchi mit Nüssen überbacken

für 4 Portionen

500 g mehlig kochende Kartoffeln
2 Eigelbe von Freilandeiern
ca. 100 g Weißmehl
Salz
frisch gemahlener Pfeffer
Muskatnuss

flüssige Butter

Nusspanade

50 g gehackte Baumnüsse/Walnüsse
2 EL Paniermehl/Semmelbrösel
2 EL Wasser
½ dl/50 ml Rahm/Sahne
1 Knoblauchzehe
Salz
frisch gemahlener Pfeffer

1 Kartoffeln schälen, in Würfel schneiden, im Dampf weich garen, noch heiß durch Passevite/Flotte Lotte drehen, Eigelbe unterrühren, würzen. So viel Mehl einarbeiten, bis der Teig geschmeidig ist.

2 Aus der Kartoffelmasse auf bemehlter Arbeitsfläche etwa 2 cm dicke Rollen formen, daraus 3 cm lange Stücke schneiden. Mit einer Gabel ein Muster eindrücken.

3 In einem großen Kochtopf viel Salzwasser aufkochen, Gnocchi im schwach kochenden Wasser portionsweise ziehen lassen, bis sie an die Oberfläche steigen. Mit einem Schaumlöffel herausnehmen und in eine gebutterte Gratinform verteilen. Ganz am Schluss mit flüssiger Butter bepinseln.

4 Für die Panade Nüsse, Paniermehl, Wasser und Rahm verrühren, Knoblauchzehe dazupressen, mit Salz und Pfeffer würzen. Über die Gnocchi verteilen. Im vorgeheizten Ofen bei 210 °C 10 Minuten überbacken.

Varianten Für grüne Gnocchi 2 bis 3 Esslöffel gedämpften, fein gehackten Spinat zum Kartoffelteig geben. Oder die Gnocchi mit flüssiger Butter servieren. Oder eine Hand voll Salbeiblätter in 2 Esslöffeln Butter kurz braten und über die Gnocchi verteilen. Oder die Gnocchi mit einer Tomatensauce überbacken.

Dazu passen kurz gebratenes Fleisch, gedünstetes Gemüse

29. März

Gemüsepuffer mit Pilzragout

Puffer

200–250 g Lauch
100 g Karotten
1 Thymianzweiglein
½ Bund Petersilie
¼ roter Peperoncino/Pfefferschote
50 g Soja- oder Chinakohlsprossen
2 Freilandeier
1 unbehandelte Zitrone, wenig abgeriebene Schale
Salz, frisch gemahlener Pfeffer

Olivenöl zum Braten

Pilzragout

1 EL Olivenöl extra nativ
1 Knoblauchzehe
200 g gemischte Pilze, z. B. Eierschwämmchen/Pfifferlinge, Shiitake
wenig Gemüsebrühe
1 EL gehackte Petersilie
Kräutersalz
frisch gemahlener Pfeffer

Sprossen für die Garnitur

1 Beim Lauch grobfasrige Hüllblätter entfernen, Stangen längs aufschneiden, in feine Streifen schneiden. Karotten schälen, grob raspeln. Thymianblättchen von den Stielen zupfen. Petersilie von den Stielen zupfen und hacken. Peperoncino entkernen und in Streifchen schneiden. Sprossen grob hacken.

2 Lauch und Karotten im Dampf knackig garen, auskühlen lassen. Eier verquirlen, sämtliche Zutaten zufügen, vermengen, mit Salz und Pfeffer würzen.

3 Pilze trocken abreiben. Je nach Sorte in Streifen oder in Scheiben schneiden. Knoblauchzehe zu den Pilzen pressen, im Olivenöl bei starker Hitze andünsten, wenig Gemüsebrühe zufügen, 2 bis 3 Minuten köcheln lassen, Petersilie unterrühren, mit Kräutersalz und Pfeffer abschmecken.

4 Für die Puffer wenig Olivenöl in einer beschichteten Bratpfanne erhitzen, Gemüsemasse esslöffelweise in die Pfanne geben, Puffer bei mittlerer Hitze beidseitig braten.

Dazu passt Reis

Nudeln mit Kalmare

200 g breite Bandnudeln

Sauce
2 EL Olivenöl extra nativ
1 kleine Zwiebel, in feinen Scheiben
2 EL grob gehackte glattblättrige Petersilie
½ roter Peperoncino/Pfefferschote, gehackt
1 geputzter Kalmare, in Ringen
500 g Tomaten aus dem Glas

1 Stielansatz bei den Pelati entfernen, Tomaten würfeln.

2 Zwiebeln, Petersilie und Peperoncini im Olivenöl andünsten, nach einigen Minuten Kalmare zufügen, schmoren, bis das Wasser verdunstet ist. Tomaten zufügen und 10 bis 15 Minuten bei schwacher Hitze kochen, mit Salz abschmecken.

3 Nudeln in reichlich Salzwasser al dente kochen, abgießen, mit der Sauce vermengen.

Curryreis mit getrockneten exotischen Früchten

für 2 bis 3 Portionen

200 g Langkornreis
ca. ½ l Wasser
2 EL Erdnussöl
1 kleine Zwiebel, fein gehackt
1 großer Lauch
2 EL scharfes Currypulver
1 dl/100 ml Weißwein
2 EL getrocknete Ananaswürfelchen
2 EL getrocknete Mangowürfelchen
2 EL ungeschwefelte Sultaninen
1 dl/100 ml Rahm/Sahne
Gemüsebrühe
Salz

2 EL geröstete Cashewnüsse
für die Garnitur

1 Ananas- und Mangowürfelchen und Sultaninen im Weißwein 30 Minuten einweichen.

2 Reis und Wasser aufkochen, bei schwacher Hitze bissfest kochen.

3 Grobfasrige Hüllblätter beim Lauch entfernen, Stange in feine Ringe schneiden.

4 Zwiebeln und Lauch im Olivenöl etwa 5 Minuten dünsten, Curry und Trockenfrüchte mit Flüssigkeit zugeben, bei schwacher Hitze 5 Minuten kochen, gekochten Reis zugeben, Rahm und Gemüsebrühe zugeben, auf die gewünschte Konsistenz verdünnen, erhitzen. Mit Salz abschmecken. Curryreis anrichten, mit den gerösteten Cashewnüssen garnieren.

April

Kalbfleischvögel	1
Karottencremesuppe	2
Ricotta-Bärlauch-Burger	3
Wels auf Gemüse	4
Pikanter Tofu Ma Puo	5
Spinatknöpfli mit Schabziger	6
Kotelett mit Rhabarbergemüse	7
Schinkenpastete	8
Reis mit Lauch und Crème fraîche	9
Schwertfischsteak mit rotem und grünem Pfeffer	10
Überbackene Omeletts mit Rhabarberfüllung	11
Kastanien-Lamm-Burger	12
Spaghetti alla disperata	13
Asiatisch mariniertes Schweinefilet auf Kokosnussreis	14
Moldawische Kartoffel-Käse-Suppe	15
Siedfleisch mit Rhabarber-Vinaigrette	16
Feine Maisschnitten	17
Penne mit Kräuter-Kapern-Sauce	18
Karpfenstreifen mit Meerrettichschaum	19
Klosterkuchen	20
Hackbraten an Rotweinsauce	21
Rhabarbergratin	22
Pappardelle mit Spargel und Zitronen-Mascarpone	23
Risotto mit Früchten und Geflügelfleisch	24
Pikant gefüllte Kastaniencrêpes	25
Sesamkartoffeln mit Frischkäsesauce	26
Toskanischer Spinatkuchen mit Oliven	27
Pouletburger	28
Maisomeletts	29
Gedünstete Felchenfilets mit Kräutern	30

Kalbfleischvögel

2 große, dünne Kalbfleischschnitzel für Fleischvögel, je 120–150 g	
50–100 g fetter Frühstücksspeck/ Lardo Nostrano	
2 kleine Knoblauchzehen	
½ getrockneter roter Peperoncino/ Pfefferschote oder frisch gemahlener Pfeffer	
1 Hand voll glattblättrige Petersilie	
1 EL Olivenöl extra nativ	
½ Peperoncino/Pfefferschote	
1 Knoblauchzehe	
1 EL gehackte glattblättrige Petersilie	
250 g Pelati aus Glas/Dose, zerkleinert	
1 Msp getrockneter Oregano	
ca. 0,6 dl/60 ml Rotwein	
2½ dl/250 ml Wasser	

1 Kalbfleischscheiben möglichst flach klopfen.

2 Speck auf einem großen Schneidebrett in Streifen schneiden. Speck, Knoblauchzehen, Peperoncino und Petersilie mit dem Rücken eines schweren Messers weich klopfen. Das dauert etwa 20 Minuten. Die fettige und sehr würzige Masse auf den Fleischscheiben verstreichen, aufrollen, mit Zahnstochern fixieren.

3 Fleischrouladen im Brattopf im Olivenöl anbraten, Peperoncino, Knoblauchzehe und Petersilie zufügen, kurz mitdünsten, Pelati und Oregano zufügen, Rotwein und Wasser zugeben, aufkochen, bei schwacher Hitze 1½ Stunden köcheln lassen.

Dazu passen Gnocchi, Seite 105, Nudeln, Reis oder Kartoffelpüree, Seite 99

Karottencremesuppe

- 1 TL Olivenöl extra nativ
- 1 Speckschwarte
- 1 kleine Zwiebel
- 1 Knoblauchzehe
- wenig Selleriekraut oder Knollensellerie
- 300 g Karotten
- 1 kleine mehlig kochende Kartoffel
- ½ l Gemüsebrühe
- 1 Lorbeerblatt
- 1 Gewürznelke
- 1 Eigelb
- 2 EL Rahm/Sahne
- 1 Bund Schnittlauch

1 Zwiebel und Knoblauchzehe fein hacken. Selleriekraut in Streifen schneiden oder den Knollensellerie schälen und klein würfeln. Karotten und Kartoffel schälen, klein würfeln.

2 Speckschwarte im Olivenöl anbraten, Zwiebeln und Knoblauch zugeben und andünsten, Selleriekraut, Karotten und Kartoffeln zugeben und mitdünsten, mit Gemüsebrühe ablöschen, Lorbeerblatt und Gewürznelke zufügen, aufkochen, bei schwacher Hitze etwa 20 Minuten köcheln lassen. Schwarte, Lorbeerblatt und Gewürznelke entfernen, Suppe pürieren.

3 Karottensuppe aufkochen, Eigelb und Rahm kräftig unterrühren. Nicht mehr kochen. Suppe anrichten, den Schnittlauch darüber streuen.

Dazu passen Mahlzeit mit einem bunten Blattsalat beginnen, zur Suppe knuspriges Brot servieren.

Ricotta-Bärlauch-Burger

200 g Bärlauchblätter, ohne Stiele
120 g Ricotta
1 verquirltes Freilandei
4 EL Paniermehl
20 g geriebener Käse
1 Knoblauchzehe
frisch gemahlener Pfeffer
Kräutersalz
frisch geriebene Muskatnuss

Olivenöl zum Braten

Gemüsegarnitur
1 EL Olivenöl extra nativ
2 Spross Stangensellerie
½ Bund grüner Spargel
1 Bund Frühlingszwiebeln
wenig Gemüsebrühe
Kräutersalz

1 Bärlauch im Dampf zusammenfallen lassen, in ein Sieb geben und gut ausdrücken, grob hacken.

2 Bärlauch, Ricotta, Ei, Paniermehl, Käse und durchgepresste Knoblauchzehe vermengen, würzen.

3 Stangensellerie in mundgerechte Stücke schneiden. Beim Spargel das untere Drittel schälen, die Schnittstelle großzügig kappen, Spargel quer halbieren. Zwiebeln auch halbieren. Gemüse im Olivenöl andünsten, wenig Gemüsebrühe zufügen, zugedeckt knackig dünsten. Mit Kräutersalz abschmecken.

4 In einer beschichteten Bratpfanne wenig Öl erhitzen. Burgermasse mit einem Schöpflöffel portionieren und in die Bratpfanne geben, rund formen. Burger bei mittlerer Hitze beidseitig 5 Minuten braten. Auf dem Gemüse anrichten.

Wels auf Gemüse

2 Welsfilets, je etwa 150 g
½ Zitrone, Saft
15 g Butter
1 kleine Zwiebel, in Scheiben
1 Lauchstange, in dünnen Scheiben
2 Karotten, in feinen Stäbchen
50 g Knollensellerie, in feinen Stäbchen
1–1½ dl/100–150 ml Weißwein
1 EL fein gehackter Dill
1 EL fein gehackte Petersilie
fein gehackter Estragon
frisch gemahlener Pfeffer

1 Fischfilets mit wenig Zitronensaft beträufeln.

2 Zwiebeln und Lauch in einer weiten Pfanne (die Fischfilets nebeneinander legen) in der Butter andünsten, Karotten und Sellerie kurz mitdünsten, restlichen Zitronensaft und Weißwein zugeben, Fischfilets auf das Gemüsebeet legen, bei schwacher Hitze zugedeckt 15 Minuten garen.

3 Fischfilets vorsichtig aus dem Topf nehmen und auf eine vorgewärmte Platte legen.

4 Kräuter unter das Gemüse mischen. Mit Salz und Pfeffer würzen.

5 Gemüse auf vorgewärmten Tellern anrichten, Fischfilets darauf legen, sofort servieren.

Dazu passen im Dampf gegarte Kartoffeln, die in heißer Butter geschwenkt werden.

Variante Wels durch Lachs, Schellfisch, Kabeljau oder Seelachs ersetzen.

Pikanter Tofu Ma Puo

Marinade
1 TL Bohnenpaste
1 Msp Sambal Oelek
1 TL Sherry
1 Msp Salz
½ TL Szechuan-Pfefferkörner
1 EL Gemüsebrühe
1 Knoblauchzehe, fein gehackt
1 TL fein gehackter Ingwer

200–300 g Tofu
2 Frühlingszwiebeln, grob gehackt

1 Marinade in einer Schüssel zubereiten.

2 Tofu in 1 cm große Würfel schneiden, zur Marinade geben, sorgfältig vermengen, zugedeckt 20 Minuten marinieren.

3 Marinierten Tofu in der Rührbratpfanne oder in einer beschichteten Bratpfanne bei starker Hitze 2 bis 3 Minuten rührbraten, Frühlingszwiebeln zugeben und kurz mitbraten.

Dazu passen Reis und gedünstetes Gemüse

Spinatknöpfli mit Schabziger

für 4 Portionen

400 g Weiß- oder Knöpflimehl
1 TL Salz
4 Freilandeier
ca. 1½ dl/150 ml Milchwasser (halb Wasser/halb Milch)
300–400 g Spinat
Butter
50 g geriebener Schabziger Käse

1 Spinat tropfnass in den Kochtopf geben und bei starker Hitze zusammenfallen lassen, in ein Sieb abgießen, ausdrücken und fein hacken.

2 Mehl, Salz, Eier und Milchwasser zu einem Teig rühren, mit einem Holzlochlöffel klopfen, bis er Blasen wirft, Spinat unterrühren. Knöpfliteig etwa 30 Minuten quellen lassen.

3 In einem großen Kochtopf Salzwasser erhitzen, Teig portionsweise in das kochende Wasser streichen (Knöpflisieb) oder schaben (Teig auf ein Holzbrett geben und mit einem Messer ins Wasser schaben). Sobald die Knöpfli/Spätzli an die Oberfläche steigen, mit einem Schaumlöffel herausnehmen, in ein Sieb geben und unter kaltem Wasser abschrecken.

4 Butter schmelzen, Knöpfli darin schwenken und erwärmen, Schabziger Käse darüber streuen.

Tipp Die mit kaltem Wasser überbrausten, abgekühlten Spinatknöpfli können tiefgekühlt werden. Bei Wiederverwendung gefroren ins kochende Salzwasser geben, an die Oberfläche steigen und etwa 1 Minute ziehen lassen, mit dem Schaumlöffel heraus nehmen.

Kotelett mit Rhabarbergemüse

1 EL Bratbutter/Butterschmalz
2 Schweinekoteletts ohne Knochen, je 100–150 g
Salz
frisch gemahlener Pfeffer

Rhabarbergemüse
20 g Butter
30 g Zucker
1 Bund Frühlingszwiebeln
200–300 g Rhabarber
1 TL Sojasauce
1 EL Balsamico-Essig
½ dl/50 ml Gemüsebrühe

1 Koteletts mit Salz und Pfeffer würzen, in der Bratbutter beidseitig je 5 Minuten braten. Warm stellen.

2 Frühlingszwiebeln vierteln, Röhrchen in 3 cm lange Stücke schneiden. Rhabarber schälen, in 3 cm lange Stücke schneiden.

3 Zucker in der heißen Butter karamellisieren. Zwiebeln und Rhabarber zufügen und andünsten, Sojasauce, Balsamico und Gemüsebrühe zugeben, bei schwacher Hitze zugedeckt 5 Minuten köcheln lassen.

4 Koteletts und Rhabarbergemüse auf vorgewärmten Tellern anrichten.

Dazu passen im Dampf gegarte Kartoffeln

Schinkenpastete

für eine mittelgroße Cake-/Kastenform

für 4 Portionen

250 g Weißmehl
½ Briefchen phosphatfreies Backpulver
250 g Model- oder Beinschinken, fein geschnitten
200 g geriebener Gruyère
4 Freilandeier
1½ dl/150 ml Kaffeerahm/Sahne
1 EL Senf, 1 TL Salz
frisch geriebene Muskatnuss
frisch geriebener Pfeffer
120 g abgekühlte flüssige Butter

1 Backofen auf 180 °C vorheizen.

2 Mehl, Backpulver, Schinken und Käse mischen.

3 Eier, Rahm und Senf verquirlen, mit Salz, Muskatnuss und Pfeffer würzen, Butter unterrühren, zur Mehlmischung geben und glatt rühren. Teig in die eingefettete Cakeform füllen.

4 Schinkenpastete in der Mitte in den Ofen schieben, bei 180 °C 60 Minuten backen.

Dazu passen gedünstetes Gemüse und/oder ein bunter Blattsalat

Reis mit Lauch und Crème fraîche

1 TL Olivenöl extra nativ
1 kleine Zwiebel
1 Knoblauchzehe
200 g Langkornreis
1½ dl/150 ml Weißwein
3½ dl/350 ml Wasser
Gemüsebrühepulver
frisch gemahlener Pfeffer
1 EL Olivenöl extra nativ
300–400 g Lauch
100 g Crème fraîche

1 Zwiebel und Knoblauchzehe fein hacken, im Olivenöl andünsten, Reis zugeben und mitdünsten, Weißwein und Wasser zugeben, aufkochen, Reis bei schwacher Hitze körnig garen.

2 Grobfasrige Blätter beim Lauch entfernen, Stangen längs aufschneiden, in Streifen schneiden, im Olivenöl knackig dünsten.

3 Lauch unter den Reis rühren, ein paar Minuten köcheln lassen, mit Gemüsebrühepulver und Pfeffer abschmecken. Vor dem Servieren Crème fraîche unterrühren.

Schwertfischsteak mit rotem und grünem Pfeffer

2 Scheiben Schwert- oder Thunfisch, je 200 g
1 Zitrone oder Limette, Saft
1–2 EL Olivenöl extra nativ
1 TL grobkörniger Senf
je 1 TL rote und grüne Pfefferkörner, im Mörser zerstoßen
Salz

1 Zitronensaft, Olivenöl und Senf verrühren, zerstoßenen Pfeffer und Thymian unterrühren, Fischscheiben bestreichen, 15 Minuten marinieren. Vor dem Braten salzen.

2 Thunfischsteaks in einer Grill- oder Bratpfanne beidseitig braten.

Dazu passt Oliven-Kräuter-Bulgur: 100 g Bulgur, 1 Prise Kurkuma/Gelbwurz und 2 dl/200 ml Wasser oder Gemüsebrühe erhitzen, 5 Minuten köcheln lassen, auf der ausgeschalteten Wärmequelle 10 bis 15 Minuten quellen lassen. 2 EL gehackte Petersilie, 1 klein gewürfelte Tomate, 1 durchgepresste Knoblauchzehe, Saft einer Zitrone, 2–3 EL Olivenöl extra nativ oder Limonenöl und einige entsteinte, gehackte, schwarze Oliven unterrühren, erwärmen.

Überbackene Omeletts mit Rhabarberfüllung

für 3 bis 4 Portionen

Teig
200 g Weißmehl, 1 Prise Salz
3 Freilandeier
3 dl/300 ml Milch
1 dl/100 ml Rahm/Sahne

Bratbutter/Butterschmalz zum Backen

Füllung
500 g Erdbeer-Rhabarber
50 g Zucker
½ Vanilleschote, aufgeschnitten
½ unbehandelte Zitrone, abgeriebene Schale

Guss
¼ l Milch
1 EL Maisstärke
250 g Sauerrahm/saure Sahne
4 Eigelbe von Freilandeiern
50 g Zucker
½ Vanilleschote, ausgekratztes Mark

1 Die Zutaten für den Teig in einer Schüssel glatt rühren, 30 Minuten quellen lassen. Aus dem Teig in wenig Bratbutter bei mittlerer Hitze 8 nicht zu dünne Omeletts ausbacken. Auskühlen lassen.

2 Erdbeer-Rhabarber nicht schälen, nur die beiden Enden kürzen, in etwa 3 cm lange Stücke schneiden, mit Zucker, abgestreiftem Vanillemark, Vanilleschote und Zitronenschalen unter Rühren bei mittlerer Hitze köcheln lassen, bis der Rhabarber Saft zieht, auf der ausgeschalteten Wärmequelle zugedeckt rund 5 Minuten ziehen lassen. Vanilleschote entfernen.

3 Backofen auf 200 °C vorheizen.

4 Rhabarberkompott auf die Omeletts verteilen, aufrollen, in eine eingefettete Gratinform legen.

5 Zutaten für den Guss verrühren, über die Omeletts gießen.

6 Gratinform in der Mitte in den Ofen schieben, Omeletts bei 200 °C 15 Minuten überbacken. Heiß servieren.

Kastanien-Lamm-Burger

200 g gehacktes Lammfleisch
1 kleine Zwiebel
1 Knoblauchzehe
fein gehackte Kräuter
1 verquirltes Freilandei
½ unbehandelte Zitrone, abgeriebene Schale
100 g gekochte Kastanien aus dem Glas oder 100 g tiefgekühlte Kastanien
Paprikapulver
Kräutersalz
frisch gemahlener Pfeffer

Olivenöl zum Braten

1 Gefrorene Kastanien in wenig Gemüsebrühe weich garen, Kochflüssigkeit abgießen, Früchte grob hacken. Kastanien aus dem Glas ebenfalls grob hacken. Zwiebel und Knoblauch fein hacken.

2 Alle Zutaten gut vermengen, mit Paprika, Kräutersalz und Pfeffer würzen.

3 Aus der Masse Burger formen, im Olivenöl beidseitig je 5 Minuten braten.

Dazu passen Mahlzeit mit einem bunten Blattsalat beginnen, zu den Burgern gedünstetes Gemüse servieren

Spaghetti alla disperata

200 g Spaghetti

2 EL Olivenöl extra nativ
1 kleine Zwiebel
1 kleines Glas oder
1 kleine Dose Pelati
1 Hand voll entsteinte
schwarze Oliven
1–2 EL große Kapern
4 Sardellenfilets
3 EL Olivenöl extra nativ
fein gehackte Petersilie
Salz
frisch gemahlener Pfeffer

1 Zwiebel fein hacken. Stielansatz bei den Pelati entfernen, Tomaten zerkleinern. Oliven und Sardellen hacken.

2 Spaghetti in reichlich Salzwasser al dente kochen, in ein Sieb abgießen.

3 Zwiebeln im Olivenöl andünsten, restliche Zutaten zugeben, mit Salz und Pfeffer würzen, kurz köcheln lassen. Spaghetti zufügen, nochmals erhitzen.

Dazu passt ein bunter Blattsalat

Asiatisch mariniertes Schweinefilet auf Kokosnussreis

300 g Schweinefilet
1 TL Erdnussöl

Marinade

½ Zitronengrasstängel
½ unbehandelte Zitrone, abgeriebene Schale
1 TL zerstoßene schwarze Pfefferkörner
1 Schalotte, fein gehackt
1 TL Erdnussöl
2 EL pikante Sojasauce
1 EL Honig

Kokosnussreis

150 g Parfümreis
1 dl/100 ml ungesüßte Kokosnussmilch
2 dl/200 ml Gemüsebrühe
1 EL rosa Pfefferkörner
Salz

Chinesischer Schnittlauch/Knoblauch für die Garnitur, nach Belieben

1 Für die Marinade den zähen oberen und unteren Teil des Zitronengrasstängels entfernen, Stängel fein schneiden, mit restlichen Zutaten aufkochen. Schweinefilet in der Marinade wenden, im Kühlschrank zugedeckt mindestens 2 Stunden oder über Nacht marinieren.

2 Backofen auf 80 °C vorheizen.

3 Fleisch aus der Marinade nehmen und mit Küchenpapier trocken tupfen, in einer Bratpfanne im heißen Erdnussöl rundum etwa 5 Minuten anbraten, Filet in eine Gratinform legen, im vorgeheizten Ofen bei 80 °C etwa 1 Stunde garziehen lassen.

4 Parfümreis, Kokosnussmilch, Gemüsebrühe und rosa Pfeffer aufkochen, bei schwacher Hitze weich garen, abschmecken.

5 Schweinefilet in feine Scheiben schneiden, auf dem Reis anrichten, mit dem Schnittlauch garnieren.

Moldawische Kartoffel-Käse-Suppe

10 g Butter
1 mittelgroße Zwiebel
2 große Karotten
1 große mehlig kochende Kartoffel
1 Msp edelsüßes Paprikapulver
1 Prise Cayennepfeffer
1 EL fein gehackte Petersilie
6 dl/600 ml Hühnerbrühe
100 g Schafskäse
Salz
frisch gemahlener Pfeffer
fein geschnittener Schnittlauch

1 Zwiebel fein hacken. Karotten und Kartoffel schälen und in Scheiben schneiden. Schafskäse klein würfeln.

2 Zwiebeln und Karotten in der Butter andünsten, Kartoffeln, Gewürze und Petersilie kurz mitdünsten, mit Hühnerbrühe ablöschen, bei schwacher Hitze köcheln lassen, bis das Gemüse weich ist. Pürieren.

3 Suppe aufkochen und je nach Konsistenz mit Hühnerbrühe verdünnen. Schafskäse unterrühren, erhitzen, bis er geschmolzen ist. Mit Salz und Pfeffer abschmecken.

4 Suppe in vorgewärmten Tellern anrichten, mit Schnittlauch bestreuen.

Zum Rezept Die Suppe wird in Moldawien mit hartem Schafskäse, einem reifen Brynsa, zubereitet. Mit baskischem Schafskäse ist sie eine absolute Köstlichkeit. Man kann auch Cheddar verwenden, dann ist die Suppe aber weniger aromatisch.

Siedfleisch mit Rhabarber-Vinaigrette

für 6 Portionen

2 l Gemüsebrühe
1 Gemüsebündel, ca. 400 g; zerkleinertes Gemüse wie Karotten, Knollensellerie, Lauch, Wirz/Wirsing, Zwiebeln usw.
1 kg Siedfleisch/Suppenfleisch vom Rind

Vinaigrette
2 EL Essig
4 EL Olivenöl extra nativ
Salz
frisch gemahlener Pfeffer
1 Erdbeer-Rhabarberstängel
1 Frühlingszwiebel

1 Für das Siedfleisch Gemüsebrühe aufkochen, Fleisch und Gemüse zufügen, bei schwacher Hitze rund 90 Minuten zugedeckt köcheln lassen, Schaum immer wieder abschöpfen.

2 Vinaigrette zubereiten. Rhabarberstängel schälen und sehr klein würfeln (Brunoise). Röhrchen der Frühlingszwiebel in feine Ringe schneiden, Zwiebel fein hacken. Rhabarber und Zwiebeln zur Sauce geben.

3 Das noch warme Siedfleisch in feine Scheiben schneiden, mit der Vinaigrette anrichten.

Variante Ein Teil des Suppengemüses klein würfeln und zur Vinaigrette geben.

Feine Maisschnitten

für 3 bis 4 Portionen

½ l Milch
1 TL Salz
1 Msp frisch gemahlener Pfeffer
100 g Maisgrieß
1 dl/100 ml Olivenöl extra nativ
2 Freilandeier, Eigelbe und Eiweiß getrennt

1 Milch, Salz und Pfeffer aufkochen, Mais einrieseln lassen, bei schwacher Hitze unter häufigem Rühren zu einem Brei einkochen. Von der Wärmequelle nehmen. Olivenöl und Eigelbe unterrühren.

2 Backofen auf 180 °C vorheizen.

3 Ein rechteckiges Backblech mit Backpapier belegen.

4 Eiweiß nicht ganz steif schlagen, unter die Maismasse ziehen. Auf dem Backpapier etwa 1 cm hoch ausstreichen.

5 Maisgratin in der Mitte in den Ofen schieben, bei 180 °C 30 bis 40 Minuten backen. Portionieren.

Tipp Die Maisschnitten schmecken lauwarm am besten.

Dazu passen gedünstetes Gemüse und ein bunt gemischter Salat

Penne mit Kräuter-Kapern-Sauce

200 g gerillte Penne/Federn

½ dl/50 ml Olivenöl extra nativ
1 Knoblauchzehe
1 gehäufter EL große Kapern aus dem Glas
10 entsteinte schwarze Oliven
2–3 EL gehackte Kräuter
Salz
frisch gemahlener Pfeffer

1 Knoblauchzehe und Oliven fein hacken.

2 Penne in einem großen Kochtopf in reichlich Salzwasser al dente kochen, abgießen.

3 Für die Sauce Olivenöl erwärmen, Knoblauch andünsten. Kapern, Oliven und Kräuter zufügen, erwärmen, mit Salz und Pfeffer abschmecken. Penne zufügen und gut vermengen, eventuell nochmals erwärmen.

Dazu passt ein gemischter Saisonsalat

Karpfenstreifen mit Meerrettichschaum

1 Karpfenfilet, ca. 400 g

Panade
Mehl zum Wenden
1 Freilandei
1 EL Milch
1 TL Öl
je 1 Prise Zimt- und Ingwerpulver
Salz
frisch gemahlener Pfeffer
einige Thymianblättchen, nach Belieben
helles Paniermehl/Semmelbrösel

Bratbutter/Butterschmalz

Meerrettichschaum
1 dl/100 ml Rahm/Sahne
1 kleines Stück Meerrettich
1 Prise Zucker
1 Prise Salz
25 ml Wodka, nach Belieben

Garnitur
Petersilie
Zitronenschnitze

1 Für die Panade Ei verquirlen, Milch und Öl unterrühren, würzen. Thymianblättchen beifügen.

2 Karpfenfilet in 3 cm breite Streifen schneiden. Fischstreifen im Mehl wenden, überschüssiges Mehl abschütteln, in die Eimischung tauchen und im Paniermehl wenden.

3 Für den Meerrettichschaum Rahm steif schlagen. Meerrettich schälen und auf einer feinen Reibe zum Schlagrahm reiben. Mit Zucker, Salz und Wodka abschmecken.

4 Panierte Karpfenstreifen in einer Bratpfanne in der nicht zu heißen Bratbutter beidseitig je 5 Minuten braten.

Dazu passen im Dampf gegarte Kartoffeln

Klosterkuchen

für 4 Portionen

- 4 EL Olivenöl extra nativ
- 1 kleine Zwiebel
- 2 Knoblauchzehen
- 20 g getrocknete Steinpilze
- 800 g Spinat
- 2 EL gehackte Petersilie
- 120 g altbackenes Brot, gewürfelt
- 1 dl/100 ml Milch
- 3 Freilandeier
- frisch gemahlener Pfeffer
- frisch geriebene Muskatnuss
- 50 g gewürfelter Bergkäse
- 100 g geriebener Bergkäse

1 Steinpilze 10 Minuten in lauwarmem Wasser einweichen, ausdrücken und hacken. Brot in der Milch einweichen, mit einer Gabel zerpflücken. Spinat tropfnass in den Kochtopf geben und bei starker Hitze zusammenfallen lassen, in einem Sieb abtropfen und auskühlen lassen, ausdrücken, dann fein hacken.

2 Zwiebel und Knoblauchzehen fein hacken und im Olivenöl andünsten, Pilze mitdünsten, Spinat und Petersilie ebenfalls mitdünsten. Brot, verquirlte Eier und Käsewürfelchen mit der Spinat-Pilz-Masse vermengen, würzen. Spinatmasse in eine eingefettete Gratinform füllen, geriebenen Käse darüber streuen.

3 Klosterkuchen in der Mitte in den auf 180 °C vorgeheizten Ofen schieben, 40 bis 50 Minuten backen.

Hackbraten an Rotweinsauce

für 4 Portionen

700 g gemischtes Hackfleisch, Kalb-, Rind- und Schweinefleisch
1 Stück trockenes Brot, in Milch eingelegt
1 Freilandei
2 Sardellenfilets, fein gehackt
1 Schalotte, fein gehackt
2 EL gehackte gemischte Kräuter, z. B. Petersilie, Liebstöckel, Majoran, Thymian
2 EL Fleischbrühe
Salz, frisch gemahlener Pfeffer
Paniermehl/Semmelbrotbrösel
Mehl
1 EL Bratbutter/Butterschmalz
1 Gemüsebündel (besteckte Zwiebel, Karotte, Knollensellerie, Lauch), zerkleinert
1 dl/100 ml Rotwein
2 dl/200 ml Fleischbrühe
Zitronensaft

1 Eingeweichtes Brot gut ausdrücken, mit einer Gabel zerpflücken.

2 Brot, Hackfleisch und Ei vermengen, Sardellen, Schalotten, Kräuter und Fleischbrühe unterrühren. Würzen. Einen länglichen Laib formen, diesen mehlen und im Paniermehl wenden.

3 Hackbraten in einem großen Brattopf in der heißen Bratbutter rundum kräftig anbraten. Zerkleinertes Gemüse zugeben und andünsten. Hackbraten bei schwacher Hitze zugedeckt 1 Stunde schmoren, öfter mit dem Bratenjus übergießen.

4 Hackbraten und Gemüse warm stellen.

5 Für die Sauce Bratjus mit einem Esslöffel Mehl binden, mit Rotwein und Fleischbrühe ablöschen, auf die gewünschte Konsistenz einkochen lassen, mit Salz, Pfeffer und Zitronensaft abschmecken.

6 Hackbraten nicht zu dünn (1 cm dick) aufschneiden, Scheiben auf vorgewärmten Tellern anrichten, mit der Sauce umgießen.

Dazu passen breite Bandnudeln

Rhabarbergratin

40 g Vollkornbiskuits/-kekse für die Form, fein zerbröselt

400 g Rhabarber
40 g Vollrohrzucker
1 dl/100 ml Rahm/Sahne
1 Eigelb von einem Freilandei
1 EL Vollrohrzucker
1 Briefchen Vanillezucker
1 TL Maisstärke
1 Eiweiß

1 Rhabarber schälen und in 3 cm lange Stücke schneiden, mit dem Zucker unter ständigem Rühren bei starker Hitze kochen, bis der Rhabarber Saft zieht, auf der ausgeschalteten Wärmequelle zugedeckt 5 Minuten ziehen lassen. Der Rhabarber darf nicht zerfallen.

2 Backofen auf höchster Stufe oder Grillstufe vorheizen.

3 Rahm und Eigelb luftig aufschlagen, Zucker, Vanillezucker und Maisstärke unterrühren. Eiweiß steif schlagen, unter die Creme ziehen.

4 Biskuitbrösel in die Gratinform streuen, Rhabarber mit Saft darüber verteilen, mit der Creme überziehen.

5 Rhabarbergratin auf der zweitobersten Schiene in den Ofen schieben, auf höchster Stufe 2 bis 3 Minuten überbacken, bis die Haube leicht braun ist. Sofort servieren.

Dazu passt Mahlzeit mit einer Suppe beginnen.

Pappardelle mit Spargel und Zitronen-Mascarpone

½ Bund grüner Spargel
200 g Pappardelle (breite Bandnudeln)
70 g Mascarpone
½ unbehandelte Zitrone
Salz
frisch gemahlener Pfeffer
1 EL Olivenöl extra nativ

1 Beim Spargel die Schnittstelle großzügig abschneiden, je nach Dicke längs halbieren oder vierteln.

2 Mascarpone mit Salz, Pfeffer und abgeriebener Zitronenschale kräftig würzen, mit Zitronensaft abschmecken.

3 Pappardelle in reichlich Salzwasser al dente kochen, grünen Spargel die letzten 5 bis 6 Minuten mitkochen. 2 Esslöffel des Kochwassers unter den Mascarpone rühren. Topfinhalt in ein Sieb abgießen.

4 Mascarpone mit der heißen Pappardelle-Spargel-Mischung vermengen, mit Olivenöl abschmecken. In vorgewärmten Tellern anrichten, sofort servieren.

Zitronenaroma Das Aroma kann noch verstärkt werden, wenn man das Olivenöl durch Zitronenöl ersetzt.

Risotto mit Früchten und Geflügelfleisch

1 TL Butter
1 kleine Zwiebel
100 g weißer Mittel- oder Rundkornreis (Risottoreis)
1 Lorbeerblatt
1 dl/100 ml vergorener Apfelsaft
2½ dl/250 ml schwache Gemüsebrühe
200 g Erdbeer-Rhabarber
4 getrocknete Aprikosen
1 Apfel
½ dl/50 ml Rahm/Sahne

wenig Bratbutter/Butterschmalz
200 g Poulet-/Hühnerbrustfilets, in Streifen
Salz
frisch gemahlener weißer Pfeffer

1 EL geröstete Pinienkerne

1 Zwiebel fein hacken, in der Butter andünsten, Reis zugeben und kurz mitdünsten. Lorbeerblatt, Apfelsaft und Gemüsebrühe zugeben, aufkochen, Reis bei schwacher Hitze etwa 25 Minuten kochen, bis er al dente ist. Lorbeerblatt entfernen.

2 Rhabarber schälen, in 2 cm lange Stücke schneiden. Aprikosen in Streifchen schneiden. Apfel schälen, vierteln, entkernen, in feine Scheiben schneiden. Alle Früchte mit dem Rahm unter den Risotto rühren, 5 Minuten bei schwacher Hitze kochen.

3 Pouletstreifen in wenig Bratbutter kräftig anbraten, würzen.

4 Pouletfleisch und Pinienkerne unter den Risotto rühren.

Variante Risotto ohne Fleisch zubereiten.

Pikant gefüllte Kastaniencrêpes

Crêpes

2½ dl/250 ml Milch
3 Freilandeier
1 EL Olivenöl extra nativ
90 g Kastanienmehl (aus luftgetrockneten Kastanien)
½ TL Salz
wenig gehackte Rosmarinnadeln, nach Belieben

Olivenöl extra nativ zum Braten

Füllung

150–200 g Rauchlachs, fein gehackt

Blattsalat
Limonenöl

1 Für den Teig Milch, Eier und Olivenöl verquirlen, Kastanienmehl und Salz beifügen, zu einem glatten Teig rühren. Mindestens 30 Minuten quellen lassen. Rosmarin unterrühren.

2 In einer beschichteten Bratpfanne wenig Olivenöl erhitzen. Aus dem Teig 6 Crêpes braten, immer wieder ein wenig Olivenöl in die Bratpfanne geben. Warm stellen.

3 Lachs auf die noch warmen Crêpes verteilen, aufrollen, nach Belieben in Stücke schneiden.

4 Blattsalat auf Tellern anrichten. Crêpes oder Rouladen darauf legen. Mit Limonenöl beträufeln.

Variante Crêpes mit gebratenen Mischpilzen füllen

Sesamkartoffeln mit Frischkäsesauce

400–500 g Frühkartoffeln
2 EL weiße Sesamsamen
Salz
wenig Olivenöl extra nativ für die Form

Käsesauce
100 g Frischkäse, z. B. Ziegenfrischkäse oder Gervais oder Quark
1 reife kleine Avocado
1 EL Zitronensaft
½–1 EL Olivenöl extra nativ, je nach Fettanteil im Käse
1 Bund Schnittlauch
2 EL fein gehackte Petersilie
frisch gemahlener Pfeffer

1 Kartoffeln längs halbieren, auf der Schalenseite etwa 10-mal 1 cm tief einschneiden. Schnittfläche in die Sesamsamen drücken. Kartoffeln mit der Schnittfläche unten auf ein mit Kräutersalz bestreutes und mit Backpapier belegtes Backblech legen. Mit Olivenöl einpinseln. Kartoffeln bei 220 °C 20 bis 25 Minuten backen, je nach Größe der Kartoffeln.

2 Frischkäse mit einer Gabel zerdrücken. Avocado halbieren und entsteinen, Fruchtfleisch aus der Schale lösen, mit einer Gabel zerdrücken. Sämtliche Zutaten sofort miteinander vermengen, mit Pfeffer abschmecken.

Dazu passt ein bunter Salat

Toskanischer Spinatkuchen mit Oliven

für 3 bis 4 Portionen

Blitzkuchenteig
275 g Weißmehl
½ TL Salz
1¾ dl/175 ml Wasser
¾ dl/75 ml Olivenöl extra nativ

Belag
4 EL Olivenöl extra nativ
200 g Zwiebeln
2 Knoblauchzehen
400 g Spinat
Kräutersalz
frisch gemahlener Pfeffer
Thymian

2 EL Rahm/Sahne
2 Freilandeier
50 g entsteinte schwarze Oliven

1 Für den Teig Mehl und Salz mischen. Wasser aufkochen, Pfanne von der Wärmequelle nehmen, Olivenöl beifügen, 1 Minute mit dem Rühr-/Stabmixer verquirlen, bis die Flüssigkeit emulgiert, zum Mehl geben, zu einem Teig zusammenfügen, nicht kneten. Blitzteig ein wenig auskühlen lassen, dann zwischen zwei Klarsichtfolien auf Blechgröße ausrollen. Klarsichtfolie entfernen, Teigrondelle in das eingefettete Blech stürzen, zweite Folie entfernen.

2 Zwiebeln fein hacken, zusammen mit durchgepressten Knoblauchzehen im Olivenöl andünsten, Spinat zugeben und zusammenfallen lassen, mit Salz, Pfeffer und Thymian würzen, in einem Sieb abtropfen lassen, sanft ausdrücken.

3 Spinat auf den Teigboden verteilen. Eier und Rahm verrühren, über den Spinat gießen, mit den Oliven garnieren.

4 Spinatkuchen auf mittlerer Schiene in den Backofen schieben, bei 200 °C 35 bis 40 Minuten backen. Heiß servieren.

Dazu passen Mahlzeit mit einer Gemüsesuppe beginnen, zum Spinatkuchen einen gemischten Salat servieren.

Pouletburger

300 g Pouletbrustfilet, vom Metzger 1-mal durch den Fleischwolf gedreht
1 Knoblauchzehe, durchgepresst
2 EL gehackte glattblättrige Petersilie
1 EL Thymianblättchen oder Rosmarinnadeln, fein gehackt
1 kleines Freilandei
1 TL Senf
2 EL Paniermehl/Semmelbrösel
Kräutersalz
frisch gemahlener Pfeffer

Olivenöl zum Braten

Brötchen oder Brotscheiben
Ketchup
Salatblätter
Zwiebelsprossen oder andere Sprossen
Gemüse nach Angebot

1 Fleisch, Knoblauch, Kräuter, Ei, Senf und Paniermehl gut vermengen, mit Kräutersalz und Pfeffer würzen. Aus der Masse 4 Burger formen. In einer Bratpfanne in wenig Olivenöl bei mittlerer Hitze beidseitig je 4 Minuten braten.

2 Brötchen quer halbieren, den Boden mit ein wenig Ketchup bestreichen, mit Salatblättern und Gemüse belegen, Burger darauf legen, mit Zwiebelsprossen garnieren. Den Brotdeckel darauf legen.

Maisomeletts

für 4 bis 6 Omeletts

120 g feines Maismehl
2 dl/200 ml Milch
1 EL flüssige Butter
1 EL flüssiger Honig oder Zucker
1 Prise Salz

Bratbutter/Butterschmalz zum Braten

Apfelkompott

1 Sämtliche Zutaten zu einem glatten Teig rühren. 20 bis 30 Minuten quellen lassen.

2 Aus dem Teig in einer beschichteten Bratpfanne in der nicht zu heißen Bratbutter 4 bis 6 Omeletts braten. Mit Apfelkompott füllen.

Gedünstete Felchenfilets mit Kräutern

400 g Felchenfilets

reichlich Butter
je 1/2 Bund Petersilie und Schnittlauch
Salz
frisch gemahlener Pfeffer

1 Petersilie von den Stielen zupfen, grob hacken. Schnittlauch fein schneiden.

2 Felchenfilets mit Salz und Pfeffer würzen, sanft einreiben. In einer großen beschichteten Bratpfanne reichlich Butter schmelzen. Bevor die Butter zu schäumen beginnt, Fischfilets mit der Hautseite nach oben in die Bratpfanne legen, bei mittlerer Temperatur 3 Minuten dünsten, wenden und nochmals 3 Minuten dünsten. Auf vorgewärmten Tellern anrichten.

3 Petersilie und Schnittlauch in der Fischpfanne andünsten, über die Fischfilets verteilen. Sofort servieren.

Variante Eine kleine Zwiebel und eine Knoblauchzehe fein hacken. Fischfilets in der Butter dünsten, auf vorgewärmten Tellern anrichten, zugedeckt warm stellen. Zwiebeln und Knoblauch in der Fischpfanne weich dünsten, Kräuter zugeben und kurz mitdünsten, über die Fischfilets verteilen.

Mai

Überbackener Spargel

12 dicke weiße Spargel
1 Lauchstange

½ Freilandei
1 EL Rahm/Sahne
50 g geriebener Sbrinz
oder Parmesan
1 Bund fein geschnittener Schnittlauch

1 Spargel schälen, oberen Teil sparsam, unteren großzügig, bis alle holzigen Stellen entfernt sind, die Schnittstelle großzügig kürzen. Spargel über Dampf knackig garen, je nach Dicke 15 bis 25 Minuten, herausnehmen.

2 Grobfasrige Hüllblätter beim Lauch entfernen, Stange längs halbieren, in Längsrichtung in 1 cm breite Streifen schneiden. Im Salzwasser blanchieren, mit dem Schaumlöffel herausnehmen und unter kaltem Wasser abschrecken.

3 Ei, Rahm, Sbrinz und Schnittlauch verrühren.

4 Backofen auf Grillstufe vorheizen.

5 Jeweils 6 Spargel mit Lauchstreifen zu einem Bündel schnüren, auf einen hoch erhitzbaren Teller oder in Portionen-Gratinschalen legen, Käsemasse darüber verteilen. Im Backofen bei starker Hitze kurz überbacken.

Dazu passen im Dampf gegarte Kartoffeln oder Reis

Gegrillte Zitronenschnitzel mit gefüllten Kartoffeln

2 Kalbsschnitzel, je 150 g, Nuss- oder Eckstück
½ unbehandelte Zitrone, in kleinen Segmenten

Marinade

1 TL milder Senf
½ unbehandelte Zitrone, abgeriebene Schale und Saft
1 EL Öl
frisch gemahlener Pfeffer

Kartoffeln

2 große oder 4 kleinere fest kochende Kartoffeln

Sardellen-Kräuter-Sauce

100 g Rahm-/Sahnequark
2 gehackte Sardellenfilets
1 durchgepresste Knoblauchzehe
1 TL scharfer Senf
½ TL Curry
1 EL gehackte glattblättrige Petersilie
1 EL gehackte Kräuter, z. B. Thymian, Estragon, Majoran, Dill
Salz
frisch gemahlener Pfeffer

1 Zutaten für die Marinade verrühren, Kalbfleischscheiben damit bestreichen, etwa 1 Stunde kühl stellen.

2 Kartoffeln in der Schale im Dampf weich garen.

3 Für die Sauce alle Zutaten verrühren, mit Salz und Pfeffer abschmecken.

4 Zitronenmarinade vom Fleisch abstreifen und beiseite stellen. Schnitzel der Länge nach wellenförmig mit drei Zitronensegmenten auf Spießchen stecken. Beidseitig kurz grillen, dabei ein- bis zweimal mit der Marinade bestreichen.

5 Kartoffeln längs aufschneiden, einen gehäuften Esslöffel Sauce darauf geben.

Reisnudeln mit Tofu, Sprossen und Erdnüssen

300 g dünne Reisnudeln

1–2 EL Erdnussöl
1 TL fein gehackter Knoblauch
1 Frühlingszwiebel, fein gehackt
150 g Tofu, in Streifen
1 Msp Chilipulver
1 EL Erdnussöl
200 g Sojasprossen
2 EL Sojasauce
Honig nach Belieben
2 EL gesalzene Erdnüsse oder Pistazien, trocken geröstet

Koriander für die Garnitur
Frühlingszwiebeln für die Garnitur

1 Reisnudeln etwa 10 Minuten in lauwarmem Wasser einweichen, in ein Sieb abgießen, Sieb mit einem feuchten Tuch bedecken, 20 Minuten stehen lassen.

2 Knoblauch und Zwiebeln in der Rührbratpfanne, im Wok oder in einer beschichteten Bratpfanne im Erdnussöl andünsten, Reisnudeln zufügen und unter ständigem Rühren braten. Herausnehmen.

3 Tofustreifen in der Nudelpfanne im Erdnussöl zusammen mit dem Chilipulver anbraten, Reisnudeln zufügen, vermengen, aus der Pfanne nehmen.

4 Sojasprossen und einen Teil der Frühlingszwiebeln (Garnitur) in wenig Erdnussöl in der Tofupfanne 3 Minuten dünsten, Sojasauce unterrühren, nach Belieben mit Honig abschmecken.

5 Alle Zutaten mischen. Anrichten. Mit Nüssen bestreuen und mit restlichen Frühlingszwiebeln und Koriander garnieren.

Fischgratin

- 150 g Langkornreis
- 4 dl/400 ml leicht gewürzte Gemüsebrühe
- 1 TL Butter
- 1 große Lauchstange
- Salz
- frisch gemahlener Pfeffer
- 2 Riesenkrevetten/-garnelen
- 1 EL Cognac nach Belieben
- 150 g Fischfilets
- 1 EL Zitronensaft
- 2 EL geriebener Käse, milde Sorte
- 1 dl/100 ml Halbrahm/Sahne

1 Reis in der Gemüsebrühe bei schwacher Hitze weich garen, 15 bis 20 Minuten.

2 Grobfasrige Blätter beim Lauch entfernen, Stange längs halbieren und in Streifen schneiden, in der Butter kurz dünsten, zum Reis geben. Mit Salz und Pfeffer würzen. Das Ganze in eine eingefettete Gratinform verteilen.

3 Krevetten mit Cognac beträufeln.

4 Backofen auf 200 °C vorheizen.

5 Fischfilets in Streifen schneiden, mit Zitronensaft, Salz und Pfeffer würzen. Fischstreifen auf den Reis verteilen, Käse darüber streuen, Rahm darüber gießen, Krevetten darauf legen.

6 Fischgratin auf mittlerer Schiene in den vorgeheizten Ofen schieben, bei 200 °C rund 10 Minuten überbacken.

Frühlingssalat mit Geflügelleber

200 g gemischter Blattsalat, z. B. junger Löwenzahn oder gebleichter Löwenzahn, Garten-/Brunnenkresse, Eichblattsalat, Schnittsalat, Portulak, junger Spinat
1 kleine Karotte
1 kleiner Kohlrabi
2 Schalotten, in feinen Ringen
1 EL Rotweinessig
2–3 EL Olivenöl extra nativ

Leber
1 TL Olivenöl extra nativ
250 g Poulet-/Hühnerleber, in mundgerechten Stücken
Kräutersalz
frisch gemahlener Pfeffer
2 EL milder Balsamico-Essig
4 Salbeiblätter, fein geschnitten

1 Frühlingssalat waschen und trockenschleudern, eventuell zerkleinern. Karotte und Kohlrabi schälen und in Würfelchen (Brunoise) schneiden.

2 Blattsalat, Gemüsewürfelchen und Zwiebelscheiben mischen, auf Tellern anrichten.

3 Leber im Olivenöl kurz und kräftig braten, würzen. Auf einen Teller geben. In der gleichen Pfanne Salbei im Balsamico-Essig kurz dünsten, Leber zufügen, nochmals kurz erwärmen. Abschmecken.

4 Die noch warme Leber auf dem Blattsalat anrichten, Rotweinessig und Öl darüber träufeln.

Dazu passen Vollkorn- oder Toastbrot

Penne mit frischen Erbsen

200 g gerillte Penne/Federn
2 EL Olivenöl extra nativ
1 kleine Zwiebel, in feinen Scheiben
500 g Erbsenschoten, Erbsen ausgelöst
½ roter Peperoncino/Chilischote oder frisch gemahlener Pfeffer
3–4 EL Kochwasser der Penne
2 Freilandeier, nach Belieben
1–2 EL geriebener Parmesan oder Pecorino nach Belieben
Olivenöl extra nativ zum Beträufeln

1 Zwiebeln im Olivenöl andünsten, unzerkleinerten Peperoncino und Erbsen zufügen, bei schwacher Hitze 7 Minuten dünsten.

2 Penne in einem großen Kochtopf in reichlich Salzwasser al dente kochen. 3 bis 4 Esslöffel Kochwasser entnehmen, zu den Erbsen geben. Penne abgießen, mit den Erbsen vermengen.

3 Pro Person je ein rohes Freilandei mit den Penne vermengen, anrichten, Parmesan darüber streuen, mit Olivenöl beträufeln.

Variante Erbsen durch Kefen/Zucker-/Kaiserschoten ersetzen.

Maisgratin mit Brokkoli und Feta

½ dl/50 ml Milch
1¼ dl/125 ml Gemüsebrühe
80 g feiner Maisgrieß
1 EL Olivenöl extra nativ oder kaltgepresstes Rapsöl
1 mittelgroße Karotte
150 g Brokkoliröschen
½ dl/50 ml Gemüsebrühe
1 Freilandei, Eigelb und Eiweiß getrennt
gehackter Thymian oder Salbei oder Majoran
1–2 EL geriebener Sbrinz
frisch gemahlener Pfeffer
100 g Fetawürfelchen

1 Milch mit Gemüsebrühe aufkochen, Maisgrieß einrieseln lassen, unter Rühren bei schwacher Hitze 5 Minuten köcheln, auf der ausgeschalteten Wärmequelle zugedeckt ausquellen lassen.

2 Karotte schälen, auf Röstiraffel reiben. Karotten und Brokkoliröschen im Olivenöl andünsten, mit Gemüsebrühe ablöschen, knackig garen.

3 Eiweiß zu Schnee schlagen.

4 Polenta, Gemüsemischung, Eigelb, Kräuter und Sbrinz gut vermengen, mit Pfeffer würzen. Erst Fetawürfelchen untermischen, dann den Eischnee unterheben. In eine eingefettete Gratinform füllen.

5 Maisgratin in der Mitte in den auf 180 °C vorgeheizten Backofen schieben, 35 bis 40 Minuten backen.

Kartoffel-Gemüse-Salat

300 g fest kochende Kartoffeln
1–2 Karotten
1 zarter Kohlrabi
1–2 zarte Brokkoli
reichlich frische Kräuter
Sprossen, z. B. Alfalfa für die Garnitur

Sauce
2 EL Zitronensaft
1 TL Sojasauce
1 TL Senf
½ dl/50 ml Gemüsebrühe
1 TL Hefeflocken
Salz
frisch gemahlener Pfeffer
4–5 EL Olivenöl extra nativ
½ Bund Petersilie, fein gehackt
1 Knoblauchzehe

1 Kartoffeln, Karotten und Kohlrabi schälen und in Stäbchen oder Scheiben schneiden. Bei den Brokkoli den Stiel abschneiden, schälen und in Stäbchen schneiden, die Blumen in Röschen brechen.

2 Kartoffeln, Karotten, Kohlrabi und Brokkolistäbchen im Dampf knackig garen, Brokkoliröschen die letzten 5 Minuten mitgaren.

3 Sauce zubereiten, Petersilie unterrühren, Knoblauchzehe dazupressen.

4 Das noch warme Gemüse zur Sauce geben, vermengen, 15 bis 30 Minuten marinieren, etwa alle 5 Minuten in eine zweite Schüssel umgießen, damit alles mit der Sauce gut vermengt wird.

5 Den Gemüsesalat mit Kräutern und Sprossen garnieren.

Kalbsbrustschnitten mit Salbei

1 TL Öl
2 Kalbsbrustschnitten, je 150 g, vom Metzger rund gebunden
1 kleine Zwiebel, fein gehackt
1 TL Tomatenpüree/-mark
1 dl/100 ml Weißwein
1 dl/100 ml Fleischbrühe
Salz
frisch gemahlener Pfeffer
½ dl/50 ml Rahm/Sahne
1 TL Butter
8 Salbeiblätter

1 Kalbsbrustschnitten im Brattopf im heißen Öl anbraten. Zwiebeln und Tomatenpüree mitdünsten, mit Weißwein und Fleischbrühe ablöschen, aufkochen, würzen. Zugedeckt bei schwacher Hitze 45 Minuten schmoren. Rahm unterrühren, bei schwacher Hitze offen wenig einköcheln lassen.

2 Salbeiblätter entstielen, in der Butter leicht knusprig braten.

3 Kalbsbrustschnitten anrichten, mit dem Salbei garnieren.

Dazu passen Reis, Nudeln oder Gnocchi, Seite 105

Capuns – Mangoldwickel

für 4 Portionen

40 Schnittmangoldblätter

300 g Weißmehl
3 Freilandeier
1½ dl/150 ml Milch
1 TL Salz
40 g Butter
1 kleine Zwiebel, fein gehackt
50 g Speckwürfelchen
100 g Toast- oder Weißbrotwürfelchen
5 EL gehackte Kräuter
50 g Korinthen

Küchengarn

1½ dl/150 ml Rahm/Sahne
100 g Frühstücksspeck, in Scheiben
1 Bund Schnittlauch

1 Mangoldblätter in reichlich kochendem Wasser blanchieren, nicht länger als 1 Minute, abgießen und unter kaltem Wasser abschrecken, auf Geschirrtüchern ausbreiten.

2 Mehl, Eier, Milch und Salz glatt rühren, weiterrühren, bis der Teig Blasen wirft, mit Salz würzen. Etwa 30 Minuten quellen lassen. Zwiebeln, Speck und Brot in der Butter andünsten, 3 Esslöffel Kräuter und Korinthen unter den Teig rühren.

3 Auf jedes Mangoldblatt einen Esslöffel der Füllung geben, die Schmalseiten darüber legen und von der Breitseite einrollen, mit Küchenfaden binden.

4 In einem großen Topf reichlich Salzwasser erhitzen. Capuns zufügen, bei schwacher Hitze 20 Minuten garziehen lassen.

5 Backofen auf 220 °C vorheizen.

6 Capuns mit einem Schaumlöffel aus dem Wasser nehmen, in eine eingefettete Gratinform legen. Speckscheiben in Streifen schneiden, mit fein geschnittenem Schnittlauch darüber verteilen. Rahm darüber gießen.

7 Die Gratinform auf mittlerer Schiene in den Ofen schieben, Capuns bei 220 °C 10 Minuten überbacken.

Felchenfilets auf Gemüse

4 Felchenfilets oder andere Fischfilets, z. B. Rotbarbe, ca. 300 g
Kräutersalz
frisch gemahlener Pfeffer
Zitronensaft
Olivenöl extra nativ zum Braten

Gemüse
1 EL Olivenöl extra nativ
1 Karotte
1 Kohlrabi
1 Lauchstange
1 Hand voll Sojasprossen
wenig Gemüsebrühe

wenig glattblättrige Petersilie
wenig Dill

Kartoffelpüree
500 g mehlig kochende Kartoffeln
2 EL Rahm/Sahne
1 EL Olivenöl extra nativ
Salz
frisch gemahlener Pfeffer

1 Kartoffeln schälen, klein würfeln, im Dampf weich garen, durch Passevite/Flotte Lotte drehen. Vor dem Servieren Kartoffelpüree unter Rühren mit Rahm und Olivenöl erhitzen, je nach Konsistenz ein wenig mehr Rahm unterrühren, würzen.

2 Fischfilets mit Salz und Pfeffer würzen und mit Zitronensaft beträufeln.

3 Karotte und Kohlrabi schälen und klein würfeln. Beim Lauch grobfasrige Blätter entfernen, Stange längs halbieren und in Streifen schneiden. Gemüse und Sprossen im Öl andünsten, wenig Gemüsebrühe zugeben, knackig garen.

4 Fischfilets in einer beschichteten Bratpfanne in wenig Öl beidseitig kurz braten.

5 Kartoffelpüree in tiefen Tellern anrichten, Fischfilets darauf legen, mit dem Gemüse umgeben, mit Petersilie garnieren.

Gemüsereis mit Oliven

100–120 g Langkornreis
ca. 2 dl/200 ml Wasser
1 Lorbeerblatt

Gemüse
2 EL Olivenöl extra nativ
1 kleine Zwiebel
1 Knoblauchzehe
200 g Spinat
200 g grüner Spargel
200 g Brokkoli
1 dl/100 ml Gemüsebrühe
12 große entsteinte grüne Oliven
Salz
frisch gemahlener Pfeffer
frisch geriebener Parmesan

1 Reis mit Wasser und Lorbeerblatt aufkochen, auf der ausgeschalteten Wärmequelle 30 Minuten quellen lassen. Lorbeer entfernen.

2 Zwiebel und Knoblauchzehe schälen und fein hacken. Beim Spargel das untere Drittel schälen, Schnittstelle großzügig kürzen. Spitzen auf 5 cm kürzen, Rest in Scheiben schneiden. Brokkoli in Röschen brechen. Spinat im Dampf zusammenfallen lassen, in einem Sieb abtropfen lassen.

3 Zwiebeln und Knoblauch im Olivenöl andünsten, Spargelscheiben und Brokkoliröschen zufügen, mit der Gemüsebrühe ablöschen, 5 Minuten bei schwacher Hitze kochen, Spargelspitzen zufügen, 5 Minuten kochen. Spinat, Reis und Oliven untermischen. Erhitzen. Abschmecken. Mit Parmesan und Olivenöl verfeinern.

Kartoffel-Karotten-Burger

500 g vorwiegend fest kochende Kartoffeln
200 g Karotten
1–2 EL Mehl
gehackter Majoran
Kräutersalz
frisch gemahlener Pfeffer
1 Msp frisch geriebener Ingwer

Olivenöl zum Braten

1 Kartoffeln schälen und auf der Röstiraffel reiben, am besten in einem Küchentuch gut ausdrücken. Karotten schälen und auf der Röstiraffel reiben.

2 Kartoffeln, Karotten, Mehl und Majoran mischen, mit Kräutersalz, Pfeffer und Ingwer würzen.

3 Etwa 2 Esslöffel Olivenöl in einer beschichteten Bratpfanne erhitzen. Aus der Kartoffel-Karotten-Masse von Hand kleine Burger formen und diese im Olivenöl bei mittlerer Hitze langsam auf beiden Seiten braten.

Dazu passen gedünsteter Spinat und/oder Blattsalat

Kalbfleisch an grüner Currysauce

1 EL Erdnussöl
1½ EL grüne Currypaste
2 dl/200 ml Kokosnussmilch
1 Zitronengrasstängel
2 EL Fischsauce (Asienladen)
1–2 EL würzige Sojasauce
250–300 g Kalbfleisch zum Schnellbraten
1 grüner Peperoncino/Chilischote
wenig Thai- oder Garten-Basilikum

1 Zitronengras fein hacken. Fleisch in Streifen schneiden. Peperoncino längs aufschneiden, entkernen, in Längsstreifen schneiden.

2 Öl im Wok oder in einer Bratpfanne erhitzen, Currypaste zugeben und andünsten, mit Kokosnussmilch ablöschen, Zitronengras zugeben, erhitzen, mit Fisch- und Sojasauce würzen, Fleisch unterrühren, 5 Minuten köcheln lassen, Peperoncini unterrühren. Mit Basilikum garnieren.

Dazu passt Reis

Steinpilz-Tofu-Ragout

1 Hand voll getrocknete Steinpilze
3/4 dl/75 ml Wasser
200 g Tofu
1 EL Olivenöl extra nativ
1 kleine Zwiebel
1 Knoblauchzehe
1 TL Mehl
1/2 dl/50 ml Weißwein
1 EL Weißwein- oder Obstessig
1 EL Sojasauce
1/2 dl/50 ml Rahm/Sahne
Salz
frisch gemahlener Pfeffer
reichlich gehackte frische Kräuter

1 Steinpilze in kaltem Wasser einweichen, gut ausdrücken. 1/2 dl/50 ml Einweichwasser für die Sauce aufbewahren.

2 Tofu in Würfel schneiden, in der Rührbratpfanne, im Wok oder in einer beschichteten Bratpfanne bei mäßiger Hitze ohne Fett braten, beiseite stellen.

3 Zwiebel und Knoblauchzehe fein hacken, in der Tofupfanne im Olivenöl andünsten, Steinpilze zufügen, bei starker Hitze mitdünsten, Pilzwasser und Tofu zugeben, Mehl darüber streuen und unterrühren, Weißwein zugeben, erhitzen, Essig, Sojasauce und Rahm unterrühren, nochmals erhitzen, würzen, Kräuter zugeben.

Dazu passen Mahlzeit mit einem Blattsalat beginnen, Tofu mit gedünstetem Gemüse servieren

Spinatkuchen

für eine runde Form von 28 cm Durchmesser

für 3 bis 4 Portionen

1 Portion Kuchenteig (Weißmehl durch Vollkornmehl ersetzen), Seite 31

2 EL Olivenöl extra nativ
1 kleine Zwiebel
1 Knoblauchzehe
800 g kleinblättriger Spinat
100 g Speckwürfelchen oder -streifen
1 Hand voll entsteinte grüne Oliven

Guss

2 Freilandeier
2 dl/200 ml Rahm/Sahne
Salz, frisch gemahlener Pfeffer
frisch geriebene Muskatnuss

1 Teig ausrollen und in die eingefettete Form legen, 30 Minuten kühl stellen.

2 Zwiebel und Knoblauchzehe fein hacken und im Olivenöl andünsten, Spinat zufügen, zusammenfallen lassen, zum Abtropfen in ein Sieb geben, erkalten lassen.

3 Backofen auf 210 °C vorheizen.

4 Zuerst die Speckwürfelchen, dann den Spinat auf dem Teigboden verteilen, Oliven darüber verteilen. Eier und Rahm verquirlen, würzen, über den Spinat gießen.

5 Spinatkuchen auf der zweituntersten Schiene in den Backofen schieben, bei 210 °C 30 bis 35 Minuten backen.

Dazu passen Mahlzeit mit einem bunten gemischten Salat oder einer Suppe beginnen

Rustikale Linsensuppe

1 TL Olivenöl extra nativ
1 kleine Zwiebel
1 Knoblauchzehe
2 EL Gemüsewürfelchen, z. B. Karotten, Lauch, Knollensellerie
100 g Kochspeck- oder Schinkenwürfelchen
200 g fest kochende Kartoffeln
80 g orange Linsen
6 dl/600 ml Gemüsebrühe
Salz
frisch gemahlener Pfeffer
1 Prise Paprikapulver

1 Zwiebel und Knoblauchzehe hacken. Kartoffeln schälen und in Würfelchen schneiden.

2 Zwiebeln, Knoblauch, Gemüsewürfelchen und Speck im Öl andünsten. Kartoffeln und Linsen zugeben, mit der Gemüsebrühe ablöschen, aufkochen, bei schwacher Hitze etwa 15 Minuten köcheln lassen, bis Kartoffeln und Linsen gar sind. Suppe würzen.

Dazu passt Mahlzeit mit einem Blattsalat beginnen

Seeteufel auf Oliven-Lauch-Gemüse

- 1 EL Olivenöl extra nativ
- 10 große entsteinte grüne Oliven
- 1 EL grob gehackte Pinienkerne
- 2 Salbeiblätter
- 400 g Lauch
- fein gehackte Petersilie
- Kräutersalz
- frisch gemahlener Pfeffer

- 300 g Seeteufel, in Scheiben
- 1 EL Zitronensaft
- Kräutersalz
- frisch gemahlener Pfeffer
- 1 EL Olivenöl extra nativ

- Zitronenscheiben für die Garnitur

1 Seeteufel mit Zitronensaft beträufeln, kurz marinieren, mit Kräutersalz und Pfeffer würzen.

2 Oliven grob hacken. Grobfasrige Hüllblätter beim Lauch entfernen, Stangen längs halbieren und in 5 mm breite Streifen schneiden.

3 Oliven, Pinienkerne und Salbei im Olivenöl andünsten, Lauch mitdünsten, eventuell wenig Wasser zugeben, Petersilie unterrühren, Lauch knackig dünsten, mit Kräutersalz und Pfeffer abschmecken.

4 Seeteufel im Olivenöl beidseitig 3 bis 4 Minuten braten.

5 Lauchgemüse und Fisch anrichten, mit Zitronenscheiben garnieren.

Dazu passen im Dampf gegarte Kartoffeln

Spargel-Risotto mit Frischkäse

- 160 g Risottoreis
- 3 dl/300 ml Wasser
- 2 EL Olivenöl extra nativ
- 1 kleine Zwiebel, fein gehackt
- 1 Bund Wildspargel oder grüner Spargel, ca. 500 g
- ½ dl/50 ml Weißwein
- 4 dl/400 ml Gemüsebrühe
- Zitronenthymian oder Thymian, nach Belieben
- frisch gemahlener Pfeffer
- 100 g Ziegen- oder Kuhmilchfrischkäse

- Limonenöl extra nativ, nach Belieben

1 Reis mit dem Wasser aufkochen, auf der ausgeschalteten Wärmequelle 30 Minuten quellen lassen.

2 Unteres Drittel beim Spargel schälen, Schnittstelle großzügig kürzen, Stangen quer halbieren.

3 Zwiebeln im Olivenöl andünsten, Spargel, Weißwein und Gemüsebrühe zugeben, aufkochen, bei schwacher Hitze 6 bis 8 Minuten köcheln lassen. Reis zugeben, einige Minuten köcheln lassen. Mit Zitronenthymian und Pfeffer abschmecken. Kurz vor dem Servieren Ziegenfrischkäse unter den heißen Risotto rühren. Sofort servieren. Nach Belieben mit Limonenöl beträufeln.

Variante Risotto mit wenig frisch geriebenem Pecorino oder Parmesan bestreuen.

Dazu passt Mahlzeit mit einem Blattsalat beginnen

Poulet mit grüner Mayonnaise

1 kleines Poulet/Hähnchen
1 Gemüsebündel, zerkleinert (Lauch, Knollensellerie,Kohlrabi, Karotte)
1 besteckte Zwiebel
1 dl/100 ml Weißwein
1 Estragonzweiglein
2 Karotten
1 Kohlrabi
2 Frühlingszwiebeln

Grüne Mayonnaise
1 Eigelb von einem Freilandei, zimmerwarm
1 Msp Senf
1 EL Zitronensaft
Maiskeimöl, zimmerwarm
2 EL gehackte gemischte Kräuter, z. B. Kresse, Petersilie, Schnittlauch
2 EL große Kapern
Salz
frisch gemahlener Pfeffer

1 Poulet mit so viel kaltem Wasser in einem Topf aufsetzen, dass es gut damit bedeckt ist, Gemüsebündel, besteckte Zwiebel, Weißwein und Estragon zugeben, aufkochen, bei schwacher Hitze 1 Stunde zugedeckt köcheln lassen. Schaum abschöpfen.

2 Für die Mayonnaise Eigelb, Senf und 3 Tropfen Zitronensaft in einer kleinen Schüssel verrühren, so viel Öl tropfenweise unterrühren, bis die Sauce dicklich ist. Kräuter und Kapern unterrühren. Mayonnaise abschmecken, kühl stellen.

3 Karotten und Kohlrabi schälen und in Stäbchen schneiden. Frühlingszwiebeln längs vierteln.

4 Poulethaut entfernen, Fleisch in möglichst großen Stücken von den Knochen lösen. Zugedeckt beiseite stellen.

5 Geflügelbrühe durch ein Spitzsieb passieren, in den Topf geben, Fettaugen mit Küchenpapier auftupfen. Karotten, Kohlrabi und Zwiebeln in der Brühe knackig kochen. Würzen. Fleisch zugeben und nochmals erhitzen. Anrichten. Sauce separat servieren.

Kartoffelpitta

400 g vorwiegend fest kochende Kartoffeln
100 g Kochspeckwürfelchen
einige in Öl eingelegte getrocknete Tomaten
Salz
frisch gemahlener Pfeffer
Muskatnuss
Paprikapulver

Guss
½ dl/50 ml Weißwein
1 dl/100 ml Rahm/Sahne
2 dl/200 ml Milch

1 Kartoffeln schälen, die Hälfte in feine Scheiben schneiden, Rest auf der Röstiraffel reiben.

2 Backofen auf 180 °C vorheizen.

3 Kartoffeln, Speck und Tomaten vermengen. Würzen. In eine eingefettete Gratinform verteilen.

4 Weißwein, Rahm und Milch verrühren, die Hälfte über die Kartoffeln gießen.

5 Pitta auf mittlerer Schiene in den vorgeheizten Ofen schieben, bei 180 °C etwa 60 Minuten backen. Ab und zu umrühren, restlichen Guss darüber gießen.

Dazu passt ein bunter Salat

Spiralnudeln mit grünen Erbsen und Ricotta

160–200 g Spiralnudeln

2–3 EL Olivenöl extra nativ
1 kleine Zwiebel, fein gehackt
150 g ausgelöste grüne Erbsen
100 g Ricotta
einige Basilikumzweiglein, Blätter in Streifchen
Salz, frisch gemahlener Pfeffer
30 g geriebener Käse, z. B. Pecorino oder Parmesan
Pinienkerne zum Bestreuen

1 Zwiebeln im Olivenöl 3 Minuten dünsten, Erbsen 2 Minuten mitdünsten.

2 Spiralnudeln gemäß Packungsbeschrieb in reichlich Salzwasser al dente kochen, abgießen.

3 Spiralnudeln, Basilikum und Ricotta unter die Erbsen mischen, erhitzen, abschmecken. Anrichten. Käse darüber streuen, mit ein paar Pinienkernen garnieren.

Dazu passt ein bunter Salat

Mais-Tofu-Bratlinge

150 g Polenta- oder gekochte Grießreste
100 g Tofu
Kräutersalz
frisch gemahlener Pfeffer
getrocknete Kräuter der Provence
1 Prise Currypulver
1 Prise Paprikapulver

Olivenöl zum Braten

1 Tofu mit einer Gabel fein zerdrücken, mit der Polenta gut vermengen, pikant würzen.

2 Von der Mais-Tofu-Masse mit dem Eisportionierer Kugeln abstechen, flach formen.

3 Mais-Tofu-Bratlinge im nicht zu heißen Olivenöl beidseitig braten.

Dazu passen gedünsteter Spinat oder gedünstetes Mischgemüse oder Salat

Kalbszunge an Kapernsauce

für 3 bis 4 Portionen

1 gesalzene Kalbszunge
1 Gemüsebündel (Lauch, Karotte, Knollensellerie, Petersilie)
1 besteckte Zwiebel

Sauce

20 g Butter
15 g Mehl
7 dl/700 ml Kochflüssigkeit der Zunge
1 Eigelb von einem Freilandei
2 EL Madeira
½ dl/50 ml Rahm/Sahne
1 unbehandelte Zitrone, wenig abgeriebene Schale und Saft
Salz, frisch gemahlener Pfeffer
2 EL große Kapern

1 Kalbszunge in einem Topf knapp mit Wasser bedecken. Gemüsebündel und besteckte Zwiebel zugeben, aufkochen, Zunge bei schwacher Hitze 60 Minuten köcheln lassen. Schaum ab und zu abschöpfen. Zunge aus dem Sud nehmen, Haut abziehen, warm stellen.

2 7 dl/700 ml Kochflüssigkeit bei starker Hitze auf die Hälfte einkochen lassen.

3 Butter schmelzen, Mehl darin andünsten, eingekochten Fond unterrühren, Sauce aufkochen, einige Minuten köcheln lassen. Eigelb, Madeira und Rahm verrühren, zur Sauce geben. Nicht mehr kochen. Würzen. Das mit Madeira und Rahm verrührte Eigelb unter die Sauce rühren. Kapern unterrühren.

4 Die in dünne Scheiben geschnittene Kalbszunge anrichten. Mit der Kapernsauce übergießen.

Dazu passen im Dampf gegarte Kartoffeln oder Reis

Provenzalische Honigkartoffeln

3 EL Olivenöl extra nativ
500 g kleine Frühkartoffeln mit Schale
frischer Thymian,
Blättchen abgezupft,
oder frischer Rosmarin,
Nadeln abgestreift und gehackt
Salz
ca. 3 EL Waldhonig

1 Kartoffeln mit Schale längs halbieren, Hälften eventuell nochmals halbieren.

2 Kartoffeln in einer Bratpfanne im Olivenöl bei mäßiger Hitze 10 Minuten braten, Kräuter zufügen, weitere 10 Minuten braten, mit Salz würzen, Honig zugeben, weitere 5 Minuten braten, so dass der Honig karamellisiert.

Variante Ein paar gehackte Baumnüsse/Walnüsse die letzten 5 Minuten mitbraten.

Dazu passen Mahlzeit mit einem Blattsalat beginnen, Bratkartoffeln mit gedünstetem Gemüse servieren.

Spargel-Felchen-Röllchen mit Kresse

1 TL Butter
½ Bund gemischter Spargel, halb grün/halb weiß
300 g Felchenfilets mit Haut
50 g Gartenkresse
1 TL Olivenöl extra nativ
1 TL Butter
1 kleine Zwiebel, fein gehackt
3–4 EL Weißwein
½ dl/50 ml Fischfond oder ½ dl/50 ml Spargelsud
1 dl/100 ml Rahm/Sahne
Salz
frisch gemahlener Pfeffer

1 Weißen Spargel schälen, obere Hälfte sparsam, unteren Teil großzügig, bis alle holzigen Stellen entfernt sind. Schnittstelle kürzen. Beim grünen Spargel unteres Drittel schälen, Schnittstelle großzügig kürzen. Schwach gesalzenes Wasser mit der Butter (1 TL) in einem Kochtopf erhitzen, weißen Spargel zugeben, etwa 12 Minuten bei schwacher Hitze kochen, grünen Spargel zugeben und weitere 6 bis 8 Minuten kochen. In 6 cm lange Stücke schneiden.

2 Felchenfilets mit Hautseite oben auf Arbeitsfläche legen, würzen. Die Hälfte der Kresse auf die Filets verteilen, Spargel bündeln und quer darauf legen (siehe Bild). Vom Kopf- zum Schwanzende hin satt aufrollen, mit Zahnstocher fixieren.

3 Zwiebeln in der Mischung aus Olivenöl und Butter andünsten, Fischröllchen hineinlegen, mit Weißwein ablöschen, Flüssigkeit verdampfen lassen. Fischfond zugeben, bei leicht geöffnetem Deckel etwa 5 Minuten garen. Röllchen nach halber Garzeit vorsichtig wenden. Aus dem Sud nehmen, warm stellen.

4 Rahm in die Pfanne geben, aufkochen, bei schwacher Hitze auf die richtige Konsistenz einköcheln lassen. Restliche Kresse unterrühren, mit Salz und Pfeffer abschmecken.

Teigtaschen mit Hackfleischfüllung

für 12 bis 16 Taschen

Teig

350 g Weißmehl
½ TL Salz
½ Hefewürfel
1 TL Vollrohrzucker oder Honig
2 dl/200 ml lauwarmes Wasser

Mehl zum Kneten

Füllung

2 EL Olivenöl extra nativ
1 kleine Zwiebel, fein gehackt
250 g gehacktes Lamm- oder Rindfleisch
3 EL Pinienkerne
je 1 Msp Zimt-, Piment- und Paprikapulver
Salz
Olivenöl extra nativ zum Bepinseln
1 Eigelb zum Bestreichen

1 Das Mehl mit dem Salz in einer Schüssel mischen, eine Vertiefung drücken. Hefe und Zucker im lauwarmen Wasser auflösen, in die Vertiefung gießen, alles zu einem geschmeidigen Teig kneten. An einem warmen Ort zugedeckt 20 bis 30 Minuten gehen lassen.

2 Für die Füllung Zwiebeln im Olivenöl andünsten, Hackfleisch zugeben, anbraten, Pinienkerne etwa 5 Minuten mitbraten, würzen, abkühlen lassen.

3 Backofen auf 220 °C vorheizen. Ein Blech mit Backpapier belegen.

4 Teig mit bemehlten Händen nochmals durchkneten, in zwei Portionen teilen, 2 dünne rechteckige Teigblätter ausrollen und diese in 15 cm große Quadrate schneiden, Ränder zuerst 1 cm breit, dann 1½ bis 2 cm breit nach innen legen, in den Ecken den Teig nach jedem Falten im Dreieck abschneiden (siehe Bild), Ecken andrücken, Ränder mit Eigelb bepinseln. Einen Esslöffel Fleischfüllung in die Mitte geben.

5 Blech in der Mitte in den Ofen schieben, Teigtaschen bei 210 °C bis 220 °C rund 15 Minuten backen.

Dazu passt ein bunter Salat

Grünes Kartoffelpüree mit gebratenen Pilzen

600 g mehlig kochende Kartoffeln
100 g Rucola, etwa 1 Bund, oder 100 g Kresse
3 EL Olivenöl extra nativ
1½–2 dl/150–200 ml heiße Milch
Salz
wenig geriebene Muskatnuss

1 EL Olivenöl extra nativ
200 g Pilze, nach Angebot
Kräutersalz
frisch gemahlener Pfeffer

1 Kartoffeln schälen und in kleine Würfel schneiden. Rucola fein schneiden. Pilze putzen und je nach Größe halbieren, vierteln oder in Scheiben schneiden. Kartoffeln im Dampf weich garen. Noch heiß durch Passevite/Flotte Lotte drehen. Rucola im Olivenöl 1 bis 2 Minuten dünsten, mit der heißen Milch unter die passierten Kartoffeln rühren, würzen.

2 Pilze im Olivenöl 2 bis 3 Minuten braten, mit Kräutersalz und Pfeffer würzen.

3 Kartoffelpüree anrichten, mit den Pilzen umgeben.

Variante Rucola durch Lauch ersetzen. Eine kleine Stange Lauch in feine Ringe schneiden, im Olivenöl dünsten, Gemüsebrühe zugeben, 5 Minuten köcheln lassen. Lauch mit der heißen Milch unter das Kartoffelpüree rühren. Würzen.

Dazu passen gedünstetes Gemüse oder ein Saisonsalat

Rigatoni mit Tintenfisch und grünen Erbsen

200 g Rigatoni

2 EL Olivenöl extra nativ
1 mittelgroße Zwiebel, in feinen Scheiben
½ roter Peperoncino/Chilischote, fein gehackt
2 EL grob gehackte glattblättrige Petersilie
½ Tintenfisch, geputzt, in Ringen
½ dl/50 ml Weißwein
150 g grüne Erbsen
einige EL Kochwasser der Pasta

1 Zwiebeln im Olivenöl andünsten, Peperoncini und Petersilie mitdünsten, Tintenfisch zufügen und bei schwacher Hitze rund 40 Minuten ohne Wasser schmoren. Wenn die Tintenfischringe weich sind, Weißwein und Erbsen zufügen, weitere 5 Minuten köcheln lassen.

2 Rigatoni in reichlich Salzwasser al dente kochen. Sauce je nach Konsistenz mit wenig Nudel-Kochwasser verdünnen. Pasta abgießen, mit der Sauce vermengen.

Karotten-Kohlrabi-Salat mit Rosinen

2 Kohlrabi
3 mittelgroße Karotten
1 süßer Apfel
1 EL Rosinen

Sauce
3–4 EL Naturjogurt
1–2 EL milder flüssiger Honig, z. B. Akazienblütenhonig
1–2 EL flüssiger Rahm/Sahne
½ Zitrone, Saft

Zitronenmelisse für die Garnitur
gehackte Baumnüsse/Walnüsse für die Garnitur

1 Die Zutaten für die Sauce glatt rühren.

2 Kohlrabi und Karotten schälen und in zündholzdicke Stäbchen schneiden. Apfel vierteln, entkernen, Fruchtviertel in Scheiben schneiden.

3 Sämtliche Zutaten mit der Sauce mischen.

4 Salat anrichten, mit Zitronenmelisse und Nüssen garnieren.

Dazu passt knuspriges Brot

Rösti mit Spiegelei

Bratbutter/Butterschmalz
500–600 g gekochte Schalenkartoffeln vom Vortag, geschält und auf der Röstiraffel gerieben
Salz
frisch gemahlener schwarzer Pfeffer
50 g Bratspeck, in Scheiben
1 mittelgroße Zwiebel, grob gehackt
50 g rezenter Bergkäse, auf der Röstiraffel gerieben
2 Freilandeier

1 Backofen auf 180 °C vorheizen.

2 Kartoffeln mit Salz und Pfeffer würzen. Rösti in 2 Portionen braten. Dazu eine Bratpfanne ohne Fett sehr heiß werden lassen, von der Wärmequelle nehmen. Temperatur auf mittlere Hitzezufuhr zurückschalten. Ein gutes Stück Bratbutter in der Pfanne schmelzen, Kartoffeln zugeben und zu einem Kuchen zusammenstoßen. Bratpfanne auf die Wärmequelle stellen, Röstikuchen braun braten, Bratpfanne immer wieder kraftvoll bewegen, damit die Rösti nicht anbrennt. Nun einen flachen und satt in die Röstipfanne passenden Teller umgekehrt in die Pfanne legen und diese mit Schwung drehen. Rösti wieder in die Pfanne gleiten lassen und fertig braten. Im Ofen warm stellen. Zweite Rösti braten.

3 Bratspeck in der Bratpfanne anbraten, auf die Rösti legen. Zwiebeln in der Röstipfanne 3 bis 4 Minuten dünsten, mit Salz und Pfeffer würzen, in der Mitte der Rösti anrichten. Käse darüber streuen, im Ofen schmelzen lassen.

4 In der Röstipfanne Spiegeleier braten, anrichten.

Juni

Tagliatelle mit Erdbeeren und Rotzungenstreifen an Pfeffersauce

1 EL Olivenöl extra nativ
200 g Rotzungenfilets, in 2 cm breiten Streifen
Salz
frisch gemahlener schwarzer Pfeffer
200 g Tagliatelle/Bandnudeln
150 g Erdbeeren

Sauce

¾ dl/75 ml Weißwein
1 dl/100 ml Fischfond oder Gemüsebrühe
1 TL Maisstärke
80 g Boursin mit schwarzen Pfefferkörnern

1 EL eingelegte rosa Pfefferkörner für die Garnitur

1 Gewaschene, entstielte Erdbeeren je nach Größe halbieren oder vierteln.

2 Fischstreifen in einer weiten beschichteten Bratpfanne im heißen Olivenöl kurz anbraten, mit Salz und Pfeffer würzen, aus der Pfanne nehmen und zugedeckt warm stellen.

3 Bratsatz mit Weißwein ablöschen, diesen fast ganz einkochen lassen. Vor dem Servieren die mit Fischfond oder Gemüsebrühe angerührte Maisstärke mit dem Boursin zugeben, unter Rühren erhitzen. Eventuell mit Salz abschmecken.

4 Nudeln in reichlich Salzwasser al dente kochen, abgießen.

5 Nudeln, Erdbeeren und Fischstreifen sofort mischen, auf vorgewärmten Tellern anrichten, heiße Sauce darüber träufeln, mit den rosa Pfefferkörnern garnieren.

Pouletschenkel mit Zitronen

Marinade
$1\frac{1}{4}$ dl/125 ml Weißwein
1 unbehandelte Zitrone, Saft
1 EL Olivenöl extra nativ
1 kleine Zwiebel, fein gehackt
gemischte Kräuter, z. B. Rosmarin, Thymian, Salbei, Oregano, fein gehackt
Kräutersalz
1 EL Olivenöl extra nativ
2 Pouletschenkel/Hähnchenkeulen
1 unbehandelte Zitrone, geviertelt oder geachtelt
Gemüsebrühe
frische Kräuter für die Garnitur

1 Marinade zubereiten. Pouletschenkel in die Marinade legen, mindestens 4 Stunden zugedeckt marinieren, ab und zu wenden. Poulet herausnehmen und mit Küchenpapier trockentupfen.

2 Pouletteile in einem Schmortopf im Öl anbraten, Marinade zugeben. Die Schenkel je nach Größe bei schwacher Hitze 20 bis 30 Minuten zugedeckt schmoren, Zitronen die letzten 10 Minuten mitschmoren, je nach Flüssigkeitsstand ein wenig fettfreie Gemüsebrühe zugeben.

3 Pouletschenkel mit frisch gehackten Kräutern bestreuen und servieren.

Dazu passen gedünstetes Gemüse und Bratkartoffeln

Wildreisgaletten mit gedünstetem Gemüse

Galetten

1 EL Olivenöl extra nativ
30 g Wildreis
70 g Langkornreis
1½ dl/150 ml Gemüsebrühe
1 Eigelb von einem Freilandei
1 EL Crème fraîche
Salz
frisch gemahlener Pfeffer

Gemüse

2 EL Olivenöl extra nativ
1 kleiner Fenchel
einige grüne Spargel, nach Belieben
je 1 gelber und roter Peperoni/Paprikaschote
½ Bund Frühkarotten
wenig Gemüsebrühe

Blattsalat, z. B. Brunnenkresse

1 Wild- und Langkornreis im Olivenöl andünsten, Gemüsebrühe zugeben, aufkochen, bei schwacher Hitze 25 bis 30 Minuten köcheln, auskühlen lassen. Eigelb und Crème fraîche unterrühren, würzen. Masse mit einem Eisportionierer portionieren, auf ein mit Backpapier belegtes Blech setzen, zu Rondellen von 5 mm Dicke und 8 cm Durchmesser flach drücken. 30 Minuten kühl stellen.

2 Fenchel längs halbieren, Hälften in Längsrichtung in feine Scheiben schneiden. Unteres Drittel beim Spargel schälen, Schnittstellen großzügig kürzen, Spargel quer halbieren. Peperoni längs halbieren, Stielansatz und Kerne entfernen, in Streifen schneiden. Karotten nur bürsten, Kraut auf 5 cm kürzen, je nach Größe längs halbieren. Gemüse im Olivenöl andünsten, wenig Gemüsebrühe zugeben, bei schwacher Hitze knackig garen.

3 Reisgaletten in einer beschichteten Bratpfanne in ein wenig Olivenöl bei mittlerer Hitze beidseitig je 2 Minuten braten.

4 Je 3 Galetten pro Teller mit dem Mischgemüse anrichten, mit Blattsalat garnieren.

Mais-Avocado-Salat mit Oliven und Feta

200 g Maiskörner aus der Dose, abgetropft
1 reife Avocado
10 schwarze Oliven
1 kleine Zwiebel, fein gehackt, nach Belieben
glattblättrige Petersilie oder Rucola
100 g Feta, gewürfelt

Sauce
½ Zitrone, Saft
1 TL weißer Balsamico- oder Weißweinessig
Kräutersalz
frisch gemahlener Pfeffer
3–4 EL Olivenöl extra nativ

1 Sauce zubereiten.

2 Avocado schälen, halbieren und entsteinen, Fruchtfleisch in Würfelchen schneiden.

3 Sämtliche Zutaten sorgfältig mit der Sauce vermengen.

Dazu passt Vollkornbrot

Hackfleischburger mit Bratkartoffeln

Burger
- 300 g gehacktes Rindfleisch
- 50 g Zucchini, fein gerieben (Bircher-Rohkostreibe)
- 1 kleines Freilandei
- 2 EL gehackte Petersilie oder Majoran
- Kräutersalz
- frisch gemahlener Pfeffer
- wenig Paniermehl

- Olivenöl zum Braten

Bratkartoffeln
- 300 g fest kochende Kartoffeln (alte Kartoffeln) oder 300 g kleine Frühkartoffeln
- Kräutersalz
- gehackte Kräuter

1 Alte Kartoffeln schälen und in kleine Würfel schneiden (Frühkartoffeln ungeschält längs halbieren), in ein mit Olivenöl eingefettetes Backblech verteilen, mit Salz und Kräutern würzen, im vorgeheizten Ofen bei 200 °C etwa 15 Minuten backen.

2 Für die Burger Hackfleisch, Zucchini, Ei und Petersilie gut vermengen, mit Kräutersalz und Pfeffer würzen, mit wenig Mehl oder Paniermehl 4 bis 6 Burger formen, in der Bratpfanne im Olivenöl bei mittlerer Hitze beidseitig braten.

Überbackene Käsegnocchi

2½ dl/250 ml Milch
50 g Butter
100 g Weißmehl
2 Freilandeier
100 g geriebener Sbrinz
frisch geriebene Muskatnuss
frisch gemahlener Pfeffer

Béchamelsauce
1 EL Mehl
1 dl/100 ml Milch
½ dl/50 ml Rahm/Sahne
frisch geriebene Muskatnuss
frisch gemahlener weißer Pfeffer
1 EL fein gehackter Kerbel
1 EL fein gehackte Petersilie

1 Für die Gnocchi Milch und Butter erhitzen, Kochtopf von der Wärmequelle nehmen. Das Mehl im Sturz zufügen, glatt rühren, auf der Wärmequelle weiterrühren, bis sich ein fester Teigkloß gebildet hat, etwas auskühlen lassen. Die Eier verquirlen, nach und nach unter den Teigkloß arbeiten, am besten geht das mit einem Handrührgerät. Käse (3 EL zum Überbacken zurückbehalten) in den Gnocchiteig einarbeiten. Der Teig soll schwer vom Holzlöffel reißen.

2 In einem Kochtopf reichlich Salzwasser aufkochen. Aus der Teigmasse baumnuss-/walnussgroße Klößchen abstechen, diese portionsweise in das kochende Salzwasser geben. Sobald sie an die Oberfläche steigen mit einem Schaumlöffel herausnehmen und nebeneinander in eine mit Butter eingefettete kleine Gratinform oder in Portionsformen legen.

3 Für die Béchamelsauce Mehl und Milch glatt rühren, Rahm zugeben, unter Rühren aufkochen, kurz köcheln lassen, würzen, Kräuter zufügen. Über die Käsegnocchi verteilen, mit dem restlichen Käse bestreuen.

4 Käsegnocchi auf mittlerer Schiene in den auf 210 °C vorgeheizten Ofen schieben, 15 bis 20 Minuten überbacken.

Dazu passen ein bunter Salat und gedünstetes Gemüse

Fisch-Nudel-Eintopf

150 g breite Nudeln
10 g Butter
100 g Champignons
100 g ausgelöste grüne Erbsen
½ dl/50 ml Gemüsebrühe
1 dl/100 ml Rahm/Sahne oder Saucenrahm
Salz, frisch gemahlener Pfeffer
200 g fest kochende Fischfilets

1 Nudeln in reichlich Salzwasser al dente kochen, abgießen und mit kaltem Wasser abschrecken.

2 Champignons in Scheiben schneiden, in der Butter bei mittlerer Hitze andünsten, Erbsen und Gemüsebrühe zufügen, 5 Minuten köcheln lassen, Rahm unterrühren, mit Salz und Pfeffer würzen. Fisch zugeben, 2 bis 3 Minuten köcheln lassen. Nudeln zugeben und vermengen, nochmals erhitzen.

Gemüse-Flan mit Zitronenvinaigrette

für 4 bis 6 Flans

1 EL Olivenöl extra nativ
1 Schalotte, fein gehackt
300 g Gemüse, z. B. Zucchini, Karotten, Knollensellerie, Kohlrabi
120 g Ricotta
20 g Mehl
1 EL Paniermehl/Semmelbrösel
2 Freilandeier
20 g geriebener Pecorino oder Parmesan
Rosmarin, Thymian und Salbei, fein gehackt
Kräutersalz
geriebene Muskatnuss
frisch gemahlener Pfeffer

Zitronenvinaigrette

1 kleine Zitrone, Saft
1 TL Senf
Salz
1½ EL Olivenöl extra nativ
1½ EL Kürbiskernöl

1 Gemüse schälen, Zucchini mit Schale verwenden, alles auf Gemüsehobel oder von Hand in feine Streifen hobeln/schneiden.

2 Backofen auf 200 °C vorheizen.

3 Schalotten im Olivenöl andünsten, alles Gemüse zufügen, 3 bis 4 Minuten mitdünsten. Pfanne von der Wärmequelle nehmen. Restliche Zutaten zufügen, gut vermengen, würzen.

4 Flanmasse in eingefettete kleine Portionsförmchen füllen. In eine Gratinform oder in ein hohes Blech stellen, bis ⅔ Höhe mit Wasser füllen. Förmchen mit Alufolie zudecken. Form in der Mitte in den Ofen schieben, Gemüseflans bei 200 °C 10 bis 15 Minuten pochieren. Nadelprobe machen.

5 Für die Zitronenvinaigrette alle Zutaten sämig rühren.

Tipps Die Flans können warm oder lauwarm serviert werden. Die Vinaigrette passt auch zu Blattsalat.

Dazu passt Brot oder Reis

Lammsteak mit Limonen-Pfeffer-Marinade

250 g Lammfilet

Marinade
- 1 EL eingelegte grüne Pfefferkörner
- 2 Zweiglein Zitronen- oder Gartenthymian
- 1 TL Senf
- ½ Limette, Saft
- 1 Knoblauchzehe
- 2 EL Olivenöl extra nativ
- Salz

Sommergemüse
- 4–5 Bundkarotten
- 1 Bund Frühlingszwiebeln
- 100 g Kefen/Zuckerschoten
- 100 g ausgelöste grüne Erbsen
- 2 EL Olivenöl extra nativ
- wenig Gemüsebrühe
- Kräutersalz
- gehackte Pfefferminze oder Petersilie

1 Grüne Pfefferkörner mit Wasser überbrausen, mit der Gabel leicht zerdrücken, mit abgestreiften Thymianblättchen, Senf, Limettensaft, durchgepresstem Knoblauch und Olivenöl zu einer Paste rühren, mit Salz abschmecken.

2 Lammfilets in Streifen schneiden und diese mit der Marinade bestreichen, im Kühlschrank 30 Minuten marinieren.

3 Für das Gemüse Grün der Karotten auf 5 cm kürzen, Karotten längs halbieren. Grün der Frühlingszwiebeln auf die Hälfte kürzen, Zwiebeln längs halbieren. Bei den Kefen den Stielansatz wegschneiden, grobe Fasern abziehen. Zwiebeln und Karotten im Olivenöl andünsten, wenig Gemüsebrühe zugeben, 5 Minuten köcheln lassen, Kefen und Erbsen zufügen, 3 bis 4 Minuten köcheln lassen. Das Gemüse soll noch Biss haben, mit Kräutersalz und Kräutern abschmecken.

4 Lammstreifen in der Bratpfanne oder auf dem Grill beidseitig nur kurz braten, mit dem Gemüse anrichten.

Dazu passen Bratkartoffeln, Seite 182

Penne mit Brokkoli und Pesto

150 g Penne/Federn
1 EL Olivenöl extra nativ
300–400 g Brokkoli

Pesto

4 EL Olivenöl extra nativ
1 Bund Rucola oder Basilikum
1 EL Pinien- oder Kürbiskerne
1 Knoblauchzehe
Salz
frisch gemahlener Pfeffer
wenig Zitronensaft
wenig Nudelkochwasser

1 Für den Pesto Rucola- oder Basilikumblättchen von den Stielen zupfen. Olivenöl, Kräuter, Pinienkerne und Knoblauchzehe nicht zu fein pürieren. Vor dem Servieren je nach Konsistenz mit wenig Nudelkochwasser verdünnen.

2 In einem großen Topf reichlich Salzwasser mit wenig Olivenöl erhitzen, Penne zufügen und al dente kochen. Beim Brokkoli Siel wegschneiden (für eine Suppe verwenden), Kopf in Röschen teilen, die letzten 4 bis 6 Minuten mit den Penne kochen. Kochwasser abgießen und für eine Suppe aufbewahren (reich an Kalzium).

3 Penne mit dem Pesto mischen.

Variante Für feurige Penne wenig fein gehackten Peperoncino unter den Pesto rühren. Oder eine kleine getrocknete Schote verreiben und untermischen. Pasta mit wenig geriebenem Käse nach Wahl, z. B. Sbrinz, Pecorino romano oder Parmesan bestreuen.

Meerfisch auf Ingwergemüse

600 g Gemüse, z. B. Karotten, Lauch, Brokkoli, Sojasprossen, Kohlrabi, Kefen/Kaiserschoten, Blumenkohl
wenig Gemüsebrühe
1 TL Zitronensaft
Kräutersalz
1 EL frisch geriebener Ingwer
Limonenöl oder Olivenöl extra nativ
400 g fest kochende Meerfischfilets

1 Gemüse putzen/schälen, in mundgerechte Stücke schneiden/brechen, mit wenig Gemüsebrühe und Zitronensaft in eine Pfanne geben, bei schwacher Hitze 5 Minuten garen, mit Kräutersalz und Ingwer würzen.

2 Fischfilets mit Salz und Pfeffer würzen, aufrollen, mit einem Zahnstocher fixieren, auf das Gemüse legen, 8 bis 10 Minuten bei schwacher Hitze garen. Anrichten. Mit Limonenöl oder mit Olivenöl beträufeln.

Dazu passen Dampfkartoffeln oder Reis

Crêpes mit Fenchel-Safrangemüse

Teig

1½ dl/150 ml Milch
1 TL flüssige Butter
2 Freilandeier
50 g Weißmehl
1 Msp Salz
Maiskeimöl zum Ausbacken

Füllung

2 mittelgroße Fenchel
½ dl/50 ml Gemüsebrühe
2–3 EL Weißwein
einige Safranfäden
½ dl/50 ml Rahm/Sahne
1–2 EL Sauerrahm/saure Sahne
frisch gemahlener Pfeffer
Salz

1 Für den Teig Milch, Butter und Eier verquirlen, Mehl und Salz zugeben, zu einem glatten Teig rühren. Zugedeckt mindestens 30 Minuten stehen lassen.

2 Das Grün des Fenchels wegschneiden und beiseite legen. Knollen halbieren und längs in feine Streifen schneiden. Gemüsebrühe, Weißwein und Safranfäden erhitzen, Fenchel zufügen und 10 Minuten sanft köcheln lassen. Sobald das Gemüse knapp weich ist, Rahm und Sauerrahm unterrühren, mit Pfeffer und Salz abschmecken, ein wenig einköcheln lassen.

3 In einer beschichteten Bratpfanne wenig Maiskeimöl nicht zu stark erhitzen. Aus dem Teig vier Crêpes ausbacken. Immer wieder einige Tropfen Maiskeimöl in die Pfanne geben. Crêpes warm stellen.

4 Das Fenchelgemüse auf die Crêpes verteilen, zu Tüten einrollen. Mit Fenchelgrün garnieren. Heiß servieren.

Rosmarin-Kartoffeln mit Cherrytomaten

Olivenöl zum Braten

500 g Frühkartoffeln
10 Cherrytomaten
1 gehäufter EL fein gehackte Rosmarinnadeln
2 große Knoblauchzehen, in Scheiben, nach Belieben
30 g Baumnüsse/Walnüsse
½ Peperoncino/Chilischote, in Ringen, nach Belieben
10 schwarze Oliven, nach Belieben
½ unbehandelte Zitrone, wenig abgeriebene Schale
Kräutersalz
frisch gemahlener Pfeffer
glattblättrige Petersilie für die Garnitur

1 Kartoffeln ungeschält waschen, je nach Größe längs halbieren oder vierteln. Über Dampf 10 Minuten vorgaren.

2 Kartoffeln in einer Bratpfanne im Olivenöl bei mittlerer Hitze 10 bis 15 Minuten braten, ganze Cherrytomaten zugeben, weiterbraten bis sie schrumpfen. Rosmarin, Knoblauch, Nüsse und Peperoncini zugeben, kurz weiterbraten. Oliven unterrühren, mit Zitronengelb, Kräutersalz und Pfeffer abschmecken. Mit der Petersilie garnieren.

Dazu passt Salat

Linsenburger

100 g grüne oder orange Linsen
2–3 dl/200–300 ml Wasser
Gemüsebrühepulver
1 kleine, mehlig kochende Kartoffel
1 kleine Zwiebel, fein gehackt
1 Freilandei
1 Knoblauchzehe
½ unbehandelte Zitrone, wenig abgeriebene Schale
1 EL Vollkornbrotbrösel/Semmelbrösel
1 EL Mehl
1 EL fein gehackte Kräuter, z. B. Minze, glattblättrige Petersilie, Rosmarin, Thymian
Salz
frisch gemahlener Pfeffer

Olivenöl zum Braten

1 Linsen in einem Sieb mit kaltem Wasser überbrausen, mit kaltem Wasser (3 dl/300 ml für grüne Linsen, 2 dl/200 ml für orange Linsen) aufkochen, bei schwacher Hitze etwa 40 Minuten (grüne Linsen) oder 20 Minuten (orange Linsen) kochen, mit Gemüsebrühepulver würzen. Zugedeckt 15 bis 30 Minuten ausquellen lassen. Restliches Wasser abgießen.

2 Linsen in eine Schüssel geben, mit Kartoffelstampfer zerdrücken. Kartoffel schälen und auf der Bircher-Rohkostreibe zu den Linsen reiben. Restliche Zutaten zugeben, gut mit den Linsen vermengen, mit Salz und Pfeffer abschmecken.

3 Linsenmasse mit dem Eisportionierer abstechen, Burger formen.

4 Linsenburger in einer beschichteten Bratpfanne im Olivenöl bei mittlerer Hitze langsam braten, insgesamt 8 Minuten.

Dazu passen Schnittlauchsauce aus Crème fraîche, Blattsalat und/oder gedünstetes Gemüse

Curry-Truthahn-Gemüse-Eintopf

1 EL Butter
2–3 Frühkarotten
1 kleiner Kohlrabi
1 großer Lauch
100 g Kefen/Zuckerschoten
1½ dl/150 ml Hühnerbrühe
1 TL Curry
200–300 g Truthahn-/Putenfleisch
1 dl/100 ml Rahm/Sahne
Salz
frisch gemahlener Pfeffer
1 reife Mango

1 EL Butter

1 Karotten gut abbürsten, nicht schälen, längs halbieren. Kohlrabi schälen und in Stäbchen schneiden. Stielansatz bei den Kefen abschneiden, gleichzeitig zähen Faden abziehen. Beim Lauch grobfasrige Blätter entfernen, Stange in breite Ringe schneiden. Fleisch in 3 cm große Würfel schneiden.

2 Gemüse in der Butter andünsten, Hühnerbrühe zugeben, Curry unterrühren, aufkochen, Fleisch zugeben, bei schwacher Hitze 15 Minuten köcheln lassen.

3 Flüssigkeit in eine kleine Pfanne abgießen, mit Rahm zu einer dickflüssigen Sauce einkochen, mit Salz und Pfeffer würzen. Sauce zum Eintopf geben.

4 Mango schälen, Fruchtfleisch vom Stein schneiden, in der Butter kurz braten, unter den Eintopf mischen.

Lasagne mit Tomaten-Tofu-Füllung

für 3 bis 4 Portionen

250 g Lasagneblätter

Tomaten-Tofu-Sauce

2 EL Olivenöl extra nativ
1 große Zwiebel
2–3 Knoblauchzehen
1 kg Tomaten, geschält
300–400 g Tofu
Meersalz
frisch gemahlener Pfeffer
fein gehackte frische Gartenkräuter

Béchamelsauce

1 EL Butter
1 EL Mehl
2 dl/200 ml Rahm/Sahne
1¾ dl/175 ml Gemüsebrühe
frisch gemahlener Pfeffer
Kräutersalz

1 Lasagneblätter in reichlich Salzwasser al dente kochen, abgießen, mit kaltem Wasser abschrecken.

2 Für die Tomaten-Tofu-Sauce Zwiebel und Knoblauchzehen fein hacken. Stielansatz der Tomaten kreisförmig herausschneiden, Tomaten grob hacken. Tofu grob hacken. Zwiebeln und Knoblauch im Olivenöl andünsten, Tomaten zufügen, 10 Minuten köcheln lassen, Tofu unterrühren. Sauce kräftig würzen. Kräuter unterrühren.

3 Für die Béchamelsauce Mehl in der Butter andünsten, Rahm und Gemüsebrühe zugeben, unter Rühren 5 Minuten köcheln lassen.

4 Eine rechteckige Gratinform einfetten. Boden der Form mit Béchamelsauce bedecken, eine Lage Lasagneblätter darauf legen, mit der Tofu-Tomaten-Sauce bedecken, fortfahren mit einer Lage Lasagneblätter usw., abschließen mit Béchamelsauce.

5 Lasagne auf mittlerer Schiene in den auf 200 °C vorgeheizten Ofen schieben, 40 bis 50 Minuten backen.

Brokkoli-Peperoni-Gemüse mit Sesamkartoffeln

1 EL Olivenöl extra nativ oder Sesamöl
1 rote Zwiebel
je 1 gelber und grüner Peperoni/ Paprikaschote
300 g Brokkoli
wenig Wasser
wenig Gemüsebrühepulver
Kräutersalz
frisch gemahlener Pfeffer
½ TL milder Curry
2 Tomaten, nach Belieben
2 EL Sprossen

Sesamkartoffeln

400 g kleine Frühkartoffeln
Sesamsamen
Olivenöl für das Blech

1 Zwiebel in Ringe schneiden. Stielansatz und Kerne bei den Peperoni entfernen, Schotenhälften in Vierecke schneiden. Stiel beim Brokkoli abschneiden und schälen, Blumen in Röschen teilen. Tomaten schälen, Stielansatz entfernen, vierteln.

2 Kartoffeln gründlich waschen, nicht schälen, längs halbieren, auf Schalenseite mit einem Messer mehrmals einschneiden. Schnittfläche in die Sesamsamen drücken. Mit der Sesamseite unten in das eingeölte Blech legen. Bei 210 °C 20 bis 25 Minuten braten.

3 Zwiebeln im Olivenöl andünsten, Peperoni und Brokkoli zufügen, wenig Gemüsebrühe zugeben, mit Gemüsebrühepulver, Kräutersalz, Pfeffer und Curry würzen, bei schwacher Hitze knackig garen. Tomatenviertel zugeben und erhitzen.

Risotto mit Artischocken

300 g geputzte kleine junge Artischocken	
1 dl/100 ml Salzwasser	
150 g Risottoreis	
1 Knoblauchzehe, geschält, grob gehackt	
heißes Wasser nach Bedarf	
Salz	
½ dl/50 ml Weißwein	
2 EL Olivenöl extra nativ	
1 Stück fein geriebener Parmesan oder Pecorino, nach Belieben	

1 Artischocken im Salzwasser etwa 5 Minuten kochen, Reis und Knoblauch zufügen, unter gelegentlichem Rühren bei schwacher Hitze etwa 20 Minuten kochen, immer wieder wenig heißes Wasser zufügen. Eventuell salzen. Weißwein unterrühren.

2 Artischocken-Reis vor dem Servieren mit Olivenöl und etwas geriebenem Parmesan verfeinern.

Artischocken putzen Bei kleinen Artischocken die Blätter um die Hälfte kürzen, so viele Hüllblätter abschneiden/abbrechen, bis nur noch die feinen, zarten Blätter übrig bleiben. Bei kleinen Artischocken muss das Heu nicht entfernt werden.

Blumenkohlpie mit Sardellen

für eine Springform von 28 cm Durchmesser

für 4 Portionen

400 g gekaufter Blätterteig

2 EL Olivenöl extra nativ
2 Knoblauchzehen, fein gehackt
1 kleines Stück Ingwer, fein gerieben
1 Blumenkohl, ca. 500 g
1 dl/100 ml Weißwein
wenig Gemüsebrühe
4 Eigelbe von Freilandeiern
400 g Ricotta
4 EL geriebener Sbrinz oder Parmesan
10 Sardellen, gehackt
1 unbehandelte Zitrone, Schale
Kräutersalz, frisch gemahlener Pfeffer
frisch geriebene Muskatnuss
Paprikapulver
1 Eiweiß

1 Eigelb zum Bestreichen

1 Blumenkohl in kleine Röschen teilen.

2 Knoblauch und Ingwer im Olivenöl andünsten, Blumenkohl mitdünsten, Weißwein und wenig Gemüsebrühe zugeben, Gemüse bei schwacher Hitze knackig dünsten. Es soll keine Flüssigkeit mehr übrig bleiben. Auskühlen lassen. Einen Drittel des Blumenkohls fein hacken, Rest ganz lassen.

3 Boden der Form mit Backpapier belegen, Rand einfetten.

4 Eigelbe, Ricotta, Sbrinz, Sardellen und gehackten Blumenkohl vermengen. Würzen. Eiweiß steif schlagen und unterziehen.

5 Blätterteig in zwei Portionen teilen, 150 g für den Deckel, den Rest für den Boden. Für den Boden den Teig so groß ausrollen, dass er noch 4 bis 5 cm (Rand) hochgezogen werden kann. Boden mit einer Gabel einige Male einstechen. Ricotta-Blumenkohl-Masse auf den Teigboden verteilen, restlichen Blumenkohl darauf legen. Teig für den Deckel auf Formgröße ausrollen, auf die Füllung legen. Rand des Teigdeckels anfeuchten, Rand des Bodens darüber legen und andrücken. Mit Eigelb bestreichen. Deckel mit einer Gabel ein paar Mal einstechen.

6 Blumenkohlpie in der Mitte in den auf 180 °C vorgeheizten Backofen schieben, 40 bis 45 Minuten backen.

Thunfischsteak mit pikanten Gewürz-Erdbeeren

pikant gewürzte Erdbeeren

1 EL Butter
1 Schalotte, fein gehackt
2 EL Grenadine-Sirup
½ unbehandelte Zitrone, abgeriebene Schale und Saft
½ TL Senfpulver
½ TL Ingwerpulver
1 Msp Cayennepfeffer
1 Msp Salz
200 g Erdbeeren

Fisch

2 Thunfischsteaks, je ca. 150 g
Salz
frisch gemahlener schwarzer Pfeffer
3 EL schwarze Sesamsamen
1 EL Olivenöl zum Braten

einige essbare Blüten für die Garnitur, z. B. Kapuzinerkresse

1 Thunfischsteaks etwa 30 Minuten vor dem Zubereiten aus dem Kühlschrank nehmen.

2 Entstielte Erdbeeren in feine Scheiben schneiden. Schalotten in der Butter glasig dünsten, Grenadine-Sirup, abgeriebene Zitronenschale, Zitronensaft, Senfpulver, Ingwerpulver, Cayennepfeffer, Salz und Erdbeeren zugeben, vorsichtig mischen, ganz kurz heiß werden lassen, von der Wärmequelle nehmen.

3 Fischsteaks mit Salz und Pfeffer würzen, Ränder mit schwarzen Sesamsamen bestreuen. Steaks in einer beschichteten Grill- oder Bratpfanne im Olivenöl beidseitig je 1 Minute braten. Die Thunfischsteaks sollen innen warm, aber noch roh sein!

4 Fischsteaks auf den lauwarmen Gewürz-Erdbeeren anrichten. Nach Belieben mit Blüten garnieren.

Dazu passen Basmatireis oder thailändischer Parfumreis

Hirseburger mit Gemüse

50 g Hirse- oder feine Haferflocken
3–4 EL Milch
1 Freilandei
Meersalz
frisch gemahlener Pfeffer
1 Rosmarinzweiglein oder
½ Bund Schnittlauch
50 g Gemüse, z. B. Lauch, Zucchini, Knollensellerie, Karotten

Olivenöl zum Braten

1 Gemüse putzen/schälen, auf der Röstiraffel raspeln oder in Streifen schneiden, im Dampf knackig garen. Zucchini roh verwenden.

2 Hirse- oder Haferflocken, Milch und Ei verrühren, mit Salz und Pfeffer würzen. Rosmarinnadeln vom Zweig streifen und fein hacken; oder Schnittlauch fein schneiden. Kräuter und Gemüse unter die Hirsemasse rühren.

3 In einer Bratpfanne wenig Olivenöl erhitzen. Hirsemasse mit einem Esslöffel portionieren, in die Bratpfanne geben, Burger etwas flach drücken, bei mittlerer Hitze auf beiden Seiten je 3 Minuten braten.

Dazu passen gedünstetes Gemüse und Salat

Pilzauflauf

- 2 EL Bratbutter/Butterschmalz
- 1 Knoblauchzehe
- 500 g Champignons oder Austernpilze
- Kräutersalz
- frisch gemahlener Pfeffer
- 1 TL Kräuter der Provence

Guss

- 2 Freilandeier
- 3 EL Crème fraîche oder Rahm/Sahne
- 50 g geriebener Sbrinz oder Parmesan
- frisch geriebene Muskatnuss
- Kräutersalz

1 Backofen auf 200 °C vorheizen.

2 Knoblauchzehe fein hacken. Pilze je nach Größe ganz lassen, halbieren oder vierteln.

3 Knoblauch und Pilze in einer weiten Pfanne in der heißen Bratbutter kräftig andünsten, mit Kräutersalz, Pfeffer und Provencekräutern würzen, zugedeckt 5 Minuten weiterdünsten. Pilze in eine eingefettete Auflaufform verteilen.

4 Für den Guss Eier und Crème fraîche verrühren, Käse unterrühren, mit Muskatnuss und Kräutersalz würzen. Über die Pilze verteilen.

5 Pilzauflauf auf mittlerer Schiene in den Ofen schieben und bei 200 °C 12 bis 15 Minuten backen.

Dazu passt ein bunter Salat

Schweinegeschnetzeltes mit Melonen und Kefen

200 g geschnetzeltes Schweinefleisch
1 EL Sojasauce
2 EL Sonnenblumenöl
½ Galia- oder Netzmelone
200 g Kefen/Zuckerschoten/Kaiserschoten
½ dl/50 ml Fleisch- oder Gemüsebrühe
½ TL Honig
1 EL Weißweinessig
½ dl/50 ml süßscharfe Chilisauce
Salz

1 Fleisch, Sojasauce und 1 EL Sonnenblumenöl mischen, 10 Minuten zugedeckt marinieren.

2 Melonenhälfte entkernen. Aus dem Fruchtfleisch Kugeln ausstechen, zugedeckt beiseite stellen. Restliches Fruchtfleisch mit einem Esslöffel herauslösen und pürieren. Bei den Kefen Stielansatz wegschneiden, zähen Faden abziehen.

3 Restliches Sonnenblumenöl in der Rührbratpfanne oder im Wok erhitzen, Schweinefleisch darin kräftig anbraten, herausnehmen und beiseite stellen.

4 Kefen in der Fleischpfanne 3 Minuten rührbraten, herausnehmen und beiseite stellen.

5 Melonenpüree und Fleischbrühe in der Fleischpfanne auf die Hälfte einköcheln lassen, Honig, Weißweinessig und süßscharfe Chilisauce unterrühren, erhitzen. Fleisch, Kefen und Melonenkugeln zugeben, nur warm werden lassen.

Dazu passen chinesische Nudeln oder Reis, z. B. Parfumreis

Tortiglioni mit Tomaten-Erbsen-Nuss-Sauce

200 g Tortiglioni oder Penne/Federn

1 EL Olivenöl extra nativ
1 kleine Zwiebel, fein gehackt
3–4 Bundkarotten
300 g reife Fleischtomaten
1 junger Rosmarinzweig, Nadeln abgestreift
1 Thymianzweiglein
½ dl/50 ml Rotwein
1 Lorbeerblatt
1 Hand voll ausgelöste grüne Erbsen
1 EL gehackte glattblättrige Petersilie oder 1 EL fein geschnittenes Basilikum
40 g gehackte Baumnüsse/Walnüsse

frisch geriebener Parmesan

1 Karotten abbürsten, nicht schälen, auf der Röstiraffel raspeln. Stielansatz der Tomaten großzügig herausschneiden, Tomaten vierteln oder achteln.

2 Zwiebeln und Karotten im Olivenöl andünsten, Tomaten und Kräuter ein paar Minuten mitdünsten, mit Rotwein ablöschen, Lorbeerblatt zugeben, bei schwacher Hitze zu einer Sauce einköcheln lassen, je nach Konsistenz noch ein wenig Wasser oder Rotwein unterrühren. Lorbeer entfernen. Vor dem Servieren Erbsen zur Sauce geben, erhitzen, 2 bis 3 Minuten köcheln lassen, Kräuter und Nüsse unterrühren.

3 Tortiglioni in reichlich Salzwasser al dente kochen, abgießen, in vorgewärmten Tellern anrichten. Sauce darüber verteilen.

Variante 30 g leicht geröstete, geriebene Baumnüsse/Walnüsse, 2 Esslöffel geriebener Pecorino oder Sbrinz und je 2 Esslöffel Olivenöl extra nativ und Baumnussöl/Walnussöl vermengen, mit Kräutersalz würzen, je nach Konsistenz mit Rahm verdünnen. Mit den heißen Teigwaren mischen, in vorgewärmten Tellern anrichten, sofort servieren.

Kabeljau auf grünem Gemüse

400 g Kabeljau
2–3 EL grob gehackte glattblättrige Petersilie
2–4 EL Mehl
Salz
frisch gemahlener Pfeffer
Olivenöl extra nativ
Zitronenachtel

Gemüse

1–2 EL Olivenöl extra nativ
100 g Kefen/Zuckerschoten
einige grüne Spargel
1 kleiner Brokkoli, in Röschen
1 Hand voll Sojasprossen
1 kleiner Lauch
1dl/100 ml Gemüsebrühe
2 EL Sojasauce

1 Stielansatz der Kefen wegschneiden, gleichzeitig zähen Faden abziehen. Unteres Drittel beim Spargel schälen, Schnittstelle grosszügig kürzen, Spargel quer halbieren. Grobfasrige Blätter beim Lauch entfernen, Stange quer in 4 Teile schneiden.

2 Kefen, Spargel, Brokkoli, Sojasprossen und Lauch im Olivenöl andünsten, mit Gemüsebrühe und Sojasauce ablöschen, bei schwacher Hitze knackig dünsten, 5 bis 8 Minuten.

3 Für die Fischpanade glattblättrige Petersilie und Mehl in einem tiefen Teller mischen, würzen. Kabeljau in 4 Portionen teilen, in der Panade wenden. In einer beschichteten Bratpfanne in wenig Olivenöl beidseitig kurz braten. Der Fisch darf auf keinen Fall austrocknen.

4 Gebratenen Fisch auf dem Gemüse anrichten.

Kirschkuchen

für eine runde Form
von 28 cm Durchmesser

für 3 bis 4 Personen

Mürbeteig
200 g Weißmehl
½ TL Salz
100 g kalte Butterstückchen
¾–1 dl/75–100 ml Wasser

Belag
4 EL geriebene Haselnüsse
1 EL Zucker
1 kg rote oder schwarze Kirschen

Guss
½ dl/50 ml Rahm/Sahne
1 EL Maisstärke
1 Freilandei
2 EL Zucker

1 Für den Teig Mehl und Salz in einer Schüssel mischen, Butterstückchen zufügen, mit dem Mehl krümelig reiben. Wasser nach und nach zugeben, rasch zu einem Teig zusammenfügen. Nicht kneten. Teig in Klarsichtfolie einwickeln, 30 bis 60 Minuten kühl stellen. Ausrollen und in die eingefettete Form legen. Kühl stellen.

2 Backofen auf 230 °C vorheizen.

3 Kirschen entstielen und entsteinen, in einem Sieb abtropfen lassen (Kirschsaft auffangen und trinken).

4 Haselnüsse und Zucker mischen, auf den Teigboden streuen. Kirschen darauf verteilen.

5 Kirschkuchen auf der untersten Schiene in den Ofen schieben, bei 230 °C 10 bis 15 Minuten backen.

6 Für den Guss Rahm und Maisstärke gut verrühren, Ei und Zucker zufügen, verquirlen, über die Kirschen gießen. Kirschkuchen weitere 10 bis 15 Minuten bei 230 °C backen.

Dazu passt Mahlzeit mit einer Gemüsesuppe beginnen

Grünkern-Tofu-Kugeln im Kokosnussmantel

1 dl/100 ml Wasser
1 Msp Salz
1 Prise Paprikapulver
80 g feiner Grünkernschrot (Reformhaus)
100 g Tofu
1 kleines Freilandei
1 Prise scharfer Curry
1 Prise Ingwerpulver
Kräutermeersalz
1 Bund Petersilie, fein gehackt
50 g Kokosnussflocken
Bratbutter/Butterschmalz

1 Wasser, Salz und Paprika erhitzen, Schrot zufügen, auf der ausgeschalteten Wärmequelle zugedeckt 30 Minuten oder länger quellen lassen.

2 Tofu mit einer Gabel möglichst fein zerdrücken, mit dem Ei zum Grünkernschrot geben, gut vermengen, mit Curry, Ingwer und Kräutersalz würzen, Petersilie unterrühren.

3 Aus der Grünkern-Tofu-Masse mit leicht gefetteten Händen Kugeln formen, in den Kokosnussflocken drehen.

4 Grünkern-Tofu-Kugeln in der Bratbutter braten.

Dazu passt gedünstetes Gemüse

28. JUNI

Geflügelleberspieß mit Salbei

250 g Geflügelleber
150 g mittelgroße Champignons
12 kleine Salbeiblätter
1 EL Olivenöl extra nativ
Salz
frisch gemahlener Pfeffer

1 Leber mit Küchenpapier trockentupfen, in Würfel schneiden.

2 Leber, Champignons und Salbei abwechselnd auf Spießchen stecken.

3 Das Öl in einer Bratpfanne erhitzen, Spießchen von beiden Seiten kurz braten. Mit Salz und Pfeffer würzen.

Dazu passen Reis oder im Dampf gegarte Kartoffeln, Gemüse, Salat

Schweinekotelett mit Kirschen und grünem Pfeffer gratiniert

- 1 EL Bratbutter/Butterschmalz
- 2 Schweinekoteletts, je ca. 180 g
- Salz
- frisch gemahlener schwarzer Pfeffer
- 1 EL scharfer Senf
- ½ Bund Frühlingszwiebeln mit Grün
- 50 g Emmentaler, grob geraffelt
- 1 Tasse Kirschen, entsteint
- 1 TL eingelegte grüne Pfefferkörner

Sauce

- 1 Schalotte, fein gehackt
- ½ dl/50 ml Kirsch- oder roter Traubensaft
- 100 g Crème fraîche
- 1 TL eingelegte grüne Pfefferkörner
- 2 Spritzer Zitronensaft
- Salz

1 Backofen auf 220 °C vorheizen.

2 Koteletts mit Salz und Pfeffer würzen, beidseitig mit Senf bestreichen. 30 Minuten marinieren. In der Bratbutter auf beiden Seiten kurz anbraten. Backblech mit Backpapier belegen, Koteletts darauf legen.

3 Zwiebelgrün in Ringe, Zwiebeln in Scheiben schneiden, auf die Koteletts verteilen, Käse darüber streuen, mit Kirschen belegen, Pfefferkörner darüber streuen. Koteletts im vorgeheizten Ofen bei 220 °C rund 15 Minuten überbacken.

4 Für die Sauce Schalotten in der Fleischpfanne andünsten, Kirschsaft zugeben, bei starker Hitze auf etwa 2 Esslöffel einkochen lassen. Crème fraîche und Pfefferkörner unterrühren, kurz erhitzen, mit Zitronensaft und Salz abschmecken.

5 Sauce auf vorgewärmte Teller verteilen, Koteletts darauf anrichten.

Dazu passen Zu diesem herzhaften sommerlichen Gericht Bratkartoffeln, Seite 182, oder Brot servieren

Orecchiette mit Artischocken

200 g Orecchiette oder Pasta nach Wahl
600 g kleine Artischocken vom Markt
1 Schöpflöffel Teigwarenwasser (3–4 EL)
2–3 EL Olivenöl extra nativ
½ Bund glattblättrige Petersilie, fein gehackt
1 EL gehackter Thymian
2 EL geriebener Sbrinz
Salz
frisch gemahlener Pfeffer

1 Bei kleinen Artischocken die Blätter um die Hälfte kürzen, so viele Hüllblätter abschneiden/abbrechen, bis nur noch die feinen, zarten Blätter übrig bleiben. Bei kleinen Artischocken muss das Heu nicht entfernt werden. Artischocken in wenig Salzwasser 8 Minuten kochen, in ein Sieb abgießen.

2 Orecchiette gemäß Packungsbeschrieb in viel Salzwasser al dente kochen. Etwa einen Schöpflöffel Kochwasser entnehmen. Orecchiette abgießen.

3 Orecchiette und Artischocken mit dem Teigwarenkochwasser und dem Olivenöl vorsichtig erhitzen, gehackte Kräuter und Käse unterrühren, mit Salz und Pfeffer abschmecken. In vorgewärmten Tellern anrichten.

Juli

Poulet mit Gemüseragout und Oliven	1
Griechische Kartoffel-Zucchini-Quiche	2
Gefüllte Auberginen	3
Erbsencremesuppe mit Reis	4
Fischbällchen mit Jogurt-Knoblauch-Sauce	5
Petersilienspätzle mit Bergkäse	6
Bauernsalat mit Feta	7
Rindfleisch in Erdnusssauce mit Couscous	8
Gemüsebrühe mit Tofustreifen	9
Spaghetti mit Sesampesto	10
Salat «Nizza»	11
Aprikosenkuchen	12
Risotto milanese	13
Indisches Auberginen-Kartoffel-Ragout	14
Pilzburger	15
Poulet in süßsaurer Melonensauce	16
Kartoffel-Gurken-Salat	17
Lachsforelle mit Zwiebeln und Zitronen	18
Gratinierter Fenchel sizilianische Art	19
Kirschenauflauf mit Vanillesauce	20
Minestrone	21
Kalbsbraten mit Stachelbeersauce	22
Zucchini-Frittata mit Peperoncini	23
Lauchsalat mit warmem Ziegenfrischkäse	24
Curryreis mit Äpfeln und Sultaninen	25
Mistkratzerli mit Kartoffeln und Gemüse	26
Polentakugeln mit Pilzen und Gorgonzola	27
Spaghetti mit pikanter Sauce	28
Fischsuppe mit Meeresfrüchten	29
Kartoffel-Tomaten-Kuchen	30
Rindssteak mit gerösteten Zwiebeln	31

Poulet mit Gemüseragout und Oliven

für 4 Portionen

1 Freilandpoulet/-hähnchen
Salz
frisch gemahlener Pfeffer
1 Msp Paprikapulver
Kräuter der Provence
8 EL Olivenöl extra nativ
1 mittelgroße Zwiebel
1 Knoblauchzehe
2 Karotten
je 1 gelber und grüner Peperoni/Paprikaschote
500 g Frühkartoffeln
150–200 g schwarze Oliven
2 dl/200 ml Gemüsebrühe oder Weißwein

1 Zwiebel und Knoblauchzehe zerkleinern. Karotten schälen, in Scheiben schneiden. Peperoni halbieren, Stielansatz und Kerne entfernen, Schotenhälften in Vierecke schneiden. Frühkartoffeln waschen, ungeschält längs vierteln.

2 Backofen auf 180 °C vorheizen.

3 Salz, Pfeffer, Paprika und Kräuter mit 3 Esslöffeln Olivenöl zu einer Marinade rühren. Poulet mit der Marinade innen und außen gut einpinseln. In eine große feuerfeste Form/Bräter legen, im Ofen bei 180 °C rund 25 Minuten braten.

4 Zwiebeln, Knoblauch, Karotten, Peperoni und Kartoffeln im restlichen Öl anbraten, würzen, mit den Oliven zum Poulet geben, Gemüsebrühe zugeben, weitere 40 Minuten schmoren, bis das Gemüse und die Kartoffeln gar sind.

Griechische Kartoffel-Zucchini-Quiche

für ein Kuchenblech
von 28 bis 30 cm Durchmesser

400 g Blätterteig

4 mittelgroße fest kochende Kartoffeln (Lagerkartoffeln), ca. 400 g
250 g Zucchini
200 g Feta oder Ziegenfrischkäse

Guss
2 Freilandeier
1 Eigelb von einem Freilandei
2 dl/200 ml Rahm/Sahne
2 EL Pesto
1 Hand voll Basilikumblätter, in Streifen
1 EL Thymianblättchen, nach Belieben
1–2 getrocknete rote Chilischoten, zerbröselt, nach Belieben
½ unbehandelte Zitrone, abgeriebene Schale
60 g grob gehackte Baumnüsse/Walnüsse
Kräutersalz
frisch gemahlener Pfeffer

1 Kartoffeln in der Schale im Dampf knapp weich kochen, ein wenig abkühlen lassen, schälen, in etwa 3 mm dicke Scheiben schneiden. Feta grob zerbröckeln. Zucchini beidseitig kappen und in feine Scheiben hobeln. Kartoffeln, Feta und Zucchini von Hand vermengen.

2 Eier, Eigelb, Rahm und Pesto verquirlen, Kräuter, Chili, Zitronenschalen und Nüsse unterrühren, würzen.

3 Backofen auf 200 °C vorheizen.

4 Blätterteig auf Formgröße ausrollen, in die Form legen, mit einer Gabel ein paar Mal einstechen. Kartoffel- und Zucchinischeiben abwechselnd auf den Teigboden legen, Guss darüber verteilen. Form auf der zweituntersten Schiene in den Ofen schieben, bei 200 °C etwa 40 Minuten backen. Warm, lauwarm oder kalt genießen.

Tipps Quiche mit halbierten Cherrytomaten garnieren. Mit einem Blattsalat servieren.

Gefüllte Auberginen

2 mittelgroße Auberginen

Füllung
- 2 EL Olivenöl extra nativ
- 150 g gehacktes Rindfleisch
- 1 Knoblauchzehe, grob gehackt
- 1 EL grob gehackte glattblättrige Petersilie
- ½ zerriebener getrockneter roter Peperoncino/Pfefferschote
- 1 Scheibe Ruchbrot vom Vortag oder 50 g Paniermehl
- 1 Freilandei
- 2 EL geriebener Pecorino oder Parmigiano stagionato
- Salz

Tomatensauce (4 Portionen)
- 2–3 EL Olivenöl extra nativ
- 1 Prise zerriebener getrockneter Peperoncino/Pfefferschote
- 2 EL grob gehackte glattblättrige Petersilie
- 1–2 Knoblauchzehen, grob zerdrückt
- 500 g reife Tomaten

1 Für die Sauce Stielansatz der Tomaten kreisförmig herausschneiden, Tomaten vierteln oder achteln. Alle Zutaten aufkochen, bei schwacher Hitze 10 bis 15 Minuten köcheln lassen.

2 Auberginen auf der Stielseite einen Deckel abschneiden, Gemüsefrüchte mit einem kleinen Löffel aushöhlen. Auberginenfleisch hacken.

3 Hackfleisch im Olivenöl kräftig anbraten, Auberginenfleisch, Knoblauch, Petersilie und Peperoncini zufügen, mit Salz würzen, bei schwacher Hitze unter gelegentlichem Rühren 20 bis 25 Minuten dünsten. Etwas abkühlen lassen. Das Brot von Hand zerpflücken, mit Ei und Käse unter das Fleisch rühren, alles von Hand zu einem geschmeidigen Teig kneten, bis die Masse bindet. Abschmecken. Auberginen füllen.

4 Auberginen in einer Bratpfanne mit Deckel in wenig Olivenöl rundum anbraten, dann etwa 20 Minuten bei schwacher Hitze zugedeckt schmoren. Die Hälfte der Tomatensauce zufügen, bei schwacher Hitze zugedeckt 30 Minuten schmoren lassen.

Dazu passt ein bunter Blattsalat

4.

Erbsencremesuppe mit Reis

20 g Butter
1 Schalotte
60 g Langkornreis
1 l Gemüsebrühe
150 g ausgelöste grüne Erbsen
Salz
frisch gemahlener Pfeffer
1 dl/100 ml Rahm/Sahne
2 EL fein gehackter Kerbel

1 Schalotte fein hacken, in der Butter andünsten, Reis zufügen und mitdünsten, mit 8 dl/800 ml Gemüsebrühe ablöschen, aufkochen, bei schwacher Hitze 25 Minuten köcheln lassen.

2 Erbsen in der restlichen Gemüsebrühe einige Minuten köcheln, alles pürieren und durch ein Sieb streichen.

3 Erbsenpüree unter die Reissuppe rühren, mit Salz und Pfeffer abschmecken. Anrichten. Mit steif geschlagenem Rahm und Kerbel garnieren.

Dazu passen Mahlzeit mit einem bunten Salat beginnen. Zur Suppe knuspriges Brot servieren.

Fischbällchen mit Jogurt-Knoblauch-Sauce

für ca. 20 Fischbällchen
für 2 bis 3 Portionen

450 g frischer Thunfisch oder anderes entgrätetes Fischfilet
1 Freilandei
1 EL Mehl
je 2 Schalotten und Knoblauchzehen
1 kleiner scharfer Peperoncino/Chilischote, nach Belieben
2–3 EL gehackter Koriander oder glattblättrige Petersilie
1 TL fein gehacktes Bohnenkraut
½ unbehandelte Zitrone, abgeriebene Schale
½ TL Kurkuma/Gelbwurz
1 Prise gemahlener Kreuzkümmel
frisch gemahlener Pfeffer
Olivenöl extra nativ oder Sesamöl zum Braten oder Frittieren

Jogurt-Knoblauch-Sauce
1 Becher (200 g) Naturjogurt
1 EL gehackte glattblättrige Petersilie oder Koriander
2 Knoblauchzehen, fein gehackt
1 Msp fein gehackter roter oder grüner Peperoncino/Chilischote
wenig Zitronen- oder Limettensaft
frisch gemahlener Pfeffer, Salz

1 Fisch durch den Fleischwolf drehen (mittlere Scheibe oder im Cutter kurz (nicht zu fein) hacken, mit Ei und Mehl vermengen. Schalotten und Knoblauchzehen fein hacken, zum Fisch geben. Peperoncino nach Belieben entkernen, fein hacken, zusammen mit Kräutern und Gewürzen zum Fisch geben, gut vermengen.

2 Aus der Fischmasse Bällchen formen, im heißen Öl frittieren. Oder eine Bratpfanne 5 mm hoch mit Öl füllen, Fischbällchen darin braten.

3 Für die Jogurt-Knoblauch-Sauce sämtliche Zutaten verrühren, würzen.

Variante Die rohe Thunfischmasse, ohne Mehl und nur mit dem Eigelb zubereitet, kann auch sehr gut auf getoastetem Brot serviert werden.

Dazu passt Fladenbrot

Petersilienspätzle mit Bergkäse

für 4 Portionen

250 g Weißmehl
1 TL Salz
3 Freilandeier
1 dl/100 ml Wasser
3 Sträußchen Petersilie, fein gehackt

150 g geriebener Bergkäse

40 g Butter
250 g Zwiebeln, in dünnen Scheiben
Salz
frisch gemahlener Pfeffer

Für den Vorrat
Spätzle mit einem Schaumlöffel aus dem Wasser nehmen, in einem Sieb mit kaltem Wasser überbrausen, abtropfen lassen. Portionieren und tiefkühlen. Bei Verwendung gefroren in kochendes Wasser geben, an die Oberfläche steigen lassen, mit einem Schaumlöffel herausnehmen, mit Käse oder Butter vermengen.

1 Mehl, Salz, Eier und Wasser zu einem glatten Teig rühren. Petersilie unterrühren. Spätzleteig etwa 30 Minuten quellen lassen.

2 Backofen auf 140 °C vorheizen.

3 In einem großen Topf reichlich Salzwasser aufkochen. Teig portionsweise von einem feuchten Brett oder mit einem Spätzlehobel in das kochende Wasser schaben oder streichen. Spätzle an die Oberfläche steigen lassen, mit einem Schaumlöffel aus dem Wasser nehmen und gut abtropfen lassen. Spätzle laufend mit geriebenem Käse lagenweise in eine Schüssel füllen. Im Ofen warm stellen.

4 Zwiebelscheiben in der Butter goldgelb braten. Mit Salz und Pfeffer würzen. Auf die Spätzle verteilen.

Dazu passt ein bunter Salat

Bauernsalat mit Feta

1 kleine Freilandgurke
5–6 Cherrytomaten oder
1 große Tomate
4 eingelegte Artischockenherzen
8–12 entsteinte grüne Oliven
1 kleine rote Zwiebel
1 roter oder grüner Peperoni/ Paprikaschote
1 Bund Rucola oder anderer Saisonblattsalat (50 g)
100 g Fetawürfelchen

Vinaigrette
1 TL Balsamico-Essig
½–1 Zitrone, Saft
Salz
frisch gemahlener Pfeffer
4 EL Olivenöl extra nativ

1 Gurke schälen und in Scheiben oder Würfel schneiden. Cherrytomaten halbieren. Bei der großen Tomate den Stielansatz entfernen, Tomate achteln. Zwiebel in feine Ringe schneiden. Beim Peperoni Stielansatz entfernen, Schote halbieren, entkernen, quer in Streifen schneiden.

2 Alle Zutaten mischen, mit der Vinaigrette beträufeln.

Dazu passt knusprige Baguette

Rindfleisch in Erdnusssauce mit Couscous

Fleisch

1 EL Erdnussöl
400 g Ragout vom Rind
1 Msp Salz
frisch gemahlener schwarzer Pfeffer
2 kleine Zwiebeln, fein gehackt
2 Knoblauchzehen, in feinen Scheiben
2–3 geschälte Tomaten, klein gewürfelt
1 roter Peperoncino/Chilischote, aufgeschnitten, entkernt, in Streifchen
2½ dl/250 ml Wasser
50 g Erdnussbutter
2 EL Erdnüsse für die Garnitur
Salz
frisch gemahlener Pfeffer

Couscous

100 g Couscous
2 dl/200 ml Gemüsebrühe
1 Stück Butter

1 Fleisch mit Salz und Pfeffer kräftig würzen, in einem großen Brattopf im heißen Erdnussöl anbraten. Zwiebeln, Knoblauch, Tomaten und Chili zufügen und kurz mitdünsten, Wasser zugeben, aufkochen, bei schwacher Hitze eine Stunde köcheln lassen, bis das Fleisch gar ist. Erdnussbutter unterrühren, bei schwacher Hitze offen einkochen lassen, bis die Sauce leicht sämig ist, mit Salz und Pfeffer abschmecken. Erdnüsse darüber streuen.

2 Couscous mit der kochenden Gemüsebrühe übergießen, 10 Minuten zugedeckt quellen lassen. Kurz vor dem Servieren lockern, Butter zugeben, Couscous erhitzen.

Gemüsebrühe mit Tofustreifen

2 EL Olivenöl extra nativ
200 g Tofu
Kräutersalz
8 dl/800 ml Gemüsebrühe
400 g Gemüse, z. B. Karotten, Stangensellerie, Knollensellerie, Lauch, Kohlrabi usw.

1 Tofu in Stäbchen schneiden, mit Kräutersalz würzen, in einer beschichteten Bratpfanne im Olivenöl hellbraun braten, beiseite stellen.

2 Das Gemüse putzen/schälen, in Scheiben, Streifen oder Würfelchen schneiden.

3 Gemüse in der Gemüsebrühe weich garen, Tofu zugeben, einige Minuten ziehen lassen.

Dazu passen Mahlzeit mit einem Blattsalat beginnen. Zur Suppe Vollkornbrot servieren.

Spaghetti mit Sesampesto

160–200 g Spaghetti

Pesto
- ½ dl/50 ml Olivenöl extra nativ
- 1 Bund Basilikum, Blätter abgezupft
- 1 Hand voll glattblättrige Petersilie, Blätter abgezupft
- 30 g weiße (geschälte) Sesamsamen
- 30 g Kürbiskerne
- 2 Knoblauchzehen
- 0,6 dl/60 ml lauwarmes Wasser
- 1 TL fettfreies Instant-Gemüsebrühepulver
- Salz
- frisch gemahlener Pfeffer

- Petersilie für die Garnitur
- einige Pecorino- oder Parmesanspäne, nach Belieben

1 Für den Pesto sämtliche Zutaten mixen/pürieren, mit Salz und Pfeffer abschmecken.

2 Spaghetti in einem großen Topf in reichlich Salzwasser al dente kochen, in ein Sieb abgießen, sofort mit dem Pesto vermengen. Anrichten. Mit der Petersilie garnieren.

Variante Für einen Avocado-Pesto eine reife Avocado halbieren und entsteinen, zusammen mit dem Saft einer halben Zitrone, je einer Hand voll Basilikumblättern und glattblättriger Petersilie, 2 Esslöffeln Pinienkernen, einer grob gehackten Knoblauchzehe und 3 Esslöffeln Olivenöl extra nativ mixen/pürieren, mit Kräutersalz abschmecken. Eventuell mit wenig Spaghetti-Kochwasser verdünnen. Die heißen Spaghetti mit 1 bis 2 Esslöffeln Olivenöl extra nativ vermengen. Sauce separat servieren.

Tipp Spaghetti mit einem bunten gemischten Salat servieren.

Salat «Nizza»

100–200 g zarte grüne Bohnen
2 Portionen Blattsalat
100 g Stangensellerie
300 g Thunfisch aus der Dose
1 rote Zwiebel
4 kleine sonnengereifte Tomaten oder
12 Cherrytomaten

Sauce

3 EL weißer Balsamico oder
Weißweinessig
6 EL Olivenöl extra nativ
Kräutersalz
frisch gemahlener Pfeffer

Basilikum für die Garnitur

1 Bei den Bohnen Stielansatz wegschneiden, im Dampf knackig garen, je nach Dicke der Bohnen 10 bis 15 Minuten. Unter kaltem Wasser abschrecken.

2 Stangensellerie in feine Scheiben schneiden. Zwiebel in sehr feine Scheiben schneiden. Bei den Tomaten Stielansatz entfernen, je nach Große halbieren oder vierteln.

3 Thunfisch in einem Sieb abtropfen lassen, grob zerpflücken.

4 Bohnen, Blattsalat, Sellerie, Thunfisch und Zwiebelscheiben mit der Sauce vermengen.

5 Salat anrichten, mit Tomaten und Basilikum garnieren.

Dazu passt geröstete Baguette

Aprikosenkuchen

für ein großes
rechteckiges Kuchenblech

für 6 Personen

100 g geriebene Mandeln
1,4 kg reife, süße Aprikosen

Quarkmürbeteig
400 g Weißmehl
1 TL Salz
120 g kalte Butterstückchen
300 g Mager- oder Vollmilchquark

Guss
4 Freilandeier
4 dl/400 ml Rahm/Sahne
2 EL Birnendicksaft oder Zucker
oder Bourbon-Vanillezucker

100 g Mandelstifte

1 Für den Quarkmürbeteig Mehl und Salz in einer Schüssel mischen, Butterstückchen mit dem Mehl krümelig reiben. Quark zugeben, zu einem Teig zusammenfügen, nicht kneten. 30 Minuten oder länger kühl stellen.

2 Backofen auf 200 °C vorheizen.

3 Quarkmürbeteig auf Formgröße ausrollen, in die eingefettete Form legen. Teigboden mit einer Gabel mehrmals einstechen. Mandeln darauf verteilen. Aprikosen halbieren und entsteinen, Stielansatz entfernen, Fruchthälften je nach Größe halbieren oder vierteln. Aprikosenschnitze kreisförmig und dicht nebeneinander auf den Teigboden legen.

5 Eier, Rahm und Birnendicksaft mit dem Schneebesen verrühren, über die Aprikosen gießen. Mit den Mandelstiften bestreuen.

6 Aprikosenkuchen in der unteren Hälfte im vorgeheizten Ofen bei 200 °C etwa 40 Minuten backen. Wenn die Mandeln zu viel Farbe annehmen, mit Folie abdecken.

Tipp Für eine Form von 28 cm Durchmesser die Zutaten halbieren.

Risotto milanese

1 EL Butter
1 kleine Zwiebel, fein gehackt
150–200 g Mittelkornreis, z. B. Arborio, Vialone, Carnaroli
½ dl/50 ml trockener Weißwein
ca. 6 dl/600 ml heiße Gemüsebrühe
1 Briefchen Safranfäden, in wenig Brühe aufgelöst
20 g Butterstückchen
50 g geriebener Parmesan
Salz
frisch gemahlener Pfeffer

Zwiebeln in der Butter bei mäßiger Wärme andünsten, Reis zufügen und mitdünsten, bis er glasig ist, Wein zugeben, einkochen lassen, Gemüsebrühe nach und nach zugeben, so dass der Reis immer knapp mit Flüssigkeit bedeckt ist, unter häufigem Rühren bei schwacher Hitze al dente kochen, etwa 15 bis 20 Minuten, Safranfäden die letzten 5 Minuten mitkochen. Butterstückchen und die Hälfte des Parmesans unterrühren, mit Salz und Pfeffer abschmecken. Den restlichen Parmesan separat servieren.

Tipp Im Originalrezept wird die Butter (1 EL) mit 40 g Rindsmark geschmolzen.

Indisches Auberginen-Kartoffel-Ragout

1–2 EL Olivenöl extra nativ oder kalt gepresstes Rapsöl
1 kleine Zwiebel
250 g Auberginen
250 g fest kochende Kartoffeln
1–2 TL mildes Currypulver
wenig Kurkuma/Gelbwurz, nach Belieben
2 dl/200 ml Gemüsebrühe
2 EL Crème fraîche oder Jogurt
1–2 EL gehackte glattblättrige Petersilie
frischer Thymian, nach Belieben

einige trocken geröstete Pinien- oder Cashewkerne für die Garnitur

1 Zwiebel in Ringe schneiden. Auberginen beidseitig kappen, in mittelgroße Würfel schneiden. Kartoffeln schälen und in gleich große Würfel wie die Auberginen schneiden.

2 Zwiebeln im Olivenöl andünsten, Auberginen und Kartoffeln mitdünsten, mit Curry und Kurkuma (für eine schöne gelbe Farbe) bestäuben, mit einem Teil der Gemüsebrühe ablöschen, bei schwacher Hitze etwa 15 Minuten köcheln lassen, bis die Auberginen und die Kartoffeln gar sind, je nach Flüssigkeitsstand Gemüsebrühe zugeben. Crème fraîche unterrühren, mit Petersilie und Thymian abschmecken. Mit den gerösteten Kernen bestreuen.

Varianten Das vegetarische Gericht kann mit ein wenig Fleisch angereichert werden. Dazu pro Person etwa 80 g Pouletbrust in Streifen schneiden, in einer beschichteten Bratpfanne in wenig Olivenöl braten, mit dem Gemüse vermengen. Oder pro Person etwa 80 g Tofuwürfel braten und untermischen.

Pilzburger

150 g Champignons
20 g Haselnüsse
1 Bund Schnittlauch
40 g Haferflocken
1–2 EL Mehl
1 Freilandei
Salz
frisch gemahlener Pfeffer

Öl zum Braten

1 große Tomate
2 Brötchen (Buns)
Salatblätter

1 Champignons und Haselnüsse grob hacken. Schnittlauch fein schneiden.

2 Pilze, Nüsse, Schnittlauch, Haferflocken und Mehl vermengen, verquirltes Ei unterrühren, mit Salz und Pfeffer würzen, gut vermengen, 2 Burger formen.

3 Pilzburger im Öl bei mittlerer Temperatur beidseitig braten.

4 Bei der Tomate den Stielansatz kreisförmig herausschneiden, Tomate in dünne Scheiben schneiden.

5 Brötchen quer halbieren, mit einem Salatblatt belegen, Pilzburger und Tomatenscheiben darauf legen. Mit Salat abschließen, Brotdeckel darauf legen.

Dazu passt ein bunter Salat

Poulet in süßsaurer Melonensauce

Süßsaure Sauce
- 1 kleine Charentais- oder Cavaillon-Melone
- 1 EL Maisstärke
- 1 dl/100 ml Hühner- oder Gemüsebrühe
- 1 Spritzer Obstessig
- 1 TL Sojasauce
- 1 Msp Tomatenpüree
- 1 Msp fein geriebener Ingwer
- einige rosa Pfefferkörner
- 1 TL Vollrohrzucker
- 1 Msp Salz

- 200–250 g Poulet-/Hähnchenfleisch, in Streifen
- 1 Msp Salz
- frisch gemahlener schwarzer Pfeffer
- 1 kleine rote Zwiebel, grob geschnitten
- 2 EL Olivenöl extra nativ
- 1 Bund Schnittlauch, grob geschnitten

1 Melone halbieren und entkernen, aus dem Fruchtfleisch Kugeln ausstechen, beiseite stellen. Restliches Fruchtfleisch mit einem Esslöffel herauslösen, fein pürieren, 100 g abwiegen.

2 Maisstärke mit wenig Hühnerbrühe glatt rühren. Zutaten für die Sauce unter Rühren aufkochen, Pfanne von der Wärmequelle nehmen, Melonenkugeln zugeben, zugedeckt beiseite stellen.

3 Pouletfleisch mit Salz und Pfeffer würzen. Zwiebeln mit dem Fleisch vermengen, im Öl kräftig anbraten, zur Melonensauce geben. Nochmals erwärmen. Nicht kochen! Mit Schnittlauch bestreuen, sofort servieren.

Dazu passt Reis, z. B. Parfum- oder Basmatireis

Kartoffel-Gurken-Salat

300 g fest kochende Kartoffeln
1 kleine Freilandgurke
1 roter Peperoni/Paprikaschote
1 kleine Zwiebel
schwarze Oliven
100 g Fetawürfelchen

Sauce
½–1 Zitrone, Saft
Kräutersalz
frisch gemahlener Pfeffer
½ dl/50 ml Gemüsebrühe
2–3 EL Olivenöl extra nativ
1–2 Knoblauchzehen

1 Kartoffeln in der Schale im Dampf weich garen, noch heiß schälen und in Scheiben schneiden.

2 Gurke schälen, in Scheiben schneiden. Peperoni halbieren, Stielansatz und Kerne entfernen, Hälften in Vierecke schneiden. Zwiebel in feine Scheiben schneiden.

3 Die Zutaten für die Sauce sämig rühren, Knoblauchzehen dazupressen.

4 Alle Zutaten mit der Sauce vermengen.

Lachsforelle mit Zwiebeln und Zitronen

1 ganze Lachsforelle, ca. 450 g, vom Fischhändler ausgenommen und geschuppt
Kräutersalz
2 Rosmarinzweiglein
1 Thymianzweiglein, nach Belieben
1 unbehandelte Zitrone oder Orange oder Limette, in feinen Scheiben
1 kleine Zwiebel, in feinen Ringen
2–3 EL Olivenöl extra nativ

1 Backofen auf 200 °C vorheizen.

2 Lachsforelle salzen, in eine leicht geölte oder mit Backpapier ausgelegte Gratinform legen. Mit Rosmarin, Thymian, Zwiebeln und Zitronen belegen. Mit Olivenöl beträufeln.

3 Fisch im vorgeheizten Ofen bei 200 °C 25 bis 30 Minuten schmoren.

Dazu passen ein bunter Salat und/oder gedämpftes Gemüse und nach Belieben Bratkartofffeln, Seite 182

Varianten Nach gleichem Rezept können auch Wolfsbarsch, Forelle usw. zubereitet werden. Zitronen- durch Orangenscheiben ersetzen. Filetierten Fisch am Tisch mit wenig Limonen- oder Orangenöl beträufeln.

Gratinierter Fenchel sizilianische Art

2 EL Olivenöl extra nativ
1 kleine Zwiebel
1 Knoblauchzehe
400–500 g zarte Fenchelknollen
2 dl/200 ml Gemüsebrühe
3 Tomaten, ca. 300 g
8 schwarze oder grüne Oliven
½ Bund Petersilie
½ Bund Basilikum
frisch gemahlener Pfeffer
Kräutersalz
100 g frisch geriebener Parmesan oder Sbrinz

1 Fenchel in Längsrichtung in fingerdicke Scheiben schneiden. Zwiebel und Knoblauchzehe fein hacken.

2 In einer weiten Pfanne mit Deckel Zwiebeln und Knoblauch in einem Esslöffel Olivenöl andünsten, Fenchel zufügen und kurz mitdünsten, Gemüsebrühe zugeben, bei schwacher Hitze 8 bis 10 Minuten kochen. Brühe abgießen (für eine Suppe verwenden).

3 Backofen auf 220 °C vorheizen.

4 Tomaten schälen, Stielansatz kreisförmig herausschneiden, Tomaten in große Würfel schneiden und entkernen.

5 Fenchelscheiben in eine eingefettete Gratinform geben, Tomaten, Oliven und Kräuter darüber verteilen. Mit Pfeffer und Kräutersalz würzen, Parmesan darüber streuen. Das Gratin in der Mitte in den Ofen schieben, bei 220 °C 15 Minuten backen.

Dazu passen Brot, Reis oder Ofenkartoffeln

Variante Das Gratin bekommt eine pikante Note, wenn man vier gehackte Sardellenfilets untermischt.

Kirschenauflauf mit Vanillesauce

für 2 bis 3 Portionen

100 g Brotwürfelchen
2 dl/200 ml heiße Milch
4 Freilandeier
50 g geriebene Mandeln
500 g entsteinte schwarze Kirschen
Zimtpulver
Zucker nach Belieben
2 EL gehackte Mandeln
30 g Butter

Vanillesauce

½ l Milch
1 EL Maisstärke
2 Eigelbe von Freilandeiern
2–3 EL Zucker
1 Vanilleschote

1 Backofen auf 200 °C vorheizen.

2 Brotwürfelchen mit der heißen Milch übergießen, Milch gleich wieder abgießen.

3 Aufgeweichtes Brot, Eier, Mandeln und Kirschen vermengen. Mit Zimtpulver und nach Belieben mit Zucker abrunden. Masse in eine eingefettete Gratinform füllen. Gehackte Mandeln darüber streuen, mit Butterstückchen belegen.

4 Kirschenauflauf auf zweitunterster Schiene in den vorgeheizten Ofen schieben, bei 200 °C 30 Minuten backen.

5 Für die Vanillesauce Milch, Maisstärke, Eigelbe und Zucker in einem Kochtopf glatt rühren, Vanilleschote aufschneiden, Mark abstreifen, mit den Schotenhälften zugeben. Sauce unter ständigem Rühren unter dem Kochpunkt binden. Schoten entfernen. Sauce warm oder kalt zum Kirschenauflauf servieren.

Minestrone

800 g Gemüse, z. B. Blumenkohl, Brokkoli, Zucchini, Karotten, Lauch, Stangensellerie, Kefen/Zuckerschoten, Knollensellerie
200 g gekochte weiße Bohnen oder weiße Bohnen aus der Dose
1,2 l Gemüsebrühe
1 Lorbeerblatt
Salz
frisch gemahlener Pfeffer
fein gehackte Petersilie

2 TL Olivenöl extra nativ zum Beträufeln

1 Das Gemüse putzen/schälen und in mundgerechte Stücke schneiden.

2 Gemüse, weiße Bohnen, Gemüsebrühe und Lorbeerblatt aufkochen, bei schwacher Hitze etwa 20 Minuten köcheln, bis das Gemüse gar ist. Lorbeerblatt entfernen. Minestrone mit Salz und Pfeffer würzen. Suppe anrichten. Mit Olivenöl beträufeln. Petersilie darüber streuen.

Weiße Bohnen Etwa 100 g Auskernbohnen über Nacht in reichlich Wasser einlegen. Wasser am nächsten Tag weggießen. Bohnen mit frischem Wasser aufkochen, bei schwacher Hitze weich garen, etwa 60 Minuten, Schaum abschöpfen.

Varianten Minestrone mit Kartoffeln und/oder Nudeln/Teigwaren anreichern. Mit gehackter glattblättriger Petersilie bestreuen. Oder Minestrone mit Baguette servieren.

Kalbsbraten mit Stachelbeersauce

für 4 Portionen

20 g Bratbutter/Butterschmalz
1 kg Kalbsbraten
200 g zerkleinerte Kalbsknochen
½ l Fleischbrühe
200 g Schalotten
200 g unreife Stachelbeeren
25 g Zucker
1 dl/100 ml Rahm/Sahne
1 Prise Zimtpulver
Salz
frisch gemahlener Pfeffer
20 g Mehlbutter (gleiche Menge Mehl und Butter verkneten)

1 Kalbsbraten und Knochen in einem Bräter in der heißen Bratbutter kräftig anbraten, mit etwa 2 dl/200 ml Fleischbrühe ablöschen, zugedeckt bei schwachere Hitze 50 Minuten köcheln lassen. Je nach Flüssigkeitsstand mehr Fleischbrühe zugeben. Knochen aus dem Bräter nehmen. Schalotten zugeben, weitere 15 Minuten köcheln lassen. Kalbsbraten aus dem dem Bräter nehmen und warm stellen.

2 Stachelbeeren, Zucker und restliche Brühe in den Bräter geben, etwa 5 Minuten köcheln lassen, Bratsatz vom Boden lösen. Schalotten und Stachelbeeren mit dem Schaumlöffel aus der Sauce nehmen, warm stellen.

3 Sauce passieren, mit dem Rahm erhitzen, mit Zimt, Salz und Pfeffer abschmecken. Zum Schluss die Mehlbutter krümelig dazugeben und mit dem Schneebesen verrühren, kurz köcheln lassen.

4 Kalbsbraten in Scheiben schneiden, mit Stachelbeeren und Schalotten anrichten. Aufgefangenen Bratensaft vom Warmhalten und Aufschneiden unter die Sauce rühren. Sauce nochmals erhitzen, Fleisch damit umgießen.

Unreife Stachelbeeren gibt es nur im Juli. Wer die feine süß-saure Sauce öfter genießen will, muss die Beeren einfrieren.

Zucchini-Frittata mit Peperoncini

2–3 EL Olivenöl extra nativ
2 Zucchini
1 Knoblauchzehe
½ rote Zwiebel
1 roter Peperoncino/Chilischote
2 EL fein geschnittenes Basilikum oder gehackte glattblättrige Petersilie oder Thymian oder Rosmarin
3 Freilandeier
2 EL Rahm/Sahne
frisch gemahlener Pfeffer

1–2 EL Olivenöl zum Braten

1 Backofen auf 220 °C vorheizen.

2 Zucchini auf dem Gemüsehobel fein hobeln, Knoblauchzehe dazupressen. Zwiebel fein hacken. Peperoncino aufschneiden, entkernen, quer in Streifchen schneiden.

3 Zucchini, Zwiebeln und Peperoncini im Olivenöl 3 Minuten andünsten, abkühlen lassen. Kräuter untermischen.

4 Eier und Rahm verquirlen, Gemüse zufügen, gut vermengen, mit Pfeffer abschmecken.

5 Olivenöl in einer Bratpfanne erhitzen, Zucchinimasse zufügen, fest werden (stocken) lassen. Frittata im Ofen bei 220°C in 10 Minuten fertig backen. Lauwarm oder kalt servieren.

Dazu passen ein bunter Salat und nach Belieben Brot

Lauchsalat mit warmem Ziegenfrischkäse

300 g Lauch
1 dl/100 ml Gemüsebrühe
3 getrocknete Tomaten
2 EL geröstete Pinienkerne
2 EL Kapern
1 Bund Schnittlauch

Sauce
2 EL Balsamico-Essig
Kräutersalz
frisch gemahlener Pfeffer
2 EL Olivenöl extra nativ

Olivenöl extra nativ
2 kleine Ziegen- oder Kuhmilchfrischkäse, Typ Formaggini
frisch gemahlener schwarzer Pfeffer
1 EL flüssiger Honig oder
1 TL süßlicher Balsamico-Essig

1 Getrocknete Tomaten 30 bis 60 Minuten in wenig warmem Wasser oder warmer Gemüsebrühe einweichen, in Streifen schneiden. Schnittlauch fein schneiden. Grobfasrige Blätter beim Lauch entfernen, Stangen längs halbieren und längs in etwa 8 cm lange feine Streifen schneiden.

2 Lauch in der Gemüsebrühe knackig garen, abgießen und die Flüssigkeit auffangen (als Suppe genießen), lauwarm mit der Sauce vermengen.

3 Ziegenfrischkäse in wenig Olivenöl kurz braten, mit Pfeffer würzen und mit Honig oder Balsamico-Essig beträufeln.

4 Noch lauwarmen Lauchsalat auf Tellern anrichten, mit getrockneten Tomaten, Pinienkernen, Kapern und Schnittlauch bestreuen, lauwarmen Ziegenfrischkäse darauf legen. Sofort servieren.

Dazu passt Baguette

Curryreis mit Äpfeln und Sultaninen

140 g Langkornreis
3½ dl/350 ml Wasser
1 TL scharfes Currypulver
1 TL Gemüsebrühepulver
20 g Butter
1 kleine Zwiebel, 1 Apfel
2 EL Sultaninen, in Wasser eingeweicht
Weißwein nach Belieben
Salz
frisch gemahlener Pfeffer

50 g gehackte Cashewkerne

1 Reis, Wasser, Curry und Gemüsebrühepulver aufkochen, 2 bis 3 Minuten sprudelnd kochen, dann auf der ausgeschalteten Wärmequelle 30 Minuten oder länger ausquellen lassen.

2 Zwiebel fein hacken. Apfel schälen, vierteln und entkernen, in Schnitze schneiden.

3 Zwiebeln und Äpfel in der Butter andünsten, abgetropfte Sultaninen und nach Belieben ein wenig Weißwein mit dem Reis untermischen, erhitzen, abschmecken mit Salz und Pfeffer. Je nach Konsistenz wenig Wasser zugeben. Curryreis anrichten, mit den Nüssen garnieren.

Mistkratzerli mit Kartoffeln und Gemüse

1 Mistkratzerli/Stubenküken
Salz
frisch gemahlener Pfeffer
Olivenöl extra nativ
300 g Frühkartoffeln
1 große Knoblauchzehe, grob gehackt
reichlich glattblättrige Petersilie, Blätter abgezupft grob gehackt
1 zerriebener getrockneter Peperoncino/Pfefferschote
1 kleine Aubergine
1 kleiner roter Peperoni/Paprikaschote
einige Knoblauchzehen
getrockneter Oregano

1 Backofen auf 220 °C vorheizen.

2 Mistkratzerli mit dem Messer so aufschneiden, dass die Hälften noch zusammenhängen, aber flach auf der Arbeitsfläche liegen. Auf ein leicht geöltes Backblech legen, mit Salz und Pfeffer würzen, mit Olivenöl bepinseln.

3 Kartoffeln längs halbieren, mit Salz, Petersilie, Knoblauch und Peperoncini würzen. Peperoni halbieren, Stielansatz und Kerne entfernen, einige Male einschneiden und mit grob gehackten Knoblauchzehen «spicken». Aubergine längs halbieren und ebenfalls mit grob gehacktem Knoblauch «spicken».

4 Gemüse und Kartoffeln auf das Blech legen, mit Oregano bestreuen und Olivenöl beträufeln.

5 Das Blech in der Mitte in den Ofen schieben, Stubenküken bei 220 °C etwa 25 Minuten backen.

Polentakugeln mit Pilzen und Gorgonzola

für 2 bis 3 Personen

- ¾ l Gemüsebrühe oder halb Milch/halb Gemüsebrühe
- 125 g Maisgrieß

Belag

- 200 g Pilze, z. B. Shiitake, Austernpilze oder Steinpilze
- 1 kleine Zwiebel
- 80 g Rahm-/Sahnegorgonzola
- glattblättrige Petersilie
- 2 EL Olivenöl extra nativ
- 1 Knoblauchzehe
- Salz, frisch gemahlener Pfeffer
- 2 EL geriebener Parmesan oder Sbrinz

1 Gemüsebrühe aufkochen, Maisgrieß einrieseln lassen und unter häufigem Rühren bei schwacher Hitze 30 Minuten köcheln lassen.

2 Pilze klein schneiden. Zwiebel fein hacken. Gorgonzola zerbröckeln. Petersilie von den Stielen zupfen und fein hacken.

3 Zwiebeln im Olivenöl andünsten, Pilze 5 Minuten mitdünsten. Knoblauch dazupressen, Gorgonzola auf den Pilzen verteilen und schmelzen lassen, mit Pfeffer würzen.

4 Von der heißen Polenta mit dem Eisportionierer Kugeln abstechen. Anrichten. Die heiße Pilz-Käse-Mischung darüber verteilen, Käse darüber streuen. Sofort servieren.

Spaghetti mit pikanter Sauce

200 g nicht zu feine Spaghetti

2 EL Olivenöl extra nativ
1 kleine Zwiebel
1 Knoblauchzehe
1 roter Peperoncino/Chilischote
500 g sonnengereifte Tomaten
Salz
frisch gemahlener Pfeffer
Oregano
einige entsteinte schwarze Oliven

1 Zwiebel und Knoblauchzehe fein hacken. Peperoncino längs aufschneiden, eventuell entkernen, in Streifchen schneiden. Tomaten schälen, den Stielansatz kreisförmig herausschneiden, Tomaten zerkleinern.

2 Zwiebeln, Knoblauch und Peperoncini im Olivenöl andünsten, Tomaten zufügen, bei schwacher Hitze weich garen, mit Salz, Pfeffer und Oregano abschmecken, Oliven unterrühren.

3 Spaghetti in reichlich Salzwasser al dente kochen, abgießen, zur Sauce geben und vermengen.

Fischsuppe mit Meeresfrüchten

für 4 bis 6 Portionen

2–3 EL Olivenöl extra nativ
8 kleine Sepien (Tintenfische)
1 zerriebener getrockneter roter Peperoncino/Pfefferschote
1 kleiner roter oder gelber Peperoni/Paprikaschote
1 Aubergine
2 EL grob gehackte glattblättrige Petersilie
2 Knoblauchzehen
1 Zucchino
400 g sonnengereifte Tomaten oder 400 g Tomaten aus dem Glas
¾–1 l Wasser
500 g Venus- oder Miesmuscheln
1 dl/100 ml Weißwein
5–6 Riesenkrevetten/-garnelen mit Schale
500 g Fische, je nach Marktangebot, mit großen Gräten, oder filetierter Fisch, z. B. Rotbarbe, Kabeljau, Seezunge, Lachs, Seeteufel usw.
Salz, Olivenöl extra nativ

1 Aubergine beidseitig kappen, schälen, in Würfel schneiden, mit Salz bestreuen, etwa 30 Minuten Wasser ziehen lassen. Peperoni halbieren, Stielansatz und Kerne entfernen, quer in feine Streifen schneiden. Knoblauchzehen grob hacken. Zucchino beidseitig kappen, nicht schälen, in Würfel schneiden. Bei den Tomaten Stielansatz kreisförmig herausschneiden, Tomaten vierteln.

2 Sepien in einem großen Topf im Öl anbraten, Peperoncini und Peperoni zufügen, bei schwacher Hitze 10 Minuten dünsten. Ausgedrückte Auberginenwürfel, Petersilie, Knoblauch, Zucchini und Tomaten zufügen, kurz mitdünsten. Wasser zugeben, erhitzen, bei schwacher Hitze köcheln lassen.

3 Miesmuscheln unter fließendem Wasser gründlich abbürsten, vor dem Kochen unbedingt ein paar Stunden immer wieder in frischem kaltem Wasser wässern. Diese Muscheln enthalten viel Sand, der so teilweise ausgespült werden kann. Muscheln mit dem Weißwein in einer separaten Pfanne so lange erhitzen, bis sie sich geöffnet haben. Geschlossene Muscheln wegwerfen.

4 Geöffnete Muscheln mit Krevetten und Fischen zur Suppe geben, auf der ausgeschalteten Wärmequelle zugedeckt ziehen lassen, bis die Fische gar, aber nicht trocken sind. Mit Olivenöl beträufeln.

Kartoffel-Tomaten-Kuchen

für eine Kuchenform von 28 cm Durchmesser oder eine kleine rechteckige Kuchenform

für 3 bis 4 Portionen

½ Portion Quarkmürbeteig, Seite 217

300 g kleine Gschwellti/Pellkartoffeln vom Vortag
300 g mittelgroße Fleischtomaten
130 g Raclettekäse am Stück

Guss
1 Freilandei
2 dl/200 ml Halbrahm/Sahne
einige Thymianzweiglein
Salz
frisch gemahlener Pfeffer
Muskatnuss

1 Quarkmürbeteig ausrollen und in das eingefettete Blech legen. Den Teigboden mit einer Gabel mehrmals einstechen.

2 Backofen auf 220 °C vorheizen.

3 Kartoffeln schälen und in 5 mm dicke Scheiben schneiden. Stielansatz der Tomaten kreisförmig herausschneiden, Tomaten halbieren und in 5 mm dicke Scheiben schneiden. Raclettekäse in 4 x 4 cm große und 3 mm dicke Scheiben schneiden.

4 Ei und Rahm mit dem Schneebesen verquirlen, Thymianblättchen von den Zweiglein abstreifen und zugeben, mit Salz, Pfeffer und Muskatnuss würzen.

5 Kartoffel-, Tomaten- und Käsescheiben abwechselnd ziegelartig auf den Teigboden legen, mit Salz und Pfeffer würzen. Guss darüber gießen.

6 Kartoffel-Tomaten-Kuchen in der unteren Hälfte in den Ofen schieben, bei 220 °C etwa 30 Minuten backen. Während der letzten 10 Minuten Temperatur auf 200 °C reduzieren.

Dazu passt ein Blattsalat

Rindssteak mit gerösteten Zwiebeln

200 g Zwiebeln
2 EL Mehl
2 EL Butter
1 EL Öl
2 Rindssteaks, je 120–150 g
Salz
frisch gemahlener Pfeffer
1¼ dl/125 ml Fleischbrühe
2 EL Butter

1 Backofen auf 100 °C vorheizen.

2 Zwiebeln in feine Scheiben schneiden, im Mehl wenden. In einer Bratpfanne in der Butter bei mittlerer Hitze unter Rühren knusprig braten. In einer Schüssel im Ofen bei 100 °C warm stellen.

3 Die Rindssteaks in einer Bratpfanne im Öl auf beiden Seiten 3 bis 4 Minuten braten, je nach Dicke der Steaks. Mit Salz und Pfeffer würzen. Im Ofen warm stellen.

4 Fleischbrühe in die Bratpfanne geben, erhitzen, Bratfond auflösen, Butter unterrühren.

5 Rindssteaks auf Tellern anrichten, mit der Sauce umgießen, geröstete Zwiebeln darauf verteilen.

Dazu passen Reis oder Nudeln

August

Grießauflauf mit Kirschen

für 4 Portionen

- 1 l Milch
- 150 g Weizengrieß
- 150 g weiche Butter
- 50–100 g Zucker, je nach gewünschter Süße
- 1 unbehandelte Zitrone, abgeriebene Schale
- 5 Eigelbe von Freilandeiern
- 3–4 EL Rahm/Sahne
- 150 g geriebene Haselnüsse
- 1 kg entstielte Kirschen
- 5 Eiweiß
- 1 Prise Salz

1 Milch in einem großen Kochtopf aufkochen, den Grieß einrieseln lassen, bei schwacher Hitze unter häufigem Rühren breiartig einkochen lassen.

2 Butter und Zucker zu einer luftigen Masse aufschlagen, Zitronenschalen und Eigelbe unterrühren, kurz weiterschlagen, Rahm und Haselnüsse unterrühren.

3 Eiweiß mit der Prise Salz steif schlagen.

4 Backofen auf 180 °C vorheizen.

5 Buttermasse mit dem Eischnee abwechslungsweise unter den Grießbrei ziehen. Ganz am Schluss entsteinte Kirschen unterrühren. Die Masse in eine eingefettete Gratinform verteilen.

6 Grießauflauf in der Mitte in den Ofen schieben, bei 180 °C 30 bis 40 Minuten backen.

Dazu passt Mahlzeit mit einer Gemüsesuppe beginnen

Variante Kirschen durch Zwetschgen- oder Aprikosenhälften ersetzen

Bunter Maisspieß

200 g Lammfilet, gewürfelt
1 Zuckermaiskolben
1 Zwiebel
100 g Riesenchampignons
1 Peperoni/Gemüsepaprika
Kräutersalz
frisch gemahlener Pfeffer
Kräuter der Provence
2 EL Olivenöl extra nativ

1 Beim Maiskolben zuerst die Hüllblätter und die Bartfäden entfernen, Kolben in 4 cm dicke Scheiben schneiden, im Dampf 5 Minuten garen.

2 Zwiebel schälen, in Scheiben schneiden. Peperoni halbieren, Stielansatz und Kerne entfernen, in 4 cm große Quadrate schneiden.

3 Bei den Pilzen den Stiel herausdrehen. Pilze und Peperoni im Olivenöl andünsten. Mit Kräutersalz und Pfeffer würzen.

4 Gemüse, Pilze und Lammfleisch abwechselnd auf lange Spieße stecken, mit Kräutersalz und Pfeffer würzen, einpinseln mit Olivenöl, Kräuter der Provence darüber streuen.

5 Spieße in der Bratpfanne, auf dem Grill oder im Backofen bei großer Hitze grillen.

Dazu passen Bratkartoffeln, Seite 182, oder Reis

Tofu-Kokosnuss-Bällchen

200 g weicher Tofu
3 EL Kokosnussflocken
1 EL Mehl
1 EL Sojasauce
1 kleine Zwiebel, fein gehackt
1 EL gehackte Petersilie
2 Knoblauchzehen, durchgepresst
½ unbehandelte Zitrone
1 Prise Chilipulver
1 Prise Muskatnuss
Rosenpaprika
Salz
2–3 dl/200–300 ml Olivenöl zum Frittieren

1 Tofu in Würfel schneiden und von Hand krümelig reiben, mit Kokosnussflocken und Mehl vermengen, Sojasauce, Zwiebeln, Petersilie und Knoblauch untermischen, Zitronenschale dazureiben, vermengen und würzen.

2 Tofumasse mit dem Eisportionierer portionieren, Bällchen formen und diese gut zusammendrücken.

3 Tofu-Kokosnuss-Bällchen im mäßig heißen Olivenöl frittieren, auf Küchenpapier abtropfen lassen.

Scharfe Tomatensauce 3 bis 4 Pelati oder fleischige Tomaten entstielen und zerkleinern, mit ein paar Peperoncinistreifen, einem Esslöffel Olivenöl und einem Bund fein gehackter Petersilie kochen, bis die Tomaten zerfallen, durch ein Sieb streichen, mit Salz und Pfeffer abschmecken.

Geschnetzeltes an Senfsauce

1 EL Erdnussöl
300 g geschnetzeltes Rindfleisch
je ½ roter und grüner Peperoni/ Paprikaschote
100 g Champignons
1 EL Dijonsenf
1 dl/100 ml Fleischbrühe
Salz
frisch gemahlener Pfeffer
Paprikapulver
8 Cherrytomaten
½ dl/50 ml Rahm/Sahne

1 Peperoni entkernen, Schotenhälften halbieren und in Streifen schneiden. Pilze in feine Scheiben schneiden.

2 Rindfleisch in einem Brattopf im heißen Erdnussöl gut anbraten. Champignons und Peperoni zufügen, andünsten, Senf unterrühren, mit der Fleischbrühe ablöschen, aufkochen, würzen. Zugedeckt bei schwacher Hitze 15 Minuten garen. Cherrytomaten zugeben, nochmals 5 Minuten köcheln lassen. Rahm zugeben, Sauce ein wenig einkochen lassen.

Meeresfrüchtesalat mit Rucola

300–400 g gemischte Meeresfrüchte und frischer Fisch, z. B. Thunfisch, Krevetten/Garnelen, Muscheln, Tintenfischringe/Kalamares, je nach Marktangebot
2 feste Tomaten
1 grüner Peperoni/Paprikaschote
1 Bund Rucola
10 schwarze Oliven

Marinade
ca. 1 ½ EL Zitronensaft
Kräutersalz
frisch gemahlener Pfeffer
3–4 EL Olivenöl extra nativ
1 Knoblauchzehe, durchgepresst

Zitronenschnitze für die Garnitur

1 Meeresfrüchte und Fisch im Dampf 3 bis 4 Minuten garen oder in wenig Olivenöl kurz braten. Oder beim Fischhändler schon essbereite Meeresfrüchte kaufen.

2 Bei den Tomaten den Stielansatz entfernen, Tomaten in Schnitze schneiden. Peperoni halbieren, Stielansatz und Kerne entfernen, in 1 cm große Quadrate schneiden. Rucola in feine Streifen schneiden.

3 Marinade zubereiten.

4 Fisch, Meeresfrüchte, Tomaten, Peperoni und Rucola mit der Marinade vermengen, 15 Minuten ziehen lassen. Mit Oliven und Zitronenscheiben garnieren.

Dazu passt geröstete Brotscheiben/Toast

Risotto Ticinese

1 EL Olivenöl extra nativ
1 kleine Zwiebel, fein gehackt
150 g Mittelkornreis, z. B. Arborio, Vialone
½ dl/50 ml Weißwein
ca. 4 dl/400 ml Gemüsebrühe
20 g Butter
50 g geriebener Sbrinz
Salz
frisch gemahlener Pfeffer

1 Zwiebeln im Olivenöl bei mäßiger Hitze andünsten, Reis mitdünsten, bis er glasig ist. Weißwein zugeben, einkochen lassen. Gemüsebrühe nach und nach zugeben, so dass der Reis immer knapp mit Flüssigkeit bedeckt ist. Unter häufigem Rühren bei schwacher Hitze al dente kochen, etwa 20 Minuten. Butterstückchen und einen Teil des Sbrinz unterrühren, mit Salz und Pfeffer abschmecken. Den restlichen Sbrinz separat servieren.

Dazu passen Saltimbocca, Seite 18, oder Kalbsschnitzel natur oder gedünstetes Gemüse und/oder Salat

Orecchiette mit Peperonipesto

200 g Orecchiette

Peperonipesto
je 2 rote und gelbe Peperoni/Paprikaschoten
4–5 EL Olivenöl extra nativ
2 EL gehackte glattblättrige Petersilie oder 2 EL fein geschnittenes Basilikum
1 EL große Kapern, nach Belieben
frisch gemahlener Pfeffer
Salz
wenig Teigwarenwasser

Rucola für die Garnitur
wenig gehobelter Pecorino oder Sbrinz für die Garnitur

1 Ganze Peperoni im Backofen bei 220 °C etwa 30 Minuten backen, bis die Haut fast schwarz ist und Blasen wirft. Peperoni mit einem feuchten Tuch bedecken und abkühlen lassen, dann schälen, halbieren, Stielansatz und Kerne entfernen, mit dem Olivenöl nicht zu fein pürieren. Kräuter und Kapern unterrühren, mit Salz und Pfeffer würzen. Vor dem Servieren eventuell mit Teigwarenwasser verdünnen.

2 Orecchiette gemäß Packungsbeschrieb in viel Salzwasser al dente kochen, abgießen, mit der Sauce vermengen. Mit Rucola und Käse garnieren.

Lauchpuffer mit Sojasprossen und Pouletfleisch

1 Freilandei
1–2 EL Mehl
100 g weiße Sojasprossen, grob gehackt
150 g junger Sommerlauch
100 g gehacktes Pouletfleisch, nach Belieben
1 TL fein gehackter scharfer roter Peperoncino/Chilischote
½ TL scharfes Currypulver oder Kreuzkümmelpulver
1 Msp frisch geriebene Ingwerwurzel
Salz
frisch gemahlener Pfeffer

Olivenöl oder Sesamöl zum Braten

1 Lauch in feine Streifen schneiden, im Dampf 2 bis 3 Minuten garen, abkühlen lassen.

2 Ei verquirlen, Mehl, Sojasprossen, Lauch, Pouletfleisch und Peperoncini unterrühren, würzen mit Pfeffer, Curry, Ingwer, Salz und Pfeffer.

3 In einer beschichteten Bratpfanne Olivenöl oder Sesamöl erhitzen. Masse mit Eisportionierer oder Esslöffel portionieren, direkt in das heiße Öl geben, vorsichtig auf beiden Seiten bei mittlerer Hitze braten. Kann warm oder lauwarm serviert werden.

Dazu passt ein bunter Salat

Mexikanische Maissuppe

- 2 EL Maiskeimöl
- 1 kleine Zwiebel
- 1 Knoblauchzehe
- 2 Fleischtomaten, geschält
- 1 grüner Peperoni/Paprikaschote
- 2 Zuckermaiskolben oder
- 250 g Maiskörner aus dem Glas
- 8 dl/800 ml Gemüsebrühe
- 100 g Crème fraîche
- ½ Bund frischer Koriander oder frische Petersilie, fein gehackt

1 Zwiebel fein hacken. Bei den Tomaten Stielansatz entfernen, Gemüsefrüchte klein würfeln. Peperoni halbieren, Stielansatz und Kerne entfernen, Schoten in feine Streifen schneiden. Bei den Maiskolben zuerst Hüllblätter und Barthaare entfernen, dann die Maiskörner mit einem scharfen Messer dicht am Kolben abschneiden.

2 Zwiebeln im Maiskeimöl andünsten, Knoblauch dazupressen, Peperoni zugeben und mitdünsten, Tomaten und Maiskörner unterrühren, mit der Gemüsebrühe ablöschen, aufkochen, Suppe bei schwacher Hitze 20 Minuten köcheln lassen. Crème fraîche und Koriander unterrühren. Abschmecken.

Tipps Die Suppe wird sämiger, wenn man 1 bis 2 Esslöffel feinen Maisgrieß mitkocht. Mahlzeit mit einem bunten Salat beginnen, zur Suppe Brot servieren.

Kaninchenfilet mit Beerensauce

300 g Kaninchenrückenfilet
30 g feine luftgetrocknete Speckscheiben
Bratbutter/Butterschmalz
2 EL Portwein
1 dl/100 ml Fleischbrühe
Salz
frisch gemahlener Pfeffer
Muskatnuss
Zimtpulver
wenig frisch geriebener Meerrettich
4 EL Johannisbeergelee
20 g kalte Butterstückchen
Johannisbeeren

1 Kaninchenrücken mit Speckscheiben umwickeln, in der heißen Bratbutter rundum kräftig anbraten. Bräter in den auf 140 °C vorgewärmten Ofen schieben, Fleisch 15 Minuten weiterbraten, aus dem Bräter nehmen, Fleisch warm stellen.

2 Bratsatz mit dem Portwein auflösen, Fleischbrühe zugeben, aufkochen, würzen, Sauce ein wenig einköcheln lassen. Durch ein Saucensieb/Spitzsieb passieren. Johannisbeergelee unterrühren. Kurz vor dem Anrichten heiße Sauce mit gekühlten Butterstückchen leicht binden. Nicht mehr kochen.

3 Fleisch schräg in 15 mm dicke Scheiben schneiden. Mit der Johannisbeersauce auf vorgewärmten Tellern einen Spiegel gießen, Fleisch anrichten, mit Johannisbeeren garnieren.

Dazu passen Kartoffel- oder Teiggnocchi, Seite 105

Gemüse-Käse-Cake

für eine Cakeform von 26 cm Länge

für 4 Portionen

3 Toastbrotscheiben
½ dl/50 ml Milch
200 g Karotten
150 g feine grüne Bohnen
150 g Blumenkohl
1 Sträußchen Petersilie
100 g Champignons
1 EL Butter
Salz
frisch gemahlener Pfeffer
180 g geriebener Emmentaler Käse
4 Freilandeier
½ dl/50 ml Rahm/Sahne
Salz
frisch gemahlener Pfeffer

1 Brotscheiben entrinden und in der Milch einweichen.

2 Karotten schälen und in Scheiben schneiden. Stielansatz bei den Bohnen entfernen, Bohnen in kleine Stücke schneiden. Blumenkohl in kleine Röschen brechen. Karotten, Bohnen und Blumenkohl im Dampf knackig garen, unter kaltem Wasser abschrecken.

3 Petersilie von den Stielen zupfen und fein hacken. Pilze in Scheiben schneiden und in der Butter andünsten, Petersilie unterrühren, mit Salz und Pfeffer würzen.

4 Backofen auf 180 °C vorheizen.

5 Brot, Gemüse, Pilze und Käse vermengen. Eier und Rahm verquirlen, unter die Brotmasse rühren, würzen. Masse in die gefettete Cakeform satt einfüllen und glatt streichen.

6 Gemüse-Käse-Cake auf der untersten Schiene in den vorgeheizten Ofen schieben, bei 180 °C 60 Minuten backen. Cake auskühlen lassen, über Nacht kühl stellen.

Dazu passt eine Tomatensauce

Spaghetti mit Fisch und Sommergemüse

300 g Wels oder anderer fest kochender Fisch
wenig Zitronensaft
Meersalz
frisch gemahlener Pfeffer
Mehl zum Wenden
2 EL Olivenöl extra nativ

150–200 g Spaghetti

2 EL Olivenöl extra nativ
1 kleine Zwiebel
1 Knoblauchzehe
je ½ grüner und roter Peperoni/Gemüsepaprika oder 1 roter Peperoni/Gemüsepaprika
1 kleine Aubergine
1 kleiner Zucchino
1 Msp Safranfäden, in wenig Wasser eingeweicht
½ dl/50 ml Weißwein
½ dl/50 ml Gemüsebrühe,
1 kleine Fleischtomate
½ dl/50 ml Rahm/Sahne
1 Msp Mais- oder Kartoffelstärke
Salz
frisch gemahlener Pfeffer
fein gehackte Kräuter

frisch geriebener Sbrinz oder Parmesan nach Belieben

1 Wels in Würfel schneiden, mit Salz, Pfeffer und Zitronensaft würzen, sanft in das Fleisch einreiben.

2 Zwiebel und Knoblauchzehe fein hacken. Peperonihälften in Quadrate schneiden. Aubergine und Zucchino beidseitig kappen, würfeln. Tomate schälen, Stielansatz entfernen, Gemüsefrucht halbieren, entkernen und klein würfeln.

3 Zwiebeln, Knoblauch, Peperoni, Auberginen und Zucchini im Olivenöl unter häufigem Rühren andünsten, Safran zugeben, Hälfte des Weißweins und Gemüsebrühe zugeben, Gemüse bei schwacher Hitze knackig garen. Tomatenwürfelchen und Rahm unterrühren, Maisstärke mit restlichem Weißwein glatt rühren, unter die Sauce rühren, 2 Minuten köcheln lassen, mit Salz und Pfeffer abschmecken.

4 Spaghetti in reichlich Salzwasser al dente kochen, abgießen, mit dem Gemüse vermengen.

5 Fischwürfel im Mehl wenden, überschüssiges Mehl abschütteln, in einer beschichteten Bratpfanne im Olivenöl braten, mit den Spaghetti vermengen. Fein gehackte Kräuter unterrühren. Käse separat servieren.

Griechischer Salat mit grünen Bohnen und Feta

- 150 g grüne Bohnen
- 1 kleine Freilandgurke, ca. 150 g
- 1 grüner oder gelber Peperoni/ Paprikaschote
- 1–2 Tomaten
- 8 schwarze Oliven
- 2 EL gehackte glattblättrige Petersilie
- 100 g Feta

Sauce

- ½–1 Zitrone, 2 EL Saft
- 1 EL weißer Balsamico-Essig oder Weißweinessig
- Salz
- frisch gemahlener Pfeffer
- 4 EL Olivenöl extra nativ
- 1 Knoblauchzehe

1 Bei den Bohnen den Stielansatz wegschneiden, Bohnen im Dampf knackig garen, in ein Sieb geben, unter kaltem Wasser abschrecken, je nach Größe halbieren.

2 Gurke schälen, in Scheiben schneiden. Peperoni halbieren und entkernen, Hälften quer in feine Streifen oder in 2 cm große Quadrate schneiden. Bei den Tomaten Stielansatz entfernen, Gemüsefrüchte in Viertel oder Würfel schneiden.

3 Sauce zubereiten, Knoblauchzehe dazupressen.

4 Zutaten, ohne Feta, mit der Sauce vermengen. Käse darüber verteilen.

Dazu passen Vollkornbrot oder Baguette

Kartoffel-Zucchetti-Gratin

400 g mittelgroße fest kochende Kartoffeln
1 mittelgroßer Zucchetti, zum Aushöhlen
1 TL Butter
1 Hand voll Gartenkräuter
1 kleine Zwiebel
1 dl/100 ml Rahm/Sahne
Salz
frisch gemahlener Pfeffer
50 g geriebener Gruyère

1 Kartoffeln in der Schale im Dampf knapp weich garen.

2 Zucchetti längs halbieren, großzügig aushöhlen. Ausgehöhltes Fruchtfleisch klein hacken. Zucchettihälften im Dampf knapp weich garen.

3 Die Zucchettihälften in eine eingefettete Gratinform legen. Kartoffeln schälen, in Scheiben schneiden, in die Zucchetti schichten.

4 Backofen auf 250 °C vorheizen.

5 Gartenkräuter in feine Streifen schneiden. Zwiebel fein hacken, mit klein gehacktem Zucchettifleisch in der Butter ein paar Minuten dünsten, Rahm und Kräuter unterrühren, mit Salz und Pfeffer würzen, über die Kartoffeln verteilen. Mit dem Käse bestreuen.

6 Das Gratin in der Mitte in den Ofen schieben, bei 250 °C einige Minuten überbacken.

Zitronen-Curry-Kalbsschnitzel mit Melonen-Salsa

4 Kalbsschnitzel, je 60–70 g
1 EL Olivenöl extra nativ

Marinade

¼ unbehandelte Zitrone, abgeriebene Schale und Saft
½ TL Tabascosauce
½ TL Currypulver Madras, scharf
1 TL Sojasauce
1 EL Olivenöl extra nativ

Melonen-Salsa

½ kleine Honigmelone
1 roter oder gelber Peperoni/Paprikaschote
1 kleine rote Zwiebel, fein gehackt
1 TL fein gehackte Pfefferminzblättchen
1 kleiner roter Peperoncino/Chilischote
¼ Zitrone, Saft
1 Msp Salz

1 Zutaten für die Marinade verrühren. Kalbsschnitzel damit beidseitig bepinseln, zugedeckt 15 Minuten marinieren.

2 Backofen auf 70 °C vorheizen. Eine Platte und zwei Teller vorwärmen.

3 Für die Salsa Melone entkernen und halbieren, Fruchtfleisch von der Schale schneiden und klein würfeln. Peperoni längs halbieren, Stielansatz und Kerne entfernen, Fruchthälften in kleine Quadrate schneiden. Peperoncino aufschneiden, entkernen und fein hacken. Alle Zutaten vermengen, kühl stellen.

4 Marinade vom Fleisch abstreifen. Ein wenig Olivenöl in einer Grill- oder in einer beschichteten Bratpfanne erhitzen, Kalbsschnitzel portionsweise beidseitig etwa 1 Minute braten. Auf die vorgewärmte Platte legen, etwa 15 Minuten im Ofen gar ziehen lassen. Das Fleisch kann im 60 °C warmen Ofen bis zu 15 Minuten warm gehalten werden.

5 Kalbsschnitzel mit der Melonen-Salsa anrichten, sofort servieren.

Dazu passt frisches Weißbrot, z. B. Fladenbrot

Pizza mit Pilzen

für 2 Pizzas

Pizzateig

350 g Weiß- oder Ruchmehl/ Type 1050
½ TL Salz
1 EL Olivenöl extra nativ
1 Hefewürfel (42 g)
ca. 2½ dl/250 ml lauwarmes Wasser

Belag

2 EL Olivenöl extra nativ
200 g frische Steinpilze oder andere frische Pilze
Salz
frisch gemahlener Pfeffer
1 EL Tomatenpüree
1–2 mittelgroße Tomaten, in Scheiben
entsteinte grüne Oliven
100 g Mozzarella, gehackt
Oregano
Olivenöl extra nativ zum Beträufeln
Rucola

1 Für den Teig Mehl in eine Schüssel geben und eine Vertiefung drücken, Salz auf den Rand streuen, Olivenöl über das Mehl träufeln, zerbröckelte Hefe in die Vertiefung geben. Nach und nach lauwarmes Wasser und Mehl unter die Hefe rühren. Zu einem Teig zusammenfügen, auf der Arbeitsfläche 10 Minuten kräftig kneten. Teig in die Schüssel legen, diese mit einem feuchten Tuch zudecken, Hefeteig mindestens 30 Minuten gehen lassen.

2 Für den Belag Pilze putzen, in Scheiben schneiden. Bratpfanne aufheizen, Olivenöl zufügen, Pilze bei starker Hitze kurz braten, mit Salz und Pfeffer würzen.

3 Backofen auf 220 °C vorheizen.

4 Teig halbieren, 2 Rondellen von 30 cm Durchmesser ausrollen oder von Hand dünn ausziehen. Tomatenpüree darauf ausstreichen. Pilze, Tomaten und Oliven darauf verteilen. Oregano und Mozzarella darüber streuen. Würzen. Mit Olivenöl beträufeln.

5 Pizzas auf mittlerer Schiene in den Ofen schieben, bei 220 °C 15 Minuten backen. Mit Rucola garnieren.

Dinkelgrießsuppe

1–2 EL Olivenöl extra nativ oder kalt gepresstes Rapsöl
1 große Karotte
1 kleine Lauchstange
3–4 EL Grieß
frischer oder getrockneter Majoran
6 dl/600 ml Gemüsebrühe
Kürbiskernöl zum Beträufeln
2 EL trocken geröstete Kürbiskerne

1 Karotte schälen und klein würfeln. Beim Lauch grobfasrige Blätter entfernen, Stange in Streifchen schneiden.

2 Karotten und Lauch im Olivenöl andünsten, Grieß zugeben, kurz mitdünsten, mit der Gemüsebrühe ablöschen. Getrockneten Majoran mitkochen, frische Kräuter erst am Schluss zugeben. Suppe 10 bis 15 Minuten köcheln lassen, von Zeit zu Zeit rühren.

3 Grießsuppe anrichten, mit dem Kürbiskernöl beträufeln, mit frischem Majoran und Kürbiskernen garnieren.

Gefüllte Peperoni Suppe als Vorspeise servieren und als Hauptgang gefüllte Peperoni/Paprikaschoten. Dazu 2 Peperoni/Paprikaschoten halbieren, Stielansatz und Kerne entfernen, in eine Gratinform stellen. 2 Fleischtomaten schälen, Stielansatz entfernen, Tomaten grob hacken, mit Salz und Pfeffer, 2 durchgepressten Knoblauchzehen und reichlich fein geschnittenem Basilikum würzen, in die Peperoni füllen, wenig Olivenöl darüber träufeln. Peperoni im Ofen bei 180 °C 45 Minuten schmoren. Etwa 10 Minuten vor Ende der Backzeit 70 g frisch geriebenen Parmesan auf die Tomaten verteilen. Vor dem Servieren mit Basilikum garnieren.

Spaghetti alla Carbonara

200 g Spaghetti
2 Eigelbe von Freilandeiern
1 EL Rahm/Sahne
1 TL warmes Wasser
2 EL frisch geriebener Parmesan
Salz
frisch gemahlener Pfeffer
2 EL Olivenöl extra nativ
30 g Pancetta

1 Eigelbe, Rahm und Wasser in einer Schüssel gut verrühren, Parmesan unterrühren, mit Salz und Pfeffer würzen.

2 Pancetta in feine Streifen schneiden, im Olivenöl braten.

3 Spaghetti in einem großen Kochtopf in reichlich Salzwasser al dente kochen, abgießen.

4 Spaghetti mit der Eier-Käse-Mischung und der Pancetta vermengen. Sofort servieren.

Fischburger

für 6 kleine Burger

- 250 g Fischfilets, z. B. Zander oder Lachs oder Thunfisch
- 1 Freilandei
- 2 EL gehackte glattblättrige Petersilie
- wenig zerriebener getrockneter Peperoncino/Pfefferschote, nach Belieben
- 2 EL Mehl
- Salz
- frisch gemahlener Pfeffer

- 2 EL Olivenöl zum Braten

1 Fisch in Stücke schneiden, mit Ei, Petersilie, Peperoncino und Mehl im Cutter kurz mixen.

2 Olivenöl in einer beschichteten Bratpfanne bei mittlerer Hitze erwärmen, Fischmasse mit dem Eisportionierer abstechen, in die Bratpfanne geben, etwas flach drücken, Fischburger bei mittlerer Hitze beidseitig je 5 Minuten braten.

Variante Fisch durch Pouletbrustfilet ersetzen

Dazu passen gedünstetes Gemüse und ein bunt gemischter Blattsalat

Salat aus grünen Bohnen und Kartoffeln

300 g fest kochende Kartoffeln
300 g zarte grüne Bohnen
2 dl/200 ml Gemüsebrühe

Sauce
2 EL Apfelessig
ca. 2 EL frisch gepresster Zitronensaft
1 TL Senf, nach Belieben
4–5 EL Olivenöl extra nativ, oder halb Olivenöl/halb Sonnenblumenöl oder Rapsöl
Salz
frisch gemahlener Pfeffer
Instant-Gemüsebrühepulver
reichlich gehackte glattblättrige Petersilie
wenig gehacktes Bohnenkraut

1 Kartoffeln in der Schale im Dampf weich garen, noch warm schälen und in Scheiben schneiden.

2 Stielansatz der Bohnen wegschneiden, im Dampf knackig garen, mit kaltem Wasser abschrecken.

3 Sauce zubereiten, würzen, Kräuter unterrühren.

4 Grüne Bohnen und Kartoffeln mit der Sauce vermengen, 30 Minuten ziehen lassen.

Dazu passsen zusätzlich pro Person 50 g Fetakäse aus Schafmilch untermischen. Schwarze Oliven und halbierte Cherrytomaten passen ebenfalls dazu.

Frischkäsesoufflé

für 4 Soufflés

200 g mehlig kochende Kartoffeln
4 Freilandeier, Eigelb und Eiweiß getrennt
4 EL Olivenöl extra nativ oder 40 g weiche Butter
150 g Frischkäse
3 EL fein gehackte Kräuter
3 EL geriebener Käse
frisch gemahlener Pfeffer
Salz

weiche Butter für die Förmchen

1 Kartoffeln schälen, in Würfel schneiden, im Dampf weich garen, noch heiß mit einer Gabel zerdrücken.

2 Backofen auf 180 °C vorheizen. Souffléförmchen mit weicher Butter einfetten.

3 Eigelbe, Olivenöl, Frischkäse, Kräuter und geriebenen Käse mit den Kartoffeln vermengen, würzen. Eiweiß steif schlagen und unterziehen. Masse in die Förmchen füllen.

4 Förmchen auf der zweituntersten Schiene in den Ofen schieben, Soufflés bei 180 °C etwa 30 Minuten backen. Sofort servieren.

Dazu passen Bohnensalat oder bunter Mischsalat

Kürbisauflauf provençale

400 g fruchtiges Kürbisfleisch
½ dl/50 ml Olivenöl extra nativ
1 kleine Zwiebel, fein gehackt
½ grüner Peperoni/Paprikaschote
2 feste Tomaten, geschält und gewürfelt

Guss

1 Freilandei
1 dl/100 ml Rahm/Sahne
70 g geriebener Parmesan oder Pecorino
2 EL Vollkornbrotbrösel oder Paniermehl
Kräutersalz
frisch gemahlener Pfeffer
reichlich frische Kräuter, z. B. Thymian und Rosmarin, fein gehackt
50 g entsteinte schwarze Oliven

1 Kürbisfleisch in mittelgroße Würfel schneiden. Peperoni entkernen, klein würfeln.

2 Kürbis in einem Esslöffel Olivenöl andünsten, in eine kleine eingefettete Gratinform füllen und leicht salzen.

3 Zwiebeln und Peperoni in der Kürbispfanne im restlichen Olivenöl andünsten, Tomaten kurz mitdünsten, mit dem Kürbis vermengen.

4 Backofen auf 200 °C vorheizen.

5 Ei und Rahm verrühren, die Hälfte des Parmesans unterrühren, mit Salz und Pfeffer abschmecken, Guss über das Gemüse gießen. Restlichen Käse, Brotbrösel und Kräuter mischen. Über den Auflauf verteilen. Oliven darüber streuen.

6 Kürbisauflauf in der Mitte in den Ofen schieben, bei 200 °C 35 bis 45 Minuten backen.

Kaninchenfilet mit Zwetschgen-Pilz-Ragout

250 g Zwetschgen
1½ EL Zucker
2 EL Apfelessig
1 dl/100 ml Apfelwein
1 Msp Zimtpulver
1 Prise Nelkenpulver
25 g kalte Butterstückchen
Salz
frisch gemahlener Pfeffer

10 g Bratbutter/Butterschmalz
100 g Eierschwämmchen/Pfifferlinge
250–300 g Kaninchenfilet

1 Bund Schnittlauch für die Garnitur

1 Zwetschgen halbieren und entsteinen, den Stielansatz wegschneiden. Eierschwämmchen mit einem trockenen Tuch abreiben.

2 Zucker in einem Kochtopf karamellisieren, mit Essig und Apfelwein ablöschen, köcheln lassen, bis sich der Karamell aufgelöst hat, mit Zimt- und Nelkenpulver würzen, Zwetschgen zugeben, bei schwacher Hitze ein paar Minuten köcheln, mit einem Schaumlöffel herausnehmen.

3 Karamellsauce auf 2 Esslöffel Flüssigkeit einkochen lassen. Nach und nach kalte Butterstückchen einrühren, mit Salz und Pfeffer abschmecken. Zwetschgen zugeben.

4 Bratbutter in einer Bratpfanne erhitzen, Pilze kräftig anbraten, zu den Zwetschgen geben. Kaninchenfilets mit Salz und Pfeffer würzen, in der Pilzpfanne 5 Minuten braten.

5 Die Kaninchenfilets aufschneiden und auf vorgewärmten Tellern anrichten. Mit dem Zwetschgen-Pilz-Ragout und der Sauce umgeben. Mit dem fein geschnittenem Schnittlauch bestreuen.

Dazu passen Nudeln

Reis mit Lauch und Bergkäse

- 1 EL Olivenöl extra nativ
- 1 kleine Zwiebel
- 1 Knoblauchzehe
- 100 g Langkornreis
- ¾ dl/75 ml Weißwein
- ca. 2 dl/200 ml Wasser
- Instant-Gemüsebrühepulver
- frisch gemahlener Pfeffer

- 1 EL Olivenöl extra nativ
- 200 g Lauch

- 50 g Crème fraîche
- 50 g geriebener Bergkäse

1 Zwiebel und Knoblauchzehe fein hacken, im Olivenöl andünsten, Reis zugeben, mitdünsten, mit Weißwein und Wasser ablöschen, aufkochen, bei schwacher Hitze bissfest garen.

2 Grobfasrige Blätter beim Lauch entfernen, Stange längs halbieren, in Streifen schneiden, im Olivenöl knackig dünsten.

3 Lauch unter den Reis geben, kurz köcheln lassen, würzen mit Gemüsebrühepulver und Pfeffer.

4 Crème fraîche und Bergkäse unterrühren. Sofort servieren.

Bunter Salat mit Thunfisch

150 g grüne Bohnen
2 Tomaten oder
8 Cherrytomaten
1 Bund Rucola, ca. 80 g
1 Cicorino rosso/Radicchio di Verona
1 kleine rote oder weiße Zwiebel
200 g Thunfisch
frisch gemahlener schwarzer Pfeffer

Sauce
½–1 Zitrone
wenig Balsamico-Essig
Salz
frisch gemahlener Pfeffer
ca. 4 EL Olivenöl extra nativ

1 Bei den Bohnen den Stielansatz wegschneiden, im Dampf knackig garen, Bohnen in ein Sieb geben und unter kaltem Wasser abschrecken, je nach Größe halbieren.

2 Stielansatz bei den Tomaten kreisförmig herausschneiden, vierteln oder achteln. Cherrytomaten halbieren. Rucola in Streifen schneiden. Cicorino rosso längs halbieren, in breite Streifen schneiden. Zwiebel in Ringe schneiden.

3 Zutaten, ohne Thunfisch, mit der Sauce vermengen. Fisch zerpflücken und darüber verteilen. Mit Pfeffer würzen.

Dazu passt knuspriges Brot

Blumenkohl-Brokkoli-Curry mit Cashewnüssen

1 EL Sesamöl
oder Olivenöl extra nativ
1 kleine Zwiebel, gehackt
500–600 g Brokkoli- und Blumenkohlröschen, gemischt
1 TL mittelscharfes Currypulver
½ TL Green-Curry-Paste
2½ dl/250 ml fettfreie Gemüsebrühe
1 dl/100 ml Kokosnussmilch
Salz
1 EL trocken geröstete Cashewkerne

Zwiebeln im Öl andünsten, Blumenkohl- und Brokkoliröschen zugeben, Curry darüber streuen. Gemüsebrühe zugeben, aufkochen, bei schwacher Hitze etwa 6 Minuten köcheln lassen. Kokosnussmilch zugeben, weitere 6 Minuten köcheln lassen. Das Gemüse soll noch Biss haben. Mit Salz abschmecken. Mit den gerösteten Kernen bestreuen.

Tipp Mit Ofenkartoffeln oder Reis servieren.

Fischknusperli

für 3 bis 4 Portionen

500 g Felchenfilets mit Haut
Mehl zum Wenden

Marinade
2 dl/200 ml Milch
2 TL Worcestersauce
3 TL Zitronensaft
1 TL Salz
1 Prise frisch gemahlener weißer Pfeffer

Ausbacköl

Garnitur
Zitronenschnitze
2 Sträußchen Petersilie

1 Felchenfilets in etwa 15 mm dicke und 5 bis 7 cm lange Streifen schneiden.

2 Ausbacköl auf 150 °C erhitzen.

3 Zutaten für die Marinade verquirlen. Die Fischstreifen in die Marinade tauchen, jeweils 3 bis 4 Stück, herausnehmen und abtropfen lassen, in einer Schüssel mit Mehl wenden. Mehl von Hand leicht anklopfen, bis der Fisch von einem dünnen Film umhüllt ist. In kleinen Portionen 3 Minuten schwimmend vorbacken. Auf Küchenpapier abtropfen lassen.

4 Ausbacköl auf 180 °C erhitzen.Vorgebackene Knusperli in kleinen Portionen 2 Minuten schwimmend fertig backen. Auf Küchenpapier abtropfen lassen. Eventuell leicht salzen.

5 Petersilie mit Stiel im Ausbacköl 10 bis 15 Sekunden backen, auf Küchenpapier abtropfen lassen.

6 Knusperli mit Zitronenschnitzen und gebackener Petersilie anrichten.

Dazu passen Mayonnaise/Kräutermayonnaise, im Dampf gegarte Kartoffeln, Blattsalat

Grießherzen auf Beeren

100 g Grieß
3½ dl/350 ml Milch
40 g Rosinen
1 EL milder Honig, z. B. Akazien- oder Orangenblütenhonig
1 Freilandei
3 EL Grieß
Bratbutter/Butterschmalz zum Braten
1 TL Zimtpulver
2 EL Akazienblüten- oder Orangenblütenhonig
Beeren
500–600 g gemischte Beeren
Honig nach Belieben

1 Grieß, Milch, Rosinen und Honig unter Rühren aufkochen, bei schwacher Hitze unter ständigem Rühren köcheln, bis die Masse von breiiger Konsistenz ist. Rücken eines rechteckigen Backblechs mit Butter einfetten. Grießbrei auf dem Blechrücken 10 bis 15 mm dick ausstreichen. Auskühlen lassen.

2 Die Hälfte der Beeren pürieren, eventuell durch ein Sieb (Chromstahlsieb) streichen. Mit Honig süßen.

3 Aus der erkalteten Grießmasse Herzen ausstechen und diese zuerst im verquirlten Ei, dann im Grieß wenden, in der Bratbutter beidseitig braten.

4 Beerenpüree auf Teller verteilen, ganze Früchte dazugeben, Grießherzen darauf anrichten. Zimt und Honig verrühren, über die Grießherzen träufeln.

Tofu «Stroganoff»

- 200 g Tofu
- 2–3 EL Sojasauce
- frisch gemahlener Pfeffer
- reichlich Paprikapulver
- 1 EL Bratbutter/Butterschmalz
- 1 kleine Zwiebel
- 1 kleiner roter Peperoni/ Paprikaschote
- 100 g Champignons
- 1 dl/100 ml Wasser
- 1 Essiggurke
- glattblättrige Petersilie
- ½ dl/50 ml Rotwein
- ½ dl/50 ml Rahm/Sahne
- 1 EL Cognac
- 1 TL Maisstärke

1 Tofu in Würfel schneiden, mit der Sojasauce und einigen Umdrehungen Pfeffer aus der Mühle würzen, etwa 30 Minuten marinieren.

2 Zwiebel in Streifen schneiden. Peperoni halbieren, Stielansatz und Kerne entfernen, in Streifen schneiden. Champignons vierteln. Essiggurke in Streifen schneiden. Petersilie von den Stielen zupfen, fein hacken.

3 Zwiebeln in Rührbratpfanne oder beschichteter Bratpfanne in der Bratbutter andünsten, Tofu, Peperoni und Pilze mitdünsten, Wasser zugeben, bei schwacher Hitze 10 Minuten köcheln lassen. Gurken, Petersilie und Rotwein unterrühren, kurz köcheln lassen. Rahm zugeben, mit Cognac abschmecken, mit Salz und Pfeffer abrunden. Die Sauce je nach Konsistenz mit der mit Wasser angerührten Maisstärke binden.

Dazu passen Reis oder Nudeln

Kartoffel-Bohnen-Speck-Eintopf

1 EL Butter
70 g Speckwürfelchen
1 mittelgroße Zwiebeln, fein gehackt
100 g gemischtes Gemüse, z. B. Karotten, Sellerie, Lauch, klein gewürfelt
300 g kleine Frühkartoffeln
200 g feine grüne Bohnen
1 durchgepresste Knoblauchzehe
³⁄₄ l Gemüsebrühe
1 TL fein gehacktes Bohnenkraut
100 g Sauerrahm/saure Sahne
Salz
frisch gemahlener schwarzer Pfeffer
100 g Brotwürfelchen, in der Butter geröstet

1 Kartoffeln mit Schale vierteln und in kaltes Wasser legen. Bei den Bohnen den Stielansatz entfernen, je nach Größe halbieren.

2 Speck in der Butter braten, Zwiebeln und Gemüsewürfelchen zugeben und andünsten, Kartoffeln, Bohnen, Knoblauch und Gemüsebrühe zugeben, aufkochen. Bohnenkraut zugeben, bei schwacher Hitze kochen, bis die Kartoffeln weich sind. Sauerrahm unterrühren, würzen. Mit gerösteten Brotwürfelchen bestreuen.

Nussknöpfli mit grünen Bohnen

für 4 Personen

350 g Weiß- oder Ruchmehl
75 g geriebene Baumnüsse/Walnüsse
1 ½ TL Salz
2 dl/200 ml Milch
4 Freilandeier
1 ½ EL Baumnussöl/Walnussöl

2–3 EL Olivenöl extra nativ oder halb Olivenöl/halb Walnussöl
abgezupfte Thymianblättchen oder gehackte Rosmarinnadeln
600 g grüne Bohnen
2 mittelgroße rote Zwiebeln

geriebener Pecorino oder Sbrinz

1 Für den Knöpfliteig Mehl, geriebene Nüsse und Salz mischen, Milch, Eier und Nussöl nach und nach zugeben, Teig rühren, bis er Blasen wirft. Zugedeckt 30 Minuten ruhen lassen.

2 Stielansatz bei den Bohnen abschneiden, über Dampf knackig garen, in ein Sieb geben, unter kaltem Wasser abschrecken, je nach Größe halbieren.

3 Für die Knöpfli in einem großen Kochtopf reichlich Salzwasser erhitzen. Teig portionsweise durch das Knöpflisieb streichen, Knöpfli an die Oberfläche steigen lassen, mit Schaumlöffel herausnehmen, unter kaltem Wasser abschrecken (gibt den Knöpfli eine feste Konsistenz und verhindert das Verkleben).

4 Zwiebeln halbieren, in möglichst feine Streifen schneiden, in einer weiten Bratpfanne in einem Esslöffel Olivenöl braten.

5 Restliches Olivenöl in der Zwiebelpfanne erhitzen, die Knöpfli zugeben und bei mittlerer Hitze braten. Kräuter, Bohnen und Zwiebeln zugeben, 2 bis 3 Minuten weiterbraten. Anrichten. Käse separat servieren.

September

Thunfischspieß mit Cherrytomaten und Zitronen

für 2–4 Spießchen, je nach Größe

400 g rosa Thun- oder Schwertfisch
12–15 Cherrytomaten
6 Knoblauchzehen
einige frische Lorbeerblätter, nach Belieben
1 unbehandelte Zitrone

Marinade

1 Zitrone, Saft
1 Knoblauchzehe, durchgepresst
frischer Oregano oder Majoran
2–4 EL Olivenöl extra nativ
1 Msp fein gehackter roter Peperoncino/Chilischote, nach Belieben
Salz

Peperonisauce

1 EL fein gehackte grüne Oliven, nach Belieben
je 1 roter und gelber Peperoni/Paprikaschote
1 EL Kapern
3 EL Olivenöl extra nativ
1–2 EL fein gehackte glattblättrige Petersilie
Salz, frisch gemahlener Pfeffer

1 Marinade zubereiten.

2 Thunfisch in Würfel schneiden, mit der Marinade beträufeln, 1 Stunde marinieren.

3 Für die Sauce ganze Peperoni im Ofen bei 220 °C etwa 30 Minuten backen, bis die Haut fast schwarz ist und Blasen wirft. Aus dem Ofen nehmen. Peperoni mit einem feuchten Tuch zudecken, abkühlen lassen, schälen, Früchte halbieren, Stielansatz und Kerne entfernen, Hälften fein hacken, mit restlichen Zutaten mischen, mit Salz und Pfeffer abschmecken.

4 Geschälte Knoblauchzehen für die Spießchen in wenig Salzwasser während etwa 4 Minuten bissfest kochen. Zitrone beidseitig kappen, in 3 bis 4 Scheiben schneiden, vierteln.

5 Fischwürfel, Cherrytomaten, Knoblauch, Lorbeerblätter und Zitronenstücke abwechselnd auf Spießchen reihen.

6 Fischspießchen auf dem Grill oder in einer Grillpfanne oder im Backofen bei 250 °C Ober- und Unterhitze oder bei 220 °C Umluft 10 Minuten braten.

Peperonisauce passt auch hervorragend zu Teigwaren oder als Aufstrich zu Crostini (geröstete Brotscheiben)

Griechische Bohnensuppe

2 EL Olivenöl extra nativ
1 kleine Zwiebel
1 große Karotte
Lorbeerblatt
120 g große getrocknete weiße Bohnen (Saubohnen)
1–1,3 l Gemüsebrühe
3 Tomaten
frisch gemahlener Pfeffer
2 EL gehackte glattblättrige Petersilie
Olivenöl extra nativ zum Beträufeln

1–2 EL geriebener Käse, nach Belieben

1 Bohnen über Nacht in reichlich Wasser einweichen, Wasser anderntags weggießen.

2 Zwiebel fein hacken. Karotte schälen und in 5 mm große Würfel schneiden. Tomaten schälen, Stielansatz kreisförmig herausschneiden, klein würfeln.

3 Zwiebeln und Karotten im Olivenöl andünsten, Lorbeerblatt und weiße Bohnen zugeben, mit der Gemüsebrühe auffüllen, 1 Stunde oder länger köcheln lassen, bis die Bohnen weich sind. Tomatenwürfel zugeben, weitere 10 Minuten köcheln lassen. Mit Pfeffer abschmecken.

4 Bohnensuppe anrichten, Petersilie darüber streuen. Käse separat servieren.

Hirsotto auf Ratatouille

Hirsotto

80 g Hirsotto
1½ dl/150 ml schwache Gemüsebrühe
1 EL Olivenöl extra nativ

Ratatouille

2 EL Olivenöl extra nativ
1 kleine Zwiebel
1 Knoblauchzehe
2 kleine Zucchini
je 1 gelber und roter Peperoni/Paprikaschote
½ TL Kräuter der Provence
1 dl/100 ml Gemüsebrühe
2 Tomaten
Kräutersalz
frisch gemahlener Pfeffer

Basilikum für die Garnitur

1 Hirsotto mit der Gemüsebrühe unter Rühren aufkochen, auf der ausgeschalteten Wärmequelle 15 Minuten oder länger ausquellen lassen.

2 Zwiebel und Knoblauchzehe fein hacken. Zucchini mit Schale klein würfeln. Peperoni halbieren, Stielansatz und Kerne entfernen, Schotenhälften klein würfeln. Tomaten schälen, Stielansatz entfernen, klein würfeln.

3 Zwiebeln, Knoblauch, Zucchini, Peperoni und Kräuter im Olivenöl andünsten, Gemüsebrühe zugeben, bei schwacher Hitze 10 Minuten köcheln lassen. Tomaten zufügen, ein paar Minuten köcheln. Mit Kräutersalz und Pfeffer abschmecken.

4 Hirsotto unter Rühren erhitzen, eventuell braucht es dazu ein wenig Gemüsebrühe, mit dem Olivenöl verfeinern, mit einem Esslöffel portionieren, d. h. Klößchen abstechen, auf der Ratatouille anrichten, mit Basilikum garnieren.

Ungarisches Gulasch

für 4 Portionen

3 EL Bratbutter/Butterschmalz
800 g Ragout vom Rind
800 g Zwiebeln
4 Knoblauchzehen
1 unbehandelte Zitrone, abgeriebene Schale
2 TL Kümmelsamen
2 TL getrockneter Majoran
2 EL scharfes Paprikapulver
400 g Pelati (Dose), Stielansatz entfernt, gewürfelt
3 dl/300 ml kräftige Fleischbrühe
Salz
frisch gemahlener schwarzer Pfeffer
500 g mittelgroße fest kochende Kartoffeln
je 1 roter, gelber und grüner Peperoni/Paprikaschote
Salz

1 Zwiebeln halbieren und quer in Scheiben schneiden.

2 Rindfleisch und Zwiebeln im Brattopf in der Bratbutter in Portionen anbraten, rund 5 Minuten, wieder in den Brattopf füllen, Knoblauchzehen dazupressen, Zitronenschalen, Gewürze, Pelati und Fleischbrühe zugeben, erhitzen, Gulasch bei schwacher Hitze rund 1 Stunde schmoren. Mit Salz und Pfeffer kräftig abschmecken.

3 Peperoni mit dem Sparschäler schälen, halbieren, Stielansatz und Kerne entfernen, Schotenhälften quer in gut 5 mm breite Streifen schneiden. Kartoffeln schälen, längs halbieren. Peperoni und Kartoffeln zum Eintopf geben, weitere 20 bis 30 Minuten bei schwacher Hitze kochen, bis die Kartoffeln gar sind.

Nudeln mit Pilzen und Tomaten

150–200 g Nudeln
1 EL Olivenöl extra nativ
200–300 g Pilze, z. B. Shiitake, Austernpilze oder eine Pilzmischung
1 Knoblauchzehe
1 Hand voll glattblättrige Petersilie
2 EL geröstete Pinienkerne
10 Cherrytomaten
4 EL Olivenöl extra nativ
Kräutermeersalz
frisch gemahlener Pfeffer

1 Nudeln in reichlich Salzwasser al dente kochen, abgießen und mit kaltem Wasser abschrecken.

2 Pilze putzen, je nach Größe ganz lassen oder in breite Streifen schneiden. Knoblauchzehe fein hacken oder durchpressen. Petersilie von den Stielen zupfen und hacken. Stielansatz bei den Cherrytomaten entfernen, Gemüsefrüchte halbieren.

3 Pilze im Olivenöl einige Minuten braten, Knoblauch, Petersilie und Pinienkerne unterrühren. Nudeln, Tomaten und Olivenöl zufügen, erhitzen, mit Kräutersalz und Pfeffer abschmecken.

Meeresfrüchtesalat mit Oliven und Rucola

200 g gemischte Meeresfrüchte
200 g fest kochender Fisch, z. B. Petersfisch oder Meerwolf, gewürfelt
30 g entsteinte schwarze Oliven
je 1 kleiner roter und gelber Peperoni/Paprikaschote
2 kleine, feste Tomaten
wenig Stangensellerie
½ Bund Rucola

Sauce

½ Zitrone, Saft
1 TL Balsamico-Essig
Salz
frisch gemahlener Pfeffer
3 EL Olivenöl nativ extra
1 Knoblauchzehe

1 Meeresfrüchte und Fischwürfel im Dämpfeinsatz 5 bis 10 Minuten garen. Abkühlen lassen.

2 Peperoni halbieren, Stielansatz und Kerne entfernen, Hälften in Quadrate schneiden. Stielansatz der Tomaten kreisförmig herausschneiden, Gemüsefrüchte vierteln. Stangensellerie in feine Scheiben schneiden.

3 Sauce zubereiten, Knoblauchzehe dazupressen.

4 Sämtliche Zutaten, außer Rucola, mit der Sauce vermengen. Marinieren.

5 Kurz vor dem Servieren den von den Stielen gezupften, grob geschnittenen Rucola untermischen.

Variante Für die Sauce 2 Esslöffel Olivenöl und 1 EL Limonenöl nehmen.

Maisblinis mit Lachs

für 12 Blinis

je 70 g feines Maismehl und Weißmehl
½ TL Salz
1 TL phosphatfreies Backpulver
2 dl/200 ml Milch
2 Freilandeier
1 EL Olivenöl extra nativ
200–300 g geräucherter Lachs

Mais-Jogurt-Raita
½ TL Senfkörner
1 EL Olivenöl extra nativ
50 g Zuckermaiskörner aus dem Glas
1 TL fein gehackter Ingwer
1 Knoblauchzehe
1 Becher Jogurt natur
Kreuzkümmelpulver, Salz
frisch gemahlener Pfeffer
1 Prise Currypulver
1 Prise Kurkuma/Gelbwurz
(für die Farbe)

Olivenöl zum Braten

1 Mehle, Salz und Backpulver in einer Teigschüssel mischen, Milch, Eier und Olivenöl zugeben, glatt rühren. Den Teig 30 Minuten quellen lassen.

2 In einer beschichteten Bratpfanne wenig Öl erhitzen, Teig esslöffelweise in die Pfanne geben und Blinis ausbacken.

3 Für die Sauce Senfkörner im heißen Olivenöl wenden, bis sie platzen. Senfkörner, Maiskörner, Ingwer und durchgepresste Knoblauchzehe unter den Jogurt rühren, würzen.

4 Blinis mit Lachs belegen. Sauce separat servieren.

Varianten Auch Schlagrahm/-sahne mit frisch geriebenem Meerrettich oder Avocadopüree mit Tomatenwürfelchen und fein geschnittener Rucola passen zu den Blinis.

Dazu passt ein bunt gemischter Salat

Tomaten-Kartoffel-Gratin

300–400 g fest kochende Kartoffeln
2–3 Tomaten, je nach Größe
1 mittelgroße Zwiebel
1 EL Olivenöl extra nativ
2 EL gehackter Majoran
Salz
frisch gemahlener Pfeffer
1½ dl/150 ml Gemüsebrühe
1 dl/100 ml Weißwein
100 g grob geraffelter (Röstiraffel), reifer Walliser Käse oder Reibkäse

1 Kartoffeln schälen und in 3 mm dicke Scheiben schneiden. Tomaten schälen, Stielansatz entfernen, in Spalten oder Scheiben schneiden.

2 Backofen auf 200 °C vorheizen.

3 Zwiebeln fein hacken und im Olivenöl andünsten. Eine Gratinform einfetten, zuerst Zwiebeln, dann Kartoffeln in der Form verteilen, mit Majoran, Salz und Pfeffer würzen. Tomaten darauf legen. Gemüsebrühe und Weißwein darüber gießen.

4 Tomaten-Kartoffel-Gratin auf mittlerer Schiene in den Ofen schieben, bei 200 °C 40 Minuten backen. Käse 10 Minuten vor Ende der Backzeit darüber verteilen.

Zwetschgen im Hackfleischmantel mit Zwetschgensauce

8 Zwetschgen

Fleischklößchen

1 mittelgroße Zwiebel

½ Bund Petersilie

1 Scheibe altbackenes Brot

70 g Bratspeckscheiben oder Bacon

1 EL weiße Sesamsamen

220 g gehacktes mageres Schweinefleisch

1 Freiland

Salz, frisch gemahlener Pfeffer

Zwetschgensauce

4 Zwetschgen

2 dl/200 ml Apfelwein

1 Prise Zimtpulver

1 Prise Nelkenpulver

5 EL Vollrohrzucker

4 EL Apfelessig

Salz, frisch gemahlener Pfeffer

Bratbutter/Butterschmalz zum Braten

1 Zwetschgen halbieren und entsteinen, Stielansatz wegschneiden.

2 Für den Hackfleischmantel Zwiebel, abgezupfte Petersilie, Brot und Speck fein hacken. Sesamsamen in einer Pfanne trocken rösten. Alle Zutaten gut vermengen und durchkneten, mit Salz und Pfeffer würzen.

3 Aus der Fleischmasse 8 Klößchen formen, 2 Zwetschgenhälften in jeweils jedes Klößchen einarbeiten.

4 Für die Sauce Zwetschgen halbieren und entsteinen, Stielansatz wegschneiden, Fruchthälften nochmals halbieren. Übrige Zutaten aufkochen und bei starker Hitze auf die Hälfte einkochen lassen. Zwetschgen beifügen, etwa 5 Minuten köcheln lassen.

5 Hackfleischkugeln in der Bratbutter rundum etwa 10 Minuten braten. Mit der Zwetschgensauce anrichten.

Dazu passen Kartoffelpüree, Seite 99, oder Polenta, Seite 20, Trockenreis oder Nudeln

Kartoffel-Risotto

300 g fest kochende Kartoffeln
1 kleine Zwiebel
1 sonnengereifte Tomate
1 EL Olivenöl extra nativ
½ zerriebener getrockneter roter Peperoncino/Chilischote
120 g Risottoreis
ca. 3 dl/300 ml Wasser
Salz

½ Bund glattblättrige Petersilie, Blättchen abgezupft und grob gehackt
Olivenöl extra nativ

1 Kartoffeln schälen und, in mittelgroße Würfel schneiden. Zwiebel grob hacken. Bei den Tomaten den Stielansatz kreisförmig herausschneiden, Gemüsefrüchte würfeln.

2 Alle Zutaten in einen Kochtopf geben, leicht salzen, aufkochen, bei schwacher Hitze weich garen. Petersilie unterrühren, mit Olivenöl beträufeln.

Penne mit Zucchini-Mascarpone-Sauce

150–200 g Penne/Federn
2 EL Olivenöl extra nativ
1 Knoblauchzehe
1 mittelgroßer Zucchino
2 EL Weißwein
ein wenig Teigwarenwasser
90 g Mascarpone
Salz
frisch gemahlener Pfeffer
2 Basilikumzweige, Blättchen abgestreift und fein geschnitten
Olivenöl extra nativ

geriebener Parmesan oder Pecorino

1 Penne in reichlich Salzwasser al dente kochen, ein paar Esslöffel Wasser für die Sauce entnehmen, Penne abgießen.

2 Für die Sauce Zucchini beidseitig kappen, klein würfeln oder hacken. Knoblauchzehe hacken.

3 Knoblauch im Olivenöl andünsten, Zucchini mitdünsten, mit dem Weißwein ablöschen, etwa 4 Minuten schmoren, mit Teigwarenwasser verdünnen, Mascarpone unterrühren, mit Salz und Pfeffer würzen, Basilikum unterrühren.

4 Penne mit der Zucchinisauce mischen, erhitzen. Anrichten. Mit ein paar Tropfen Olivenöl beträufeln. Parmesan separat servieren.

Dazu passt ein bunter Salat

Gedünsteter Meerwolf

2 Meeresfische (Meerwolf), je 300–400 g, küchenfertig
frische Kräuter, z. B. Thymian, Oregano, Rosmarin, gehackt
4 mittelgroße reife Tomaten
80 g entsteinte schwarze Oliven
2 Knoblauchzehen, gehackt
1 dl/100 ml Weißwein
2 EL Olivenöl extra nativ
einige Salbeiblätter
Salz

1 Fische unter fließendem kaltem Wasser innen und außen gut waschen, mit Küchenpapier trockentupfen. Einen Teil der Kräuter in den Fischbauch füllen.

2 Backofen auf 200 °C vorheizen.

3 Tomaten schälen, Stielansatz kreisförmig herausschneiden, Gemüsefrüchte vierteln.

4 Fische in eine eingeölte Gratinform legen. Tomaten, Oliven, Knoblauchzehen und restliche Kräuter, inkl. Salbei, darüber streuen. Weißwein darüber gießen, mit Olivenöl beträufeln. Leicht salzen. Form mit Alufolie verschließen.

5 Gratinform in der Mitte in den Ofen schieben, Fische bei 220 °C 20 Minuten dünsten.

6 Meerwolf mit Tomaten und Oliven anrichten. Wenig Olivenöl oder Limonenöl darüber träufeln.

Dazu passen im Dampf gegarte Kartoffeln oder Reis

Auberginen-Pilz-Gratin

2 mittelgroße Auberginen, geschält, in 1 cm dicken Längsscheiben
2–3 EL Olivenöl extra nativ
500 g Champignons, in Scheiben
frisch gemahlener schwarzer Pfeffer oder ½ zerdrückter getrockneter roter Peperoncino/Chilischote
1–2 Knoblauchzehen, grob gehackt
Salz
1 TL Mehl
frisch geriebene Muskatnuss
2 dl/200 ml Milch
80 g frisch geriebener Parmesan
2½ dl/250 ml Tomatensauce, Seite 233

1 Auberginen auf ein Backgitter legen, im vorgeheizten Ofen bei 250 °C oder unter dem Grill braten, bis sie leicht braun sind. Geht relativ schnell. Auberginen umdrehen, auf der unteren Seite ebenfalls bräunen (bei Umluftbackofen nicht notwendig).

2 Pilze, Peperoncini und Knoblauch in 1 EL Olivenöl andünsten, bis die Pilze zusammengefallen sind, mit Salz abschmecken. Mit Schaumlöffel herausnehmen, Saft in eine Schüssel gießen.

3 1 EL Olivenöl in der Pilzpfanne erwärmen, Mehl unterrühren, mit dem aufgefangenen Pilzsaft ablöschen, Milch unter Rühren zugeben, kurz köcheln lassen. Die Béchamelsauce soll dünnflüssig sein, mit Muskatnuss würzen, Parmesan unterrühren.

4 Gratinform einfetten, Boden mit Auberginenscheiben belegen, diese mit Béchamelsauce überziehen, mit Pilzen belegen, diese mit Tomatensauce überziehen, weiterfahren mit Auberginenscheiben usw., mit Béchamelsauce abschließen.

5 Auberginen-Pilz-Gratin im vorgeheizten Ofen bei 150 °C 30 bis 45 Minuten backen.

Pizokel mit buntem Gemüse

für 4 Portionen

Pizokelteig
2 Freilandeier
120 g Buchweizenmehl
120 g Weizen- oder Dinkelvollkornmehl
1 TL Salz
ca. 1 dl/100 ml Wasser

Gemüse
300 g Karotten
200 g grüne Bohnen
250 g Knollensellerie
200 g Wirz/Wirsing
150 g Spinat
Salz

1 Knoblauchzehe, fein gehackt
50 g geriebener Bündner Bergkäse

1 Für die Pizokel Eier, Mehle, Salz und Wasser zu einem zähflüssigen Teig rühren. Etwa 1 Stunde zugedeckt ruhen lassen.

2 Karotten schälen, in Scheiben schneiden. Bei den Bohnen Stielansatz entfernen, quer halbieren. Beim Wirz Strunk herausschneiden, Blätter in Streifen schneiden. Sellerie und Karotten schälen und würfeln.

3 Alles vorbereitete Gemüse im Dampf knackig garen, Wirz und Spinat nur die letzten 5 Minuten mitgaren. Mit Salz würzen.

4 Für die Pizokel in einem weiten Kochtopf reichlich Salzwasser aufkochen. Ein Holzbrett kurz in das kochende Wasser tauchen, nun eine Portion Teig darauf streichen; mit einem Messer Teigstreifen vom Brett ins Wasser schaben. Pizokel an die Oberfläche steigen und etwa 5 Minuten köcheln lassen. Mit einem Schaumlöffel herausnehmen, warm stellen.

5 Gemüse und Pizokel vermengen. In vorgewärmten Tellern oder in einer vorgewärmten Schüssel anrichten. Gehackten Knoblauch und geriebenen Käse darüber streuen. Sofort servieren.

Tipp Pizokel im Voraus zubereiten und in einer beschichteten Bratpfanne ohne Fett erwärmen.

15. SEPTEMBER

Kaninchen nach Jägerart

2 EL Olivenöl extra nativ
600 g Kaninchenfleisch, in Stücken
100 g Speckwürfelchen
1 zerriebener getrockneter roter Peperoncino/Chilischote oder frisch gemahlener schwarzer Pfeffer
1–2 große Zwiebeln
2 EL grob gehackte glattblättrige Petersilie
300 g Saisonpilze
½ roter Peperoni/Paprikaschote
1 Karotte
2 frische oder getrocknete Lorbeerblätter
1 Rosmarinzweiglein
1 dl/100 ml Rotwein
Salz

1 Zwiebeln grob hacken. Pilze putzen, je nach Größe ganz lassen, halbieren, vierteln, in Scheiben oder Streifen schneiden. Peperoni entkernen, in kleine Quadrate schneiden. Karotte schälen und in Scheiben schneiden.

2 Kaninchenfleisch im Olivenöl kräftig anbraten, Speck und Peperoncini kurz mitbraten, Zwiebeln und Petersilie unterrühren, zugedeckt 5 Minuten schmoren. Pilze, Peperoni, Karotten, Lorbeer, Rosmarin und Rotwein zugeben, 45 Minuten schmoren, eventuell wenig Wasser zugeben, mit Salz abschmecken.

Dazu passen Kartoffelpüree, Seite 99, Reis oder Nudeln

Kartoffel-Zucchini-Flan

1–2 EL Olivenöl extra nativ oder kaltgepresstes Rapsöl
150 g fest kochende Kartoffeln
150 g Zucchini
2 EL gehackte glattblättrige Petersilie oder Majoran oder
2 EL fein geschnittener Schnittlauch
3 Freilandeier
Kräutersalz
frisch gemahlener Pfeffer

1 Kartoffeln schälen, auf der Röstiraffel fein hobeln. Zucchini beidseitig kappen, in sehr feine Scheiben schneiden.

2 Backofen auf 180 °C vorheizen. Portionenförmchen aus Glas oder Schwarzblech einfetten.

3 Kartoffeln und Zucchini im Olivenöl unter Rühren 4 bis 5 Minuten dünsten, Kräuter zufügen. Pfanne von der Wärmequelle nehmen. Eier verquirlen, Kartoffel-Zucchini-Gemisch zugeben, vermengen, würzen.

4 Förmchen in der Mitte in den Backofen schieben, Kartoffel-Zucchini-Flans bei 180 °C 25 bis 30 Minuten backen. Nadelprobe machen. Warm oder kalt servieren.

Dazu passt ein bunter Salat

Omeletts mit Hackfleisch-Gemüse-Füllung

1 EL Olivenöl extra nativ
200 g gehacktes Rindfleisch
1 kleine Zwiebel
1 Knoblauchzehe
1 Zucchino
½ roter Peperoni/Paprikaschote
1 Rosmarinzweiglein, Nadeln abgestreift
1 dl/100 ml Fleisch- oder Gemüsebrühe
Salz
frisch gemahlener Pfeffer

Teig
2 Freilandeier
1¼ dl/125 ml Milch
1 TL Olivenöl extra nativ
100 g Weißmehl
½ TL Salz

Öl oder Butter zum Ausbacken

1 Für den Teig Eier, Milch und Olivenöl verquirlen. Mehl und Salz zugeben, zu einem glatten Teig rühren. Mindestens 30 Minuten quellen lassen.

2 Zwiebel und Knoblauch fein hacken. Zucchino beidseitig kappen, klein würfeln. Peperoni entkernen, klein würfeln.

3 Hackfleisch im Brattopf im Olivenöl anbraten, Zwiebeln und Knoblauch zugeben und kurz mitbraten, Gemüse und Rosmarin zugeben und mitdünsten, mit der Fleischbrühe ablöschen, bei schwacher Hitze zugedeckt 20 Minuten köcheln lassen. Würzen.

4 In einer beschichteten Bratpfanne wenig Öl oder Butter nicht zu stark erhitzen. Aus dem Teig zwei Omeletts ausbacken.

5 Das Hackfleisch auf die Omeletts verteilen, einschlagen.

Dazu passt ein bunter Salat

Mexikanische Peperoni-Mais-Pfanne

- 1 EL Olivenöl extra nativ
- 1 Zwiebel, fein gehackt
- 2 Knoblauchzehen, fein gehackt
- 2 grüne Peperoni/Paprikaschoten
- 1 kleiner roter Peperoncino/Chilischote, nach Belieben
- ½ TL mittelscharfer Curry
- 125 g Zuckermaiskörner aus der Dose
- 3 reife Tomaten oder 1 kleine Dose Pelati
- 1 Zitronengrasstängel, nach Belieben
- 2 dl/200 ml Gemüsebrühe
- 2 Hand voll Spinat
- Kräutersalz
- frisch gemahlener Pfeffer

1 Peperoni halbieren, Stielansatz und Kerne entfernen, Schotenhälften in Quadrate schneiden. Peperoncino aufschneiden, entkernen, in Streifchen schneiden. Stielansatz der Tomaten kreisförmig herausschneiden, vierteln.

2 Zwiebeln, Knoblauch, Peperoni und Peperoncini im Olivenöl unter Rühren 5 Minuten dünsten, mit Curry bestäuben. Maiskörner, Tomaten, Zitronengras und Gemüsebrühe zugeben, bei schwacher Hitze knackig garen. Zitronengras entfernen. Kurz vor Ende der Garzeit Spinat zugeben und zusammenfallen lassen, mit Kräutersalz und Pfeffer abschmecken.

Tipp Kombinieren mit Streifen von kurz gebratenem Poulet-/Hähnchenfleisch oder Lamm oder Fischfilet, 100 g/Person. Oder mit Fetakäse kombinieren, 50 g/Person, den man über das fertige Gericht verteilt. Oder mit Reis oder Nudeln kombinieren.

Kastanienfoccacia mit Oliven, Sardellen und Peperoncini

für 4 runde Foccace oder
1 große rechteckige Backform

300 g Kastanienmehl (aus luftgetrockneten Kastanien)
300 g Dinkel- oder Weizenruchmehl
1 TL Salz
1 Hefewürfel (42 g)
ca. 4 dl/400 ml lauwarmes Wasser
1 EL Olivenöl extra nativ

Belag

120 g Sardellenfilets
1 roter Peperoncino/Pfefferschote
reichlich Pinienkerne
30 schwarze Oliven
reichlich Rosmarinnadeln
Salz
2–3 EL Olivenöl extra nativ

1 Kastanien- und Dinkelmehl in einer Schüssel mischen und eine Vertiefung drücken, Salz auf den Rand streuen. Hefe zerbröckeln und in die Vertiefung geben. Lauwarmes Wasser nach und nach unter die Hefe rühren, immer wieder mit etwas Mehl vermengen. Die Masse zusammenfügen, Olivenöl einkneten, Teig auf der Arbeitsfläche etwa 10 Minuten von Hand oder 5 Minuten in der Küchenmaschine auf kleinster Stufe kneten. Teig wieder in die Schüssel legen und diese mit einem feuchten Tuch zudecken. Teig auf das doppelte Volumen aufgehen lassen.

2 Backofen auf 220 °C vorheizen.

3 Sardellenfilets hacken. Peperoncino in feine Ringe schneiden. Rosmarinnadeln grob hacken.

4 Teig nochmals durchkneten, je nach Blechgröße portionieren. Von Hand etwa 5 mm dicke Fladen ausziehen/formen, in das eingefettete Blech legen. Sardellen, Peperoncini, Pinienkerne und Oliven darauf verteilen. Rosmarinnadeln darüber streuen. Mit Salz abschmecken.

5 Foccace in der Mitte in den Ofen schieben und bei 220 °C 12 bis 15 Minuten backen. Mit dem Olivenöl beträufeln.

Dazu passt ein bunter Salat

20. SEPTEMBER

Gefüllte Zucchini mit Kräutersauce

2 mittelgroße Zucchini
wenig Gemüsebrühe

Füllung

1 TL Hefeflocken, nach Belieben
2 TL Olivenöl extra nativ oder kaltgepresstes Rapsöl
40 g Quark oder Ricotta
2 EL feine Haferflocken
2 TL fein gehackte Zwiebeln
1 unbehandelte Zitrone, abgeriebene Schale
1–2 EL geriebener Käse
2 fein gehackte Salbeiblätter
wenig gehackte Majoranblättchen
1 Eigelb von einem Freilandei
Kräutersalz
frisch gemahlener Pfeffer
1 Eiweiß, steif geschlagen

Kräutersauce

2 EL Olivenöl extra nativ oder 2 EL kaltgepresstes Rapsöl oder Sonnenblumenöl
1 Becher (200 g) Jogurt natur
einige Spritzer Sojasauce
wenig Senf
wenig abgeriebene Zitronenschale von der Füllung
1–2 EL fein gehackte Kräuter, z. B. Petersilie, Basilikum, Majoran
Salz

1 Zucchini beidseitig kappen und je nach Größe in 4 bis 5 Stücke schneiden, mit Kugelausstecher aushöhlen, dabei einen Boden lassen, Schale mit Ziselier- oder Küchenmesser einritzen. Zucchini in wenig Gemüsebrühe 5 Minuten garen.

2 Backofen auf 200 °C vorheizen.

3 Für die Füllung alle Zutaten mischen, mit Salz und Pfeffer würzen, den Eischnee unterziehen. Masse in die Zucchini füllen, in die eingefettete Gratinform stellen, ein wenig Gemüsebrühe dazugießen.

4 Gratinform in der Mitte in den Ofen schieben, Zucchini bei 200 °C 10 bis 12 Minuten backen.

Dazu passen Couscous oder Reis

Scharfes Rindfleisch-Curry

für 4 Portionen

2 EL Erdnussöl
2 EL rote Currypaste
500 g Rindfleisch zum Schnellbraten
je 1 roter und gelber Peperoni/Paprikaschote
2 kleine Zwiebeln
1 Dose Bambussprossen, abgetropft, ca. 140 g
1 Dose Kichererbsen, abgetropft, ca. 250 g
300 g Cherrytomaten
2 dl/200 ml Kokosnussmilch
3 EL Fischsauce (Asienladen)
1 EL feiner Vollrohrzucker

1 Peperoni halbieren, Stielansatz und Kerne entfernen, Schoten in kleine Quadrate schneiden. Zwiebeln in feine Scheiben schneiden. Fleisch in 2 cm große Würfel oder 2 cm breite Streifen schneiden.

2 Öl in einer Bratpfanne erhitzen, Currypaste andünsten, Fleisch zufügen und etwa 2 Minuten kräftig anbraten. Peperoni, Zwiebeln, Bambussprossen, Kichererbsen und Tomaten zugeben und kurz mitdünsten, Kokosmilch zugeben, aufkochen, mit Fischsauce und Zucker abschmecken.

Dazu passen Reis oder Nudeln

Kartoffelpfanne provençale

- 200 g grüne Peperoni/ Paprikaschoten
- 300 g fest kochende mittelgroße Kartoffeln
- 120 g Zwiebeln
- 1 Knoblauchzehe, in Scheiben
- 1 EL Kräuter der Provence
- 2 EL Olivenöl extra nativ
- ½ unbehandelte Zitrone, in Scheiben
- 12 schwarze Oliven
- Kräutersalz
- frisch gemahlener Pfeffer

1 Backofen auf 220 °C vorheizen.

2 Peperoni halbieren, Stielansatz und Kerne entfernen, Schotenhälften in Streifen schneiden. Kartoffeln und Zwiebeln schälen und längs vierteln.

3 Sämtliche Zutaten in eine Gratinform verteilen, mit Kräutersalz und Pfeffer würzen.

4 Kartoffelpfanne im vorgeheizten Ofen bei 220 °C 35 Minuten backen.

Dazu passt ein Blattsalat

Bohnensalat mit Wildlachs

100 g getrocknete große weiße Bohnen (300 g gekochte Bohnen)
1 Lorbeerblatt
1 roter Peperoni/Paprikaschote
150 g geräucherter Wildlachs, gewürfelt

Marinade

4 EL Olivenöl extra nativ
4 EL Rotweinessig
2 EL gehackte glattblättrige Petersilie
2 Knoblauchzehen, fein gehackt
Salz, frisch gemahlener Pfeffer

1 Weiße Bohnen über Nacht in viel Wasser einweichen, am nächsten Tag abgießen, mit frischem Wasser und Lorbeerblatt aufsetzen, Bohnen bei mittlerer Hitze weich garen, 60 bis 90 Minuten, abgießen und unter kaltem Wasser abschrecken, Lorbeerblatt entfernen.

2 Peperoni halbieren, Stielansatz und Kerne entfernen, Schotenhälften in kleine Würfel schneiden.

3 Bohnen, Peperoni und Wildlachs mit der Marinade vermengen, etwa 15 Minuten ziehen lassen.

Tomaten mit Kräuter-Nuss-Füllung

4 große reife Tomaten

Füllung
- 1–2 durchgepresste Knoblauchzehen
- 3 EL fein gehackte Kräuter, z. B. Rosmarin, Thymian, Petersilie, Majoran
- 2 EL gehackte Sonnenblumen- oder Pinienkerne
- Kräutersalz
- frisch gemahlener Pfeffer
- Olivenöl extra nativ

1 Backofen auf 200 °C vorheizen.

2 Für die Füllung alle Zutaten vermengen, mit Kräutersalz und Pfeffer würzen.

3 Tomaten an der Spitze 1 cm tief übers Kreuz einschneiden, Fruchtfleisch leicht auseinander drücken, Kräutermasse in die Öffnung pressen.

4 Gefüllte Tomaten in eine eingefettete Gratinform stellen. Form in der Mitte in den Ofen schieben, gefüllte Tomaten bei 200 °C rund 15 Minuten braten. Mit Olivenöl beträufeln.

Dazu passen Bratkartoffeln, Seite 182, Couscous oder Risotto, Seite 222

Kalbsbraten mit Morcheln und Sherrysauce

für 4 Portionen

30 g getrocknete oder
250 g frische Morcheln
1,2 kg Kalbsbraten, Nussstück
3 EL heiße Bratbutter/Butterschmalz
½ dl/50 ml Sherry
1½ dl/150 ml Weißwein
1½ dl/150 ml Fleischbrühe
2 dl/200 ml Rahm/Sahne
1 TL Maisstärke
3 EL Sherry
Salz
frisch gemahlener Pfeffer
3 Zweiglein glattblättrige Petersilie, Blättchen abgezupft

1 Getrocknete Morcheln etwa 15 Minuten in kaltem Wasser einweichen. Getrocknete und frische Morcheln längs halbieren und unter kaltem Wasser gut reinigen.

2 Backofen auf 210 °C vorheizen.

3 Braten in einen Bräter legen, mit der heißen Bratbutter begießen, Fleischthermometer einstecken. Bräter in der Mitte in den Ofen schieben, Kalbfleisch 15 bis 20 Minuten bei 210 °C braten, ab und zu wenden. Temperatur auf 160 °C zurückschalten. Sherry über den Braten gießen, Weißwein zufügen, 75 bis 90 Minuten braten (Kerntemperatur 72–75 °C), Fleischbrühe nach und nach darüber gießen. Braten warm stellen.

4 Sauce durch ein Sieb in ein Pfännchen passieren, den mit der Maisstärke verrührten Rahm zugeben, unter Rühren aufkochen, bei starker Hitze sämig einkochen lassen, Morcheln und Sherry zufügen, erhitzen, abschmecken.

5 Kalbsbraten in Scheiben schneiden, mit der Sauce anrichten, mit der Petersilie bestreuen.

Dazu passen Reis oder Kartoffelpüree, Seite 99, oder Nudeln

Frittierte Linsenkugeln

für ca. 30 Bällchen

125 g orange Linsen
1 kleine Zwiebel
1–2 Knoblauchzehen
40 g Brot-/Semmelbrösel
60 g geriebener Käse, z. B. Pecorino oder Parmesan
100 g Zucchini, auf der Bircher-Rohkostreibe gerieben
75 g Maismehl
Salz
½ TL gemahlener Kreuzkümmel

Olivenöl zum Frittieren

1 Linsen in 2½ dl/250 ml Wasser weich kochen, 10 bis 15 Minuten. In einem Sieb abtropfen lassen, in eine Schüssel geben.

2 Zwiebel fein hacken, mit den Linsen mischen, Knoblauchzehe dazupressen, Brotbrösel, Käse, Zucchini sowie Maismehl unterrühren, mit Salz und Kreuzkümmel würzen.

3 Aus der Masse von Hand Kugeln formen, diese im Olivenöl 2 Minuten frittieren.

Dazu passt ein bunter Salat

Ratatouille mit Seeteufel

Ratatouille

1 EL Olivenöl extra nativ
1 kleine Zwiebel, fein gehackt
2 Knoblauchzehen, durchgepresst
1 kleine Aubergine
1 mittelgroßer Zucchino
je ½ gelber und roter Peperoni/Paprikaschote
2 große Fleischtomaten
frischer Rosmarin und Thymian oder ½ TL getrocknete Kräuter der Provence
1 dl/100 ml Weißwein
2 dl/200 ml Gemüsebrühe
2 EL fein gehackte Petersilie oder fein geschnittenes Basilikum

Fisch

400 g Seeteufel oder anderer fester Meeresfisch
Kräutersalz, frisch gemahlener Pfeffer
½ Zitrone, Saft
1 EL gehackte Thymianblättchen

Olivenöl zum Braten

1 Aubergine und Zucchino beidseitig kappen, in 15 mm große Würfel schneiden. Stielansatz und Kerne bei den Peperoni entfernen, in 15 mm große Quadrate schneiden. Tomaten schälen, Stielansatz kreisförmig herausschneiden, Gemüsefrüchte würfeln.

2 Zwiebeln und Knoblauch im Olivenöl andünsten, Gemüse kurz mitdünsten, Kräuter und Weißwein zugeben, 2 bis 3 Minuten köcheln lassen, Gemüsebrühe zugeben, 10 Minuten köcheln.

3 Seeteufel mit Salz und Pfeffer würzen, mit dem Zitronensaft beträufeln. Mit Thymian bestreuen. In einer beschichteten Bratpfanne in wenig Olivenöl beidseitig braten, je nach Dicke 5 bis 7 Minuten.

4 Kräuter unter die Ratatouille rühren, mit dem Fisch anrichten.

Dazu passen Reis oder im Dampf gegarte Kartoffeln

Kartoffel-Hörnli-Gratin

1 EL Butter
1 große Zwiebel
1 EL Mehl
1½ dl/150 ml Milch
3 dl/300 ml Gemüsebrühe
250 g vorwiegend fest kochende Kartoffeln
150 g Teigwaren (Hörnli oder Muscheln)
frisch gemahlener Pfeffer
frisch geriebene Muskatnuss
80 g geriebener Gruyère

1 Zwiebel in feine Scheiben schneiden. Kartoffeln schälen und in feine Scheiben schneiden.

2 Zwiebeln in der Butter andünsten, mit dem Mehl bestäuben, gut vermengen, Milch zugeben, aufkochen, unter Rühren bei schwacher Hitze dickflüssig einkochen lassen. Gemüsebrühe zugeben, unter Rühren aufkochen. Kartoffeln und Teigwaren zugeben, bei schwacher Hitze 15 bis 20 Minuten köcheln lassen, bis die Hörnli und die Kartoffeln gar sind, gelegentlich umrühren. Würzen.

3 Backofen auf 250 °C vorheizen.

4 Kartoffel-Teigwaren-Mischung in eine eingefettete Gratinform oder in Portionenförmchen verteilen, Käse darüber streuen.

5 Gratinform in der Mitte in den Ofen schieben, bei 250 °C 10 Minuten überbacken.

Dazu passt ein bunter Salat

Bohnen-Avocado-Salat mit Roquefort

250 g zarte grüne Bohnen
1 Bund Rucola, Stiele gekürzt, in Streifen
1 kleine Zwiebel, fein gehackt
1 reife Avocado
Zitronensaft
80–100 g Roquefort oder Feta, gewürfelt

Sauce
2 EL Himbeeressig
Kräutersalz
frisch gemahlener Pfeffer
3 EL Olivenöl extra nativ

Cherrytomaten

1 Stielansatz der Bohnen wegschneiden, im Dampf knackig garen, 10 bis 15 Minuten. Dickere Bohnen haben eine längere Garzeit, 20 bis 25 Minuten. Bohnen in ein Sieb abgießen, mit kaltem Wasser abschrecken.

2 Avocado halbieren und entsteinen, aus dem Fruchtfleisch mit einem Kugelausstecher kleine Kugeln ausstechen, rasch mit Zitronensaft beträufeln.

3 Grüne Bohnen, Zwiebeln, Avocadokugeln, Rucola und Roquefort mischen, auf Tellern anrichten. Sauce darüber träufeln. Mit halbierten oder geviertelten Cherrytomaten garnieren.

Dazu passen Knusprige Baguette oder Vollkornbrot

Gemüsecurry mit Kokosnussmilch

für 4 Portionen

½ l Kokosnussmilch
1 TL Kurkuma (Gelbwurz) für die Farbe
2 EL scharfe Currymischung
1 Prise Muskatnuss
1 kleine Zwiebel
2 Knoblauchzehen, durchgepresst
1 roter Peperoncino/Pfefferschote, entkernt, in Ringen
200 g Karotten
200 g Lauch
100 g Wirz/Wirsing
1 roter Peperoni/Paprikaschote
200 g Blumenkohl oder Brokkoli, in Röschen
100–200 g gekochte Kichererbsen
2 EL gehackte glattblättrige Petersilie
½ unbehandelte Zitrone, abgeriebene Schale

100 g weicher Tofu, gewürfelt
½ dl/50 ml Sojasauce
wenig Sherry
1 EL Olivenöl extra nativ
1 Knoblauchzehe, fein gehackt
1 Prise Chilipulver

1 Für die Tofumarinade Sojasauce, Sherry und Olivenöl verrühren, Knoblauch und Chilipulver unterrühren. Tofu mit Marinade vermengen, 3 Stunden zugedeckt marinieren.

2 Zwiebel fein hacken. Karotten schälen und in feine Scheiben schneiden. Beim Lauch grobfasrige Hüllblätter entfernen, Stangen in Ringe schneiden. Wirz in Streifen schneiden. Peperoni halbieren, Stielansatz und Kerne entfernen, Schotenhälften in feine Streifen schneiden. Beim Blumenkohl/Brokkoli Strunk abschneiden, in Stäbchen schneiden. Blumen in Röschen brechen.

3 Kokosmilch erhitzen, Gewürze, Zwiebeln, Knoblauch, Gemüse und Peperoncini zugeben, aufkochen, bei schwacher Hitze 20 Minuten köcheln lassen.

4 Tofu in wenig Olivenöl bei mittlerer Hitze braten.

5 Kichererbsen und Petersilie zum Gemüsecurry geben, 5 Minuten köcheln lassen, mit Zitronenschalen abschmecken, Tofu unterrühren. Sofort servieren.

Dazu passen Couscous oder Reis

Oktober

Gebratener Hecht mit Apfel-Gersten-Allerlei

4 Scheiben junger Hecht, je 80 g, oder ein anderer Fisch
Salz
frisch gemahlener Pfeffer
1 TL Bratbutter/Butterschmalz
8 Champignons
4 EL gekochte Gerste oder Reis
1 TL Himbeeressig
1 EL Olivenöl extra nativ
1 Prise Chilipulver
2 rotbackige Äpfel, z. B. Jonathan
½ unbehandelte Zitrone, einige Zesten und Saft
1 Hand voll Spinat

1 Hechtscheiben mit Salz und Pfeffer würzen. In einer Bratpfanne Bratbutter zerlassen, Fischscheiben bei schwacher Hitze beidseitig braten, aus der Pfanne nehmen, warm stellen.

2 Champignons feinblättrig schneiden, in der Fischpfanne kurz dünsten, Gerste unterrühren, mit Himbeeressig, Olivenöl, Salz, Pfeffer und Chilipulver pikant abschmecken.

3 Äpfel vierteln und entkernen, in Spalten schneiden. Kurz vor dem Servieren Apfelspalten, Zitronenzesten und Zitronensaft zur Pilz-Gerste-Mischung geben, erwärmen.

4 Apfel-Gersten-Allerlei und Hechtscheiben auf vorgewärmten Tellern anrichten. Mit frischen Spinatblättern garnieren.

Pikanter Brotauflauf

für 3 bis 4 Portionen

- 4–5 dl/400–500 ml Milch, je nach Trockenheit des Brotes
- 200 g altbackenes Brot
- 3 Freilandeier
- 150 g geriebener reifer Appenzeller Käse
- frisch gemahlener Pfeffer
- Muskatnuss
- fein gehackte Kräuter

1 Milch erhitzen, in eine Schüssel gießen. Brot in der Milch einweichen, 15 Minuten oder auch länger stehen lassen, mit einer Gabel zerpflücken.

2 Backofen auf 220 °C vorheizen.

3 Eier trennen, Eigelbe mit dem Käse unter die Brotmasse rühren, würzen. Kräuter unterrühren. Eiweiß steif schlagen, unter die Brotmasse ziehen, in eine mit Butter eingefettete Gratinform füllen.

4 Brotauflauf in der Mitte in den Ofen schieben, bei 220 °C 30 bis 40 Minuten backen.

Dazu passt ein bunter herbstlicher Salat

Rindfleisch asiatisch

250–300 g Rindfleisch zum Kurzbraten
1 EL Sojasauce
1 EL Reiswein oder trockener Sherry
¼ Chinakohl
1 zarte Lauchstange
1 Stück frische Ingwerwurzel
1 Knoblauchzehe
einige Körner Szechuanpfeffer
1 Msp Fenchelsamen
½ Sternanis
1 Kardamomsamen
(oder gemahlenes Gewürz)
3 EL Maiskeimöl

Sauce
1 TL Maisstärke
½ dl/50 ml Hühnerbrühe
1½ EL Sojasauce
1 TL Sesamöl

1 Fleisch in Streifen schneiden. Sojasauce mit Reiswein verrühren, über das Fleisch träufeln. 1 Stunde zugedeckt marinieren.

2 Chinakohl in feine Streifen schneiden. Lauchstange in 5 cm lange Stücke schneiden, längs halbieren. Ingwer schälen und in feine Streifen schneiden. Knoblauch fein hacken.

3 Szechuanpfeffer, Fenchelsamen, Sternanis und Kardamom im Mörser möglichst fein zerstoßen.

4 Für die Sauce Maisstärke mit der Hälfte der kalten Hühnerbrühe verrühren, restliche Hühnerbrühe, Sojasauce und Sesamöl unterrühren.

5 Die Hälfte des Maiskeimöls in einer großen Bratpfanne erhitzen, Fleisch rundum anbraten, herausnehmen.

6 Restliches Öl erhitzen, Ingwer, Knoblauch und Lauch unter Rühren 2 Minuten dünsten, Fleisch und Sauce zugeben, kurz köcheln lassen, Gewürze unterrühren, Chinakohl zugeben, erhitzen.

Dazu passt Reis

Spaghetti mit Kürbis-Tomaten-Sugo

200–250 g Spaghetti
1 EL Olivenöl extra nativ

Sugo
2 EL Olivenöl extra nativ
1 mittelgroße Zwiebel
1 Knoblauchzehe
500 g fruchtiger Kürbis
Kräuter, je nach Verfügbarkeit
1 kleine Dose Pelati
1–2 dl/100–200 ml Gemüsebrühe
frisch gemahlener Pfeffer
fein gehackte Petersilie

1 Kürbis schälen, in Würfel schneiden. Zwiebel und Knoblauchzehe hacken. Kräuter hacken. Stielansatz der Pelati entfernen, Tomaten zerkleinern.

2 Zwiebeln und Knoblauch im Olivenöl andünsten, Kürbis, Kräuter, Pelati mit Saft und Gemüsebrühe zugeben, köcheln bis der Kürbis weich ist. Mit Pfeffer abschmecken, Petersilie unterrühren.

3 In einem großen Topf reichlich Salzwasser mit dem Olivenöl aufkochen, Spaghetti zufügen, al dente kochen. Abgießen.

4 Spaghetti zum Sugo geben und vermengen. Sofort servieren.

Salatpäckchen mit Gersten-Feigen-Füllung

1 EL Bratbutter/Butterschmalz
120 g Gerstenschrot
2 getrocknete Feigen
1 Karotte
3 dl/300 ml Wasser
30 g geriebener Gruyère
2 EL fein gehackter Lauch
1 Msp mittelscharfes Currypulver
frisch gemahlener Pfeffer
Chilipulver, Salz

6 große Zuckerhutblätter

Sauce
1 El Butter
2 EL Mehl
1 dl/100 ml Weißwein
1 dl/100 ml Wasser
Muskatnuss
Salz
frisch gemahlener Pfeffer

30 g geriebener Gruyère

1 Feigen klein würfeln. Karotte schälen und klein würfeln.

2 Bratbutter in einer Pfanne zerlassen, Gerstenschrot, Feigen und Karotten andünsten, mit dem Wasser ablöschen, aufkochen, bei schwacher Hitze 10 Minuten köcheln lassen. Getreide auf der ausgeschalteten Wärmequelle 30 Minuten ausquellen lassen. Käse und Lauch unterrühren, würzen.

3 Zuckerhut in reichlich kochendem Wasser blanchieren, unter kaltem Wasser abschrecken, auf Küchentüchern ausbreiten.

4 Für die Sauce Butter in einer Pfanne zerlassen, Mehl darin andünsten, mit Weißwein und Wasser ablöschen, glatt rühren, unter Rühren aufkochen, bei schwacher Hitze unter zeitweiligem Rühren 5 bis 8 Minuten köcheln lassen, würzen.

5 Backofen auf 220 °C vorheizen. Eine große Gratinform einfetten.

6 Gerstenmasse in die Mitte der Zuckerhutblätter verteilen, Blätter zu Päckchen einschlagen, in die Form legen, Béchamelsauce darüber gießen, Gruyère darüber streuen.

7 Gratinform in der Mitte in den Ofen schieben, Salatpäckchen bei 220 °C 10 bis 15 Minuten überbacken.

Dazu passt kurz gebratenes Fleisch

6. OKTOBER

Krautsuppe mit Trauben

- 2 EL Butter
- 2 EL Mehl
- ½ l Gemüsebrühe
- 1 dl/100 ml Weißwein
- 1 dl/100 ml Rahm/Sahne
- 150 g mildes Sauerkraut
- Salz
- frisch gemahlener schwarzer Pfeffer
- wenig zerstoßener getrockneter roter Peperoncino/Chilischote oder Cayennepfeffer
- 250 g blaue Weintrauben
- 100 g Truthahn-/Putenfleisch
- 2 TL abgezupfte Thymianblättchen

1 Butter bei mittlerer Hitze schmelzen, Mehl darin andünsten, Gemüsebrühe zugeben, glatt rühren, Weißwein und Rahm unterrühren, Sauerkraut zugeben, Suppe aufkochen, mit Salz, Pfeffer und Peperoncino abschmecken, bei schwacher Hitze rund 30 Minuten köcheln lassen.

2 Traubenbeeren halbieren und entkernen. Truthahnfleisch in Streifen schneiden. Trauben und Fleisch zur Suppe geben, bei schwacher Hitze 5 Minuten ziehen lassen. Je nach Konsistenz mit Gemüsebrühe verdünnen. Thymian zugeben.

Grünes Kartoffelpüree mit gebratenen Pilzen

600 g mehlig kochende Kartoffeln
100 g Petersilie oder Rucola oder Kresse
3 EL Olivenöl extra nativ
1½-2 dl/150–200 ml heiße Milch
Salz
wenig Muskatnuss

1 EL Olivenöl extra nativ
200 g Marktpilze
Kräutersalz
frisch gemahlener Pfeffer

1 Kartoffeln schälen und in Würfel schneiden. Petersilie grob hacken. Pilze putzen, je nach Größe halbieren, vierteln oder in Scheiben schneiden.

2 Kartoffeln im Dampf weich garen. Noch heiß durch Passevite/Flotte Lotte drehen.

3 Kräuter im Olivenöl andünsten, mit heißer Milch unter das Kartoffelpüree rühren, abschmecken.

4 Pilze im Olivenöl 2 bis 3 Minuten braten, mit Kräutersalz und Pfeffer würzen.

5 Kartoffelpüree anrichten, mit den Pilzen umgeben.

Variante Kräuter durch eine kleine Stange Lauch ersetzen, diese in feine Ringe schneiden und im Olivenöl 5 Minuten dünsten, mit der heißen Milch unter das Kartoffelpüree rühren. Würzen.

Dazu passt ein Saisonsalat

Pochierte Fischfilets auf Spinat

300 g Lachsfilets
½ l kräftige Gemüse- oder Fischbrühe
½ dl/50 ml Weißwein

300–400 g Spinat
1 EL Butter
½ dl/50 ml Rahm/Sahne
Salz
frisch gemahlener Pfeffer
1 Knoblauchzehe

Zitronenscheiben für die Garnitur

1 Fischfilets mit der Hautseite nach innen aufrollen, mit einem Holzstäbchen fixieren.

2 Gemüsebrühe und Weißwein aufkochen, Fischröllchen in die Brühe legen, bei schwacher Hitze zugedeckt einige Minuten pochieren.

3 Spinat im Dampf zusammenfallen lassen, in ein Sieb geben, gut ausdrücken. Spinat mit Butter und Rahm erhitzen, Knoblauchzehen dazupressen, abschmecken.

4 Spinat anrichten, Fischröllchen darauf legen, mit Zitronenscheiben garnieren.

Gemüse-Nudel-Suppe mit Curry

- 2 EL Butter
- 2 EL milder Curry
- 2 rote Peperoncini/Chilischoten
- 1 große Zwiebel
- 3 Knoblauchzehen
- 7 dl/700 ml Wasser
- 1 EL Sojasauce
- 150 g Blumenkohlröschen
- 150 g Chinakohl
- 1 großer Winterrettich
- 50 g chinesische Nudeln

1 Peperoncini längs aufschneiden, entkernen, Schotenhälften in Streifchen schneiden. Zwiebel und Knoblauchzehen fein hacken. Chinakohl in breite Streifen schneiden. Rettich schälen, in Scheiben schneiden.

2 Currypulver und Peperoncini in der Butter gut andünsten, Zwiebeln und Knoblauch mitdünsten, mit dem Wasser ablöschen, aufkochen. Sojasauce und Gemüsepotpourri zugeben, bei schwacher Hitze 5 Minuten köcheln lassen. Nudeln in der Suppe weich garen. In vorgewärmten Tellern anrichten.

Dazu passt ein bunter Salat

Kürbis-Lauch-Quiche mit Sojasprossen

für ein Kuchenblech
von 28 cm Durchmesser

für 2–3 Portionen

350 g Blätterteig oder
geriebener Teig, Seite 103

Belag

2 EL Olivenöl extra nativ
200 g Lauch
250 g geschälter mehliger Kürbis
150 g Sojasprossen
Kräutersalz, frisch gemahlener Pfeffer

Guss

2 Freilandeier
$1\frac{1}{2}$ dl/150 ml Rahm/Sahne
50 g geriebener Parmesan
frisch gemahlener Pfeffer

1 Grobfasrige Blätter beim Lauch entfernen, Stangen längs halbieren, in Streifen schneiden. Kürbis auf der Röstiraffel grob raspeln.

2 Lauch, Kürbis und Sojasprossen im Olivenöl 6 Minuten dünsten, mit Kräutersalz und Pfeffer abschmecken. Abkühlen lassen.

3 Backofen auf 220 °C vorheizen.

4 Teig rund ausrollen, in die Form legen. Mit einer Gabel ein paar Mal einstechen.

5 Guss zubereiten, mit dem Lauchgemisch vermengen, mit Pfeffer abschmecken, auf den Teigboden verteilen.

6 Quiche auf zweitunterster Schiene in den Ofen schieben, bei 220 °C 30 Minuten backen.

Dazu passt ein Blattsalat

Wirz an Rahmsauce

1 EL Butter
1 große Zwiebel
500 g Wirz/Wirsing
½ dl/50 ml Gemüsebrühe
80 g Crème fraîche
Salz
frisch gemahlener schwarzer Pfeffer
Muskatnuss

1 Zwiebel fein hacken. Äußere Blätter beim Wirz entfernen, harten Mittelstrunk herausschneiden, Wirz in feine Streifen schneiden.

2 Zwiebeln in der Butter andünsten, Wirz mitdünsten, Gemüsebrühe zugeben, bei schwacher Hitze zugedeckt 10 bis 15 Minuten köcheln lassen. Crème fraîche unterrühren, mit Salz, Pfeffer und Muskatnuss abschmecken, nochmals erhitzen.

Dazu passen im Dampf gegarte Kartoffeln oder Brat-/Ofenkartoffeln, Seite 182, oder kurzgebratenes Fleisch

Mexikanisches Schweineragout

für 4 Portionen

2 EL Erdnussöl
800 g Schweinefleisch für Ragout
1 große Zwiebel
2 Knoblauchzehen
je 1 roter und grüner Peperoni/Paprikaschote
2 Karotten
2 Tomaten
3 dl/300 ml Fleischbrühe
1 kleine Dose Maiskörner
1 kleine Dose Kidneybohnen
Salz, frisch gemahlener Pfeffer
Cayennepfeffer

1 Zwiebel vierteln. Peperoni halbieren, Stielansatz und Kerne entfernen, Hälften nochmals halbieren. Karotten schälen, in 2 cm dicke Scheiben schneiden. Bei den Tomaten Stielansatz kreisförmig herausschneiden, vierteln.

2 Fleischwürfel in einem Brattopf im heißen Erdnussöl rundum anbraten, Zwiebeln, Knoblauchzehen, Peperoni, Karotten und Tomaten zugeben und andünsten, mit der Fleischbrühe ablöschen, aufkochen, bei schwacher Hitze 1 Stunde schmoren lassen. Abgetropfte Maiskörner und Kidneybohnen unterrühren, würzen.

Quarkauflauf mit Äpfeln

für 2 bis 3 Portionen

75 g weiche Butter
125 g Zucker
3 Freilandeier
375 g Magerquark
3 EL Weizengrieß
1½ TL phosphatfreies Backpulver
1 Msp Zimtpulver
1 Zitrone, Saft
1½ dl/150 ml Rahm/Sahne
ca. 4 Äpfel

1 Backofen auf 180 °C vorheizen. Eine Gratinform mit Butter einfetten.

2 Butter, Zucker und Eier luftig aufschlagen. Quark, Grieß, Backpulver, Zimt, Zitronensaft und Rahm unterrühren. Äpfel schälen und auf der Röstiraffel zum Teig reiben, gut vermengen. Die Apfelmasse in die Gratinform füllen.

3 Apfelauflauf in der Mitte in den Ofen schieben, bei 180 °C 30 bis 40 Minuten backen.

Dazu passen Mahlzeit mit einer klaren Suppe (Gemüsesuppe) oder mit einem bunten Salat beginnen

Rösti-Hackfleisch-Kugeln

für 8 Kugeln von
5 bis 6 cm Durchmesser

2 EL Olivenöl extra nativ
1 mittelgroße Zwiebel, fein gehackt
150 g Hackfleisch vom Schwein
1 Knoblauchzehe
½ Bund Petersilie, fein gehackt
Salz
frisch gemahlener Pfeffer
500 g gekochte Schalenkartoffeln vom Vortag
1–2 EL Mehl
Olivenöl extra nativ

1 Zwiebeln und Hackfleisch im Olivenöl braten, bis das Fleisch «krümelig» ist. Petersilie und durchgepresste Knoblauchzehe unterrühren, würzen. Masse ein wenig auskühlen lassen.

2 Kartoffeln schälen, auf der Röstiraffel raspeln, Mehl darüber streuen, Fleisch zugeben, alles gut mischen. Mit feuchten Händen kompakte Kugeln formen.

3 In einer Bratpfanne wenig Olivenöl bei mittlerer Temperatur erhitzen, Kugeln bei mittlerer Hitze knusprig braten.

Dazu passen Gemüse-Eintopf und Gemüse-Gratin oder ein bunter Salat

Parfümreis mit Gemüse und Limettenblättern

150 g Parfümreis (Langkornreis)
1 Msp Salz
1 Zitronengrasstängel
3 Kaffirlimettenblätter, in Streifchen
2½ dl/250 ml Wasser
2 Schalotten, in feinen Ringen
Öl zum Braten
3 rohe, geschälte Krevetten/Garnelen
200 g gegarte grüne Bohnen

1 Reis in einer Schüssel mit kaltem Wasser bedecken, etwa 30 Minuten quellen lassen, abgießen.

2 Beim Zitronengras zähen oberen und unteren Teil entfernen, Stängel in feinste Scheiben schneiden, mit den Kaffirlimettenblättern mischen, zugedeckt beiseite stellen.

3 Reis mit Wasser und Salz aufkochen, zugedeckt bei schwacher Hitze 25 Minuten köcheln.

4 Schalotten in wenig Öl goldbraun und knusprig braten, herausnehmen, auf Haushaltpapier abtropfen lassen.

5 Krevetten in der Schalottenpfanne kurz braten, herausnehmen, salzen. Pfanne mit dem restlichen Öl beiseite stellen.

6 Reis, Garnelen, Bohnen, Kaffirlimettenblätter, Zitronengras und restliches Öl mischen. In eine vorgewärmte Schüssel füllen. Zwiebeln darüber streuen, sofort servieren.

Pikanter Fisch-Kastanien-Kuchen

für eine hohe Form von 24 cm Durchmesser

für 2 bis 3 Portionen

300 g Blätterteig

40 g Butter
2 kleine Zwiebeln
100 g Champignons
4 Forellenfilets, ca. 300 g
150 g grob gehackte, gekochte Kastanien

Guss
2 große Freilandeier
100 g Crème fraîche
Salz
frisch gemahlener Pfeffer
1 Bund Schnittlauch

1 Backofen auf 210 °C vorheizen.

2 Blätterteig 2 bis 3 mm dick ausrollen, in das eingefettete Blech legen, Teig mit einer Gabel einige Male einstechen. Blätterteigboden im Ofen bei 210 °C auf mittlerem Einschub 10 Minuten vorbacken.

3 Zwiebeln fein hacken. Pilze putzen und blättrig schneiden. Zwiebeln und Pilze in der Butter kräftig dünsten, bis fast alle Flüssigkeit verdampft ist. Abkühlen lassen.

4 Guss zubereiten. Schnittlauch fein schneiden, unterrühren.

5 Haut der Forellenfilets abziehen, mit Salz und Pfeffer würzen, auf den Teigboden verteilen. Pilze und Kastanien darauf verteilen. Guss darüber gießen.

6 Blätterteigkuchen im Ofen bei 210 °C auf mittlerem Einschub 30 Minuten backen.

Dazu passt ein bunter Salat

Kartoffel-Schnittlauch-Puffer

ergibt ca. 8 Puffer

250 g mehlig kochende Kartoffeln
2 EL Mehl
3 EL fein geschnittener Schnittlauch oder 3 EL fein gehackte glattblättrige Petersilie
Salz
frisch gemahlener Pfeffer
2 EL Olivenöl extra nativ

1 Kartoffeln in der Schale im Dampf weich garen, heiß schälen, mit einer Gabel fein zerdrücken, mit den restlichen Zutaten vermengen, mit Salz und Pfeffer abschmecken. Abkühlen lassen. Im Kühlschrank 20 Minuten ruhen lassen.

2 Aus der Kartoffelmasse etwa 8 Puffer formen, diese in einer beschichteten Bratpfanne im Olivenöl bei mittlerer Hitze beidseitig braten.

Variante 50 g Frischkäse mit der Kartoffelmasse vermengen.

Dazu passen gedünstetes Gemüse, ein bunter Salat, kurzgebratenes Fleisch

Bodenkohlrabi-Sauerkraut-Gemüse

1 TL Bratbutter/Butterschmalz
1 kleine Zwiebel
300 g Bodenkohlrabi/Kohlrübe
130 g Sauerkraut
2½ dl/250 ml Wasser
1 TL Kümmelsamen
1 mehlig kochende Kartoffel
Salz
frisch gemahlener Pfeffer
1 Prise Curry

1 Zwiebel fein hacken. Kohlrübe schälen und in mittelgroße Würfel schneiden.

2 Zwiebeln und Kohlrüben in der Bratbutter andünsten, Sauerkraut, Wasser und Kümmelsamen zugeben, aufkochen, 20 Minuten bei mittlerer Hitze kochen.

3 Kartoffel schälen, auf der Bircher-Rohkostreibe direkt zum Gemüse reiben, mit Salz, Pfeffer und Curry würzen, etwa 10 Minuten bei schwacher Hitze kochen.

Tipp Mit Wurst, Schinken oder Speck servieren.

Lasagneblätter mit Gemüse und Lachs gefüllt

- ca. 130 g Lasagneblätter
- 1 EL Olivenöl extra nativ
- 1 kleine Zwiebel
- 200 g Wirz/Wirsing
- 100 g zarter Lauch
- wenig Thymian
- Salz
- frisch gemahlener Pfeffer
- Muskatnuss
- ½ dl/50 ml Weißwein
- wenig Gemüsebrühe
- 0,8 dl/80 ml Rahm/Sahne oder Crème fraîche
- 100 g Rauchlachs

1 Zwiebel fein hacken. Wirz und Lauchstange in feine Streifen schneiden. Thymian hacken. Lachs in Streifen schneiden.

2 Zwiebeln, Wirz und Lauch im heißen Olivenöl andünsten, Thymian unterrühren, mit Salz, Pfeffer und Muskatnuss würzen, Weißwein und wenig Gemüsebrühe zugeben, knackig garen. Rahm und Lachs unterrühren, erhitzen.

3 Lasagneblätter in reichlich Salzwasser al dente kochen, mit einem Schaumlöffel herausnehmen, auf vorgewärmte Teller legen. Gemüse darauf verteilen, zusammenklappen. Mit Olivenöl beträufeln. Sofort servieren.

Dazu passt ein Blattsalat

Risotto milanese

1 EL Butter
1 kleine Zwiebel, fein gehackt
150 g Mittelkornreis, z. B. Arborio, Vialone, Carnaroli
½ dl/50 ml Weißwein
ca. 4 dl/400 ml heiße Gemüsebrühe
1 Briefchen Safranpulver, in wenig Brühe aufgelöst
20 g Butterstückchen
40 g geriebener Parmesan
Salz
frisch gemahlener Pfeffer

Kräuter für die Garnitur

Zwiebeln in der Butter bei schwacher Hitze andünsten, Reis zufügen und mitdünsten, bis er glasig ist. Weißwein zugeben und einkochen lassen, Brühe nach und nach zufügen, so dass der Reis knapp mit Flüssigkeit bedeckt ist, unter häufigem Rühren bei schwacher Hitze al dente kochen, 15 bis 20 Minuten, Safran die letzten 5 Minuten mitkochen. Butterstückchen und die Hälfte des Parmesans unterrühren, abschmecken mit Salz und Pfeffer. Mit Kräutern garnieren. Restlichen Parmesan separat servieren.

Dazu passen Salat und kurzgebratenes Fleisch

Poulet an roter Currysauce

300 g Poulet-/Hähnchenbrust
1 dl/100 ml scharfe rote Currysauce
1 EL Sesamöl
½ Bund Petersilie, gehackt
3 Frühlingszwiebeln, in Ringen
30 g Erdnüsse, grob gehackt

½ Eisbergsalat, in 1 cm breiten Streifen

1 Pouletfleisch in 5 mm breite und 4 cm lange Streifen schneiden, in eine Schüssel füllen, Currysauce zugeben, mit dem Fleisch gut vermengen, zugedeckt 30 Minuten marinieren.

2 Sesamöl in der Rührbratpfanne bei mittlerer Hitze heiß werden lassen (das Öl darf nicht rauchen). Pouletfleisch zugeben und etwa 3 Minuten lang rührbraten. Zwei Drittel der Nüsse, Petersilie und Frühlingszwiebeln unterrühren.

3 Eisbergsalat auf einer Platte verteilen. Pouletfleisch darauf anrichten. Mit den restlichen Erdnüssen garnieren.

Rote Spaghetti an Roquefortsauce

6 dl/600 ml Wasser
1 l Randen-/Rote-Bete-Saft
160 g dicke Spaghetti

Sauce
½ dl/50 ml Milch
¼ dl/25 ml Wasser
½ TL Maisstärke
50 g Roquefort, zerbröckelt
1–2 EL grob gehackte Baumnüsse/Walnüsse
½ dl/50 ml Rahm/Sahne

50 g Roquefort, zerkleinert

1 Für die Sauce Milch, Wasser sowie Maisstärke in einer Pfanne glatt rühren, Roquefort zufügen, bei schwacher Hitze erwärmen, Nüsse unterrühren, mit Rahm verfeinern.

2 Für die Spaghetti Wasser und Randensaft aufkochen, salzen, Spaghetti al dente kochen. Abgießen. Sofort in den vorgewärmten Suppentellern anrichten. Roquefort und Petersilie darüber verteilen. Sofort servieren.

Dazu passt ein Blattsalat

Käsewähe mit Dörrbirnen

für eine Kuchenform von
28 cm Durchmesser

für 2 bis 3 Portionen

Kuchenteig

200 g Weißmehl
½ TL Meersalz
50 g kalte Butterstückchen
5–6 EL Wasser

6 EL fein gehackte Baumnüsse/
Walnüsse

Guss

2 Freilandeier
2 dl/200 ml Rahm/Sahne
150 g geriebener Gruyère
frisch gemahlener Pfeffer
1 Msp Paprikapulver, Muskatnuss

10 ganze oder 20 halbe
Dörr- oder Speckbirnen

1 Birnen über Nacht in kaltem Wasser einweichen. Einweichwasser am nächsten Tag weggießen, ganze Birnen längs halbieren.

2 Für den Teig Mehl und Salz mischen, Butterstückchen mit dem Mehl krümelig reiben, Wasser zugeben, zu einem geschmeidigen Teig zusammenfügen, nicht kneten. Teig zwischen zwei Klarsichtfolien auf Formgröße ausrollen, in die eingefettete Form legen, kühl stellen.

3 Backofen auf 220 °C vorheizen.

4 Eier und Rahm verquirlen, Käse unterrühren, würzen.

5 Nüsse auf den Teigboden streuen, Guss darauf verteilen, Dörrbirnen kreisförmig darauf legen.

6 Käsekuchen auf der zweituntersten Schiene in den Ofen schieben, bei 220 °C 30 bis 35 Minuten backen.

Dazu passsen Mahlzeit mit einer Gemüsesuppe beginnen, zur Wähe Blattsalat servieren.

Lachs auf Gemüsesalat

4 frische Lachsscheiben, je 60 g
wenig Zitronensaft
Bratbutter/Butterschmalz
Kräutersalz
frisch gemahlener Pfeffer

Salat
2 große Karotten
2–3 Spross Stangensellerie
1 große Lauchstange

Sauce
4 EL Apfelessig
Kräutersalz
frisch gemahlener Pfeffer
6 EL Olivenöl extra nativ

1 Brüsseler Endivie

1 Lachsscheiben mit Zitronensaft beträufeln, marinieren.

2 Karotten schälen und in zündholzdicke Stäbchen schneiden. Stangensellerie in feine Scheiben schneiden. Grobfasrige Blätter beim Lauch entfernen, Stange längs halbieren, in feine Streifen schneiden. Karotten, Sellerie und Lauch im Dampf knackig garen. Noch warm mit der Sauce mischen.

3 Lachsscheiben trockentupfen, in der Bratbutter beidseitig kurz braten, würzen.

4 Brüsseler Endivie in die einzelnen Blätter zerlegen, auf Teller legen, Gemüsesalat und Lachs anrichten.

Kürbisnudeln

für 4 Portionen

400 g Weißmehl
1 EL Salz
300 g Kürbispüree
1 Freilandei
1 TL Olivenöl extra nativ

1 Mehl und Salz in einer Schüssel mischen. Kürbispüree, Ei und Olivenöl zugeben, zu einem glatten, geschmeidigen Teig kneten. Je nach Konsistenz braucht es noch wenig Mehl oder Wasser. Der Teig darf an den Fingern nicht mehr kleben. Teig in Klarsichtfolie einwickeln, 30 Minuten ruhen lassen.

2 Teig halbieren, auf leicht bemehlter Arbeitsfläche dünn ausrollen. Teigblätter gerade schneiden, Nudeln von 1 bis 2 cm Breite schneiden. Der Teig kann auch problemlos mit einer Nudelmaschine verarbeitet werden. Kürbisnudeln 30 Minuten oder länger trocknen lassen.

3 In einem großen Kochtopf reichlich Salzwasser erhitzen, die Nudeln zugeben und al dente kochen. Abgießen, mit einem Schuss Olivenöl vermengen. Sofort servieren.

Dazu passen Sauce nach Wahl und ein bunter Salat

Kürbispüree Mehligen Kürbis schälen und entkernen, klein würfeln. Kürbiswürfelchen am besten in einem Siebeinsatz im Dampf garen, bis der Kürbis weich ist. Fein pürieren. Grobfasrigen Kürbis eher durch ein Passevite/Flotte Lotte drehen, damit die Fasern aufgefangen werden. Das Kürbispüree abtropfen lassen: Sieb mit Gazetuch oder Küchentuch auslegen, Püree in das Sieb geben und abtropfen lassen, je länger, desto besser. Ideal ist, das Püree zum Abtropfen über Nacht in den Kühlschrank zu stellen. Je nach Kürbissorte erhält man von 100 g Fruchtfleisch 50 bis 80 g Püree.

Tofu mit Shiitake

1 EL Olivenöl extra nativ
300 g Tofu
1½ cm Ingwerwurzel
1 Knoblauchzehe
1 Karotte
1 mittelgroße Zwiebel
150 g Shiitake
1 TL Maisstärke
Chili nach Belieben

Sauce

1½ EL Sojasauce
1 TL flüssiger Honig
2 EL Reiswein
Salz

1 Stiel bei den Shiitake herausdrehen, Hüte je nach Größe zerkleinern. Tofu in Würfel schneiden. Ingwerwurzel schälen und fein hacken. Knoblauchzehe in feine Scheiben schneiden. Karotte schälen und in streichholzdünne Stäbchen schneiden. Zwiebel in Ringe/Streifen schneiden.

2 Für die Sauce Sojasauce, Honig und Reiswein verrühren, mit Salz abschmecken.

3 Tofu in Rührbratpfanne oder beschichteter Bratpfanne im Olivenöl bei mäßiger Hitze braten, herausnehmen.

4 Ingwer, Knoblauch, Karotten, Zwiebeln und Shiitake in der Tofupfanne 5 bis 7 Minuten rührbraten. Hitze reduzieren. Tofu und Sauce zufügen, vermengen, 3 Minuten köcheln lassen. Sauce eventuell mit wenig mit Wasser angerührter Maisstärke binden.

Dazu passt Reis

Ochsenschwanzragout

für 4 Portionen

- 8 Ochsenschwanzscheiben vom Schwanzansatz
- Salz
- frisch gemahlener Pfeffer
- Bratbutter/Butterschmalz
- 4 kleine Karotten
- 4 kleine Pfälzer Rüben/gelbe Rüben
- 5 mittelgroße Zwiebeln
- wenig Knollensellerie
- 50 g Tomatenpüree
- 1 l kräftiger Rotwein
- ½ l Fleischbrühe
- 2 dl/200 ml roter Portwein
- 1 dl/100 ml Balsamico-Essig

1 Ochsenschwanzscheiben mit Salz und Pfeffer würzen, in der Bratbutter portionsweise rundum kräftig anbraten, in eine große ofenfeste Form/einen Bräter legen.

2 Backofen auf 180 °C vorheizen.

3 Karotten, Pfälzer Rüben, Zwiebeln und Sellerie schälen und in nicht zu kleine Stücke schneiden, in der Fleischpfanne rösten, Tomatenpüree unterrühren, kurz weiterrösten, Wein und Fleischbrühe zugeben, aufkochen. Über den Ochsenschwanz verteilen.

4 Die Form in der Mitte in den Ofen schieben, Ochsenschwanz bei 180 °C zugedeckt schmoren, bis sich das Fleisch vom Knochen löst, etwa 120 Minuten. Topfinhalt in ein Sieb geben, Fond in einer Pfanne auffangen.

5 Ochsenschwanzfond mit Portwein und Balsamico-Essig auf die Hälfte einkochen lassen. Fleisch vom Knochen lösen, mit dem Gemüse zur Sauce geben, bei schwacher Hitze aufwärmen, 5 Minuten köcheln lassen. Auf vorgewärmten Tellern anrichten.

Dazu passen Kartoffelpüree, Seite 99, oder Nudeln

Rösti-Pflaumen-Knödel mit Nüssen

1 EL Olivenöl extra nativ
50 g Lauchwürfelchen
250 g gekochte Schalenkartoffeln vom Vortag, geschält und auf Röstiraffel geraspelt
30 g Nussmischung, grob gehackt
100 g entsteinte Dörrpflaumen
½ dl/50 ml kräftiger Rotwein
Salz
frisch gemahlener schwarzer Pfeffer
1–2 EL Mehl
½ dl/50 ml Balsamico-Essig

1 Pflaumen in ein Schüsselchen geben, mit dem Rotwein beträufeln, über Nacht stehen lassen. Die Hälfte der Pflaumen vierteln.

2 Etwa die Hälfte der Lauchwürfelchen im Olivenöl andünsten, Kartoffeln, Nüsse und Pflaumenviertel zufügen, gut mischen, würzen, Mehl untermischen. Mit feuchten Händen vier kompakte Knödel formen.

3 In einer Bratpfanne wenig Olivenöl nicht zu stark erhitzen, Knödel bei mittlerer Temperatur braten, bei 100 °C im Backofen warm stellen.

4 Für die Sauce Balsamico-Essig auf einen Drittel einkochen lassen, restliche Pflaumen zugeben und erwärmen, Rotwein zugeben, bei schwacher Hitze 8 Minuten kochen, mit Salz und Pfeffer abschmecken. Vor dem Servieren restlichen Lauch zur Sauce geben.

Felchenfilets an Champignonsauce

300 g Felchenfilets ohne Haut
Salz
frisch gemahlener Pfeffer
Mehl zum Wenden
Bratbutter/Butterschmalz

Sauce
1 EL Butter
1 Schalotte
100 g Champignons
½ dl/50 ml Apfel- oder Weißwein
2–3 EL Gemüsebrühe
½ dl/50 ml Rahm/Sahne
1–2 EL Mehlbutter (⅔ Butter und ⅓ Mehl zusammenfügen)
Salz
frisch gemahlener Pfeffer
1 unbehandelte Zitrone
Dill

1 Schalotte fein hacken. Pilze in feine Scheiben schneiden. Dill fein hacken. Schalotten in der Butter andünsten, Champignons zugeben und mitdünsten, mit Apfelwein und Gemüsebrühe ablöschen, 5 Minuten köcheln lassen, Rahm zugeben, erhitzen, so viel Mehlbutter krümelig dazureiben, bis die Sauce die richtige Konsistenz hat. Abschmecken mit Salz, Pfeffer und wenig abgeriebener Zitronenschale und Zitronensaft.

2 Fischfilets mit Salz und Pfeffer würzen, sanft in das Fleisch einreiben. Fischfilets in wenig Bratbutter in der Bratpfanne zuerst auf der Hautseite braten, wenden und fertig braten, insgesamt 3 bis 4 Minuten.

3 Gebratene Fischfilets auf vorgewärmten Tellern anrichten. Mit der Champignonsauce umgießen, mit Dill garnieren.

Pastinaken-Lauch-Nester

200 g Pastinaken
200 g grüner Lauch

2 Freilandeier
6 EL Weißmehl
1 TL gehackte Rosmarinnadeln
½ TL Salz
2 Prisen Chilipulver

Bratbutter/Butterschmalz

1 Pastinaken schälen, mit dem Sparschäler Streifen abziehen. Beim Lauch grobfasrige Hüllblätter entfernen, Stangen längs halbieren, in Längsrichtung in feine Streifen schneiden. Pastinaken- und Lauchstreifen im Dampf knackig garen, auskühlen lassen.

2 Eier, Mehl, Rosmarin, Salz und Chili zu einem Teig rühren.

3 Ein wenig Bratbutter in einer Bratpfanne erhitzen, mit grobzinkiger Gabel etwas Gemüse aufrollen, im Teig wenden, Gemüsenester in der Bratbutter einseitig goldbraun backen.

Dazu passen Tomatensauce und Wildreis

31. OKTOBER

Basler Mehlsuppe

für 2 bis 3 Portionen

5 EL Weißmehl
60 g Butter
1 l Gemüsebrühe
½ dl/50 ml Rotwein
100 g geriebener Gruyère

2 EL Olivenöl
1 große Zwiebel, in feinen Ringen

1 Mehl in einem Gusseisentopf unter Rühren bei starker Hitze braun rösten, leicht abkühlen lassen, Butter unterrühren, Gemüsebrühe zugeben, unter gelegentlichem Rühren 20 Minuten köcheln lassen, Rotwein kurz vor dem Servieren unterrühren, nochmals erhitzen.

2 Zwiebelringe im Öl bräunen.

3 Mehlsuppe in vorgewärmten Tellern anrichten, mit gerösteten Zwiebelstreifen bestreuen. Käse darüber streuen oder separat servieren.

Dazu passen Mahlzeit mit einem bunten Salat beginnen. Zum Dessert einen Früchtekuchen, z. B. den Apfelkuchen, Seite 31, servieren.

November

Szegediner Gulasch

600 g Rind- oder Lammfleisch, in 2 cm großen Würfeln	
2–3 EL Öl	
3 Schalotten, fein gehackt	
1 EL Tomatenpüree	
1 TL Rosenpaprikapulver	
1 Prise Kümmelsamen	
Salz	
½ l Fleisch- oder Gemüsebrühe	
500 g gekochtes Sauerkraut	
100 g Sauerrahm/saure Sahne	

1 Fleischwürfel im Brattopf im heißen Öl kräftig anbraten, Schalotten mitdünsten, Tomatenpüree unterrühren, mit Rosenpaprika, Kümmelsamen und Salz würzen, mit Fleischbrühe ablöschen, Gulasch bei schwacher Hitze 2 Stunden schmoren. Je nach Flüssigkeitsstand mehr Brühe zugeben.

2 Sauerkraut unter das Gulasch rühren, weitere 30 Minuten bei schwacher Hitze zugedeckt köcheln lassen.

3 Gulasch abschmecken, Sauerrahm unterrühren.

Penne mit Cima di Rapa

180–200 g Penne/Federn
200 g Cima di Rapa/Stängelkohl
1–2 EL Olivenöl extra nativ
1–2 Knoblauchzehen, fein gehackt
wenig fein gehackte Chilischote, nach Belieben
Salz
frisch gemahlener Pfeffer
50 g zerbröckelter Ricotta oder Ziegenfrischkäse, nach Belieben

1 Beim Cima di Rapa können Blätter und Blüten verwendet werden. Nur sehr dicke Stängel und große, beschädigte Blätter wegwerfen. Kohl mit Blättern und Blüten in etwa 5 mm breite Streifen schneiden.

2 Penne in einem großen Kochtopf in reichlich Salzwasser al dente kochen. Cima di Rapa die letzten 5 Minuten mitkochen. In ein Sieb abgießen.

3 Knoblauch und Chilischoten im Öl andünsten, Penne und Cima di Rapa zugeben, erhitzen, abschmecken mit Salz und Pfeffer. Käse nach Belieben untermischen und schmelzen. Sofort servieren.

Cima di Rapa Italienische Kohlart, im Winter in gut assortierten Supermärkten oder beim Gemüsehändler erhältlich.

Varianten/Tipps Cima di Rapa durch Brokkoli ersetzen. Auch den Stängel verwenden, den man schält und klein schneidet. Teigwaren-Kochwasser für eine Suppe verwenden. Anstatt den Stängelkohl mit den Penne zu kochen, kann man ihn auch kurz dämpfen (schont die Vitalstoffe) und verstärkt den Kohlgeschmack.

Fischcurry indische Art

für 4 Portionen

6 dl/600 ml Wasser
100 g Kokosnussflocken

1 EL Erdnussöl
1 kleines Stück Ingwer
3 kleine Zwiebeln
3 Knoblauchzehen
1 EL Korianderpulver
1 TL Kreuzkümmelpulver
1 TL Fenchelsamen
1 TL Kurkuma
1 TL Chilipulver
2 EL Zitronensaft
1½ dl/150 ml Kokosnussmilch

½ kleiner Knollensellerie
300 g fruchtiges Kürbisfleisch
2 Pelati aus der Dose/aus dem Glas
6 grüne Peperoncini/Chilischoten
600 g feste Fischfilets, z. B. Zander, Dorsch
2–3 EL Erdnussöl

1 Wasser aufkochen, über die Kokosflocken gießen, 30 Minuten stehen lassen. Flüssigkeit durch ein Sieb passieren und auffangen, Flocken gut ausdrücken. Kokoswasser zur Seite stellen. Flocken entsorgen.

2 Ingwer schälen, auf der Bircher-Rohkostreibe fein reiben. Zwiebeln und Knoblauch fein hacken.

3 1 EL Erdnussöl in der Bratpfanne erhitzen, Ingwer, Zwiebeln, Knoblauch und alle Gewürze zugeben, unter Rühren etwa 2 Minuten dünsten, bis die Gewürze kräftig duften. Zitronensaft und Kokosmilch unterrühren, mit Salz würzen.

4 Knollensellerie schälen, in etwa 5 mm große Würfelchen schneiden. Kürbis schälen, entkernen, in 1 cm große Würfelchen schneiden. Bei den Pelati den Stielansatz entfernen, Pelati würfeln. Peperoncini in Ringe, Fischfilets in Würfel schneiden.

5 In einer Bratpfanne Fischwürfel in wenig Erdnussöl anbraten, beiseite stellen. In der Fischpfanne in wenig Erdnussöl Sellerie und Kürbis weich dünsten, Tomaten zufügen, kurz köcheln lassen.

6 Tomatenmix, Fisch und Peperoncini mit der Sauce sorgfältig mischen, nochmals erhitzen.

Randensuppe

1 EL Erdnussöl
1 kleine Zwiebel
400 g rohe Randen/rote Beten
4 dl/400 ml Gemüsebrühe
Salz
frisch gemahlener Pfeffer
Zitronensaft
ca. 1 EL Vollrohrzucker
Crème fraîche für die Garnitur
Dill für die Garnitur

1 Randen schälen und in kleine Stücke schneiden. Zwiebel fein hacken.

2 Zwiebeln im Öl andünsten, Randen zugeben und mitdünsten, mit der Gemüsebrühe ablöschen, aufkochen, bei schwacher Hitze köcheln lassen, bis die Randen weich sind. Wenig Randen klein würfeln und beiseite stellen. Suppe pürieren.

3 Randensuppe aufkochen, mit Salz und Pfeffer würzen, mit Zitronensaft und Zucker abschmecken.

4 Suppe anrichten, mit Randenwürfelchen, Crème fraîche und Dill garnieren.

Dazu passen Mahlzeit mit einem Blattsalat beginnen. Brühwürstchen in der Randensuppe heiß werden lassen. Mit Roggenbrot servieren.

Gerstotto mit Kürbis

- 150 g Rollgerste
- 4 dl/400 ml Wasser
- 2 EL Olivenöl extra nativ oder kalt gepresstes Rapsöl
- 1 kleine Zwiebel, fein gehackt
- 300 g fruchtiges Kürbisfleisch, klein gewürfelt
- wenig Gemüsebrühe
- frisch gemahlener Pfeffer
- 2 EL gehackte glattblättrige Petersilie
- 1–2 EL Olivenöl extra nativ
- wenig geriebener Bündner Bergkäse oder Sbrinz

1 Rollgerste mit dem Wasser aufkochen, 5 Minuten sprudelnd kochen, auf der ausgeschalteten Wärmequelle 30 Minuten zugedeckt quellen lassen.

2 Zwiebeln im Olivenöl andünsten, Kürbis mitdünsten, mit wenig Brühe ablöschen, köcheln lassen, bis der Kürbis weich ist. Rollgerste unterrühren, mit schwarzem Pfeffer, Petersilie, Olivenöl und Käse abschmecken.

Variante Rollgerste durch Risottoreis ersetzen.

Dazu passt ein bunter Blattsalat

Bündner Kartoffelgratin

300 g vorwiegend fest kochende Kartoffeln
50 g geräucherter Speck
1 EL Bramata-Mais
½ dl/50 ml Rahm/Sahne
1 Zweig Majoran
Salz
Muskatnuss
frisch gemahlener schwarzer Pfeffer

1 Backofen auf 180 °C vorheizen. Eine kleine Gratinform mit Butter einfetten.

2 Kartoffeln schälen und auf der Röstiraffel raspeln. Speck in kleine Würfel schneiden.

3 Kartoffeln, Speck, Mais, Rahm und abgezupfte Majoranblättchen vermengen, mit Salz, Muskatnuss und Pfeffer würzen, in die Gratinform füllen.

4 Form in der Mitte in den Ofen schieben, Gratin bei 180 °C 1 Stunde backen.

Dazu passen reifer Bergkäse und ein bunter Blattsalat

Kraut-/Kohlstrudel

Teig

250 g Weißmehl
2 Prisen Salz
2 EL Öl
1 Freilandei
1 dl/100 ml Wasser

Mehl zum Ausrollen
etwa 50 g Butter zum Einpinseln

Füllung

2 EL Butter
1 Zwiebel, gehackt
1 EL Zucker
1 Weißkabis-/kohl, etwa 800 g
1 EL Essig
1¼ dl/125 ml Gemüsebrühe
Salz, frisch gemahlener Pfeffer
125 g Sauerrahm/saure Sahne

1 TL Kümmelsamen

1 Für den Teig Mehl, Salz, Öl, Ei und Wasser in einer Teigschüssel zu einem Teig zusammenfügen, etwa 10 Minuten kräftig kneten, bis der Teig glatt und geschmeidig ist. Zugedeckt 30 Minuten ruhen lassen.

2 Beim Kabis die äußeren Blätter abbrechen, Kopf vierteln und Strunk herausschneiden, Kabisviertel fein hobeln.

3 In einem weiten Topf Zwiebeln in der Butter andünsten, mit Zucker bestreuen und diesen unter Rühren leicht karamellisieren, Kabis zugeben, mit Essig und Gemüsebrühe ablöschen, würzen, bei schwacher Hitze unter häufigem Rühren zugedeckt etwa 20 Minuten dünsten. Restliche Flüssigkeit bei offenem Topf verdampfen lassen. Topf von der Wärmequelle nehmen, Kabis auskühlen lassen. Sauerrahm unterrühren.

4 Backofen auf 200 °C vorheizen.

5 Strudelteig auf leicht bemehlter Arbeitsfläche mit leicht bemehlten Händen zuerst dünn ausrollen, dann auf ein Küchentuch heben und sehr dünn ausziehen. Strudelblatt mit etwas flüssiger Butter einpinseln. Kabis auf den Teig verteilen, 3 bis 4 cm Rand frei lassen, Teigränder nach Innen einschlagen, Strudel mit Hilfe des Küchentuches aufrollen und auf ein eingefettetes Blech heben, dabei soll die Teignaht unten zu liegen kommen. Strudel mit restlicher flüssigen Butter einpinseln und mit Kümmelsamen bestreuen.

6 Strudel in der Mitte in den Ofen schieben, bei 200 °C 40 Minuten backen.

Dazu passt ein bunter Blattsalat

Kastanienragout mit Salbei

4 EL Olivenöl extra nativ
1 kleine Zwiebel
15 Salbeiblätter
500 g erntefrische Kastanien
2½ dl/250 ml Milch
Kräutersalz
frisch gemahlener Pfeffer

1 Kastanien eine Stunde in kaltem Wasser einlegen. Dann auf der gewölbten Seite zur Hälfte mit einem scharfen Messer nur so tief einritzen, dass die Kastanie nicht verletzt wird. Kastanien im kochenden Wasser während 4 Minuten blanchieren (ab Siedepunkt des Wassers gemessen). Die noch heißen Früchte schälen, Häutchen entfernen.

2 Zwiebel fein hacken. Salbeiblätter in Streifchen schneiden.

3 Zwiebeln im Olivenöl andünsten, Salbeiblätter und Kastanien zugeben, kurz mitdünsten, Milch zugeben, bei schwacher Hitze 8 bis 12 Minuten köcheln, bis die Kastanien weich sind. Möglichst nicht rühren, damit die Früchte ganz bleiben.
Je nach Flüssigkeitsstand wenig Milch nachgießen. Das Ragout darf nicht trocken sein.

Zum Rezept Ein traditionelles Gericht aus der Ardèche.

Dazu passen herbstliche Gemüse und/oder Salat

Schweinsbraten mit Rotkraut und Äpfeln

für 4 Portionen

- 2–3 EL Öl
- 1 kg Schweinsbraten von der Schulter
- 1 mittelgroße Zwiebel
- 1 mittelgroßer Rotkabis/-kohl
- Salz
- frisch gemahlener Pfeffer
- 3 dl/300 ml Rotwein
- Gemüsebrühe
- 2–3 säuerliche Äpfel

1 Zwiebel in feine Scheiben schneiden. Beim Kabis äußere Blätter abbrechen, Kopf vierteln, Strunk herausschneiden, Viertel fein hobeln.

2 Den Schweinsbraten in einem großen Brattopf/Bräter im heißen Öl rundum kräftig anbraten, herausnehmen, mit Salz und Pfeffer würzen.

3 Zwiebeln und Rotkabis im Brattopf andünsten, Schweinsbraten zufügen, mit dem Rotwein ablöschen, bei schwacher Hitze 75 Minuten köcheln lassen, bei zu wenig Flüssigkeit mit Gemüsebrühe ergänzen.

4 Äpfel schälen, vierteln und entkernen, in den Brattopf geben, nochmals 20 Minuten köcheln lassen.

Dazu passen Knöpfli/Spätzle oder Gnocchi, Seite 105, oder im Dampf gegarte Kartoffeln

Ricotta-Spinat-Bratlinge

200 g tiefgekühlter Blattspinat (kein gehackter Spinat)
125 g Ricotta
½ verquirltes Freilandei
20 g geriebener Käse
1 Knoblauchzehe, durchgepresst
frisch gemahlener Pfeffer
Kräutersalz
Muskatnuss

Olivenöl zum Braten

1 Spinatblätter in einem Sieb auftauen lassen, gut ausdrücken, grob hacken.

2 Spinat, Ricotta, Ei, Käse und Knoblauch vermengen, würzen.

3 In einer beschichteten Bratpfanne wenig Öl erhitzen. Spinatmasse mit einem Esslöffel portionieren, direkt in die Pfanne geben, Bratlinge bei mittlerer Hitze beidseitig je 5 Minuten braten.

Wichtig Der Spinat muss relativ trocken sein, damit die Masse bindet.

Dazu passen Reis und ein bunter Blattsalat

Gebackener Meerwolf mit Zitronensauce

für 2 bis 3 Portionen

1 Meerwolf, ca. 800 g, küchenfertig
Salz
3–4 Rosmarinzweiglein

2 unbehandelte Zitronen, in Scheiben

2 EL Olivenöl extra nativ

Zitronensauce
1 Zitrone, Saft
½ TL Salz
frisch gemahlener Pfeffer
1 dl/100 ml Olivenöl extra nativ
2 EL fein gehackte Petersilie

1 Backofen auf 180 °C vorheizen.

2 Meerwolf unter fließendem kaltem Wasser innen und außen waschen, mit Küchenpapier trocken tupfen, wenig Salz in den Bauch streuen, Nadeln eines Rosmarinzweiges abstreifen und in den Bauch füllen. Fisch in eine eingeölte Gratinform legen, mit Olivenöl beträufeln, Rosmarin und Zitronenscheiben darauf legen. Form mit Alufolie verschließen.

3 Form in der Mitte in den Ofen schieben, Fisch bei 180 °C 20 Minuten dünsten. Folie entfernen, weiere 5 bis 10 Minuten backen.

4 Für die Sauce Zitronensaft, Salz und Pfeffer gut verrühren, Olivenöl tropfenweise einrühren, Petersilie zugeben. Sauce separat servieren.

Dazu passen im Dampf gegarte Kartoffeln und ein bunter Salat

Makkaronipastete

200 g kurze Makkaroni
150 g Schinkenscheiben, in Streifen
2 Freilandeier
2 dl/200 ml Milch
Salz
Muskatnuss
100 g geriebener Gruyère

weiche Butter für die Form
Paniermehl/Semmelbrotbrösel, für die Form

1 Makkaroni in reichlich Salzwasser al dente kochen, abgießen und mit kaltem Wasser abschrecken.

2 Backofen auf 200 °C vorheizen.

3 Eine ofenfeste Form, z. B. eine kleine beschichtete Gugelhupfform, mit Butter einfetten und mit Paniermehl ausstreuen.

4 Eier und Milch verquirlen, würzen.

5 Makkaroni, Schinkenstreifen, Käse und Eierguss lagenweise in die Form füllen.

6 Form auf der untersten Schiene in den Ofen schieben, Pastete bei 200 °C etwa 1 Stunde backen.

7 Pastete vor dem Stürzen 5 Minuten stehen lassen. Rand mit einem spitzen Messer lösen. Pastete auf eine Platte stürzen.

Dazu passt ein bunter Salat

Kartoffel-Rosenkohl-Pfanne

1 EL Olivenöl extra nativ
1 kleine Zwiebel
1 Knoblauchzehe
400 g Rosenkohl
1 Rosmarinzweiglein
1 Thymianzweiglein
400 g kleine fest kochende Kartoffeln
ca. 1 dl/100 ml Gemüsebrühe
Salz
frisch gemahlener Pfeffer
1 unbehandelte Zitrone, abgeriebene Schale
1 TL Olivenöl extra nativ

1 Zwiebel und Knoblauchzehe fein hacken. Rosenkohl putzen, große Röschen halbieren. Kartoffeln schälen und längs vierteln oder würfeln. Rosmarinnadeln abstreifen und hacken. Thymianblättchen abzupfen.

2 Zwiebeln und Knoblauch im Olivenöl andünsten, Rosenkohl und Kräuter mitdünsten, Kartoffeln zufügen, Gemüsebrühe zugeben, bei schwacher Hitze garen, bis die Kartoffeln weich sind. Abschmecken mit Salz, Pfeffer, Zitronenschalen und Olivenöl.

Dazu passt ein bunter Saisonsalat

Apfelküchlein im Ausbackteig

für 2 bis 3 Portionen

4 große säuerliche Äpfel, z. B. Boskoop

Ausbackteig
150 g Weißmehl
1 Prise Salz, 2 EL Zucker
250 ml helles Bier oder Apfelsaft oder Milch
2 Freilandeier
1 unbehandelte Zitronenschale, abgeriebene Schale
1 EL flüssige Butter

Öl zum Ausbacken
Zimtzucker

1 Zutaten für den Teig glatt rühren, Teig 30 Minuten oder länger quellen lassen.

2 Kerngehäuse der Äpfel ausstechen, Früchte in etwa 1 cm dicke Scheiben schneiden.

3 Öl in einer Fritteuse oder in einem Brattopf erhitzen. Apfelringe in den Ausbackteig tauchen, schwimmend backen. Vor dem Servieren mit Zimtzucker bestreuen.

Variante Apfelküchlein in einer beschichteten Bratpfanne wie Omeletts backen.

Dazu passt Mahlzeit mit einer Gemüsesuppe beginnen

Maisroulade mit Federkohlfüllung

für 3 bis 4 Portionen

125 g mittelfeiner Maisgrieß
6 dl/600 ml Gemüsebrühe
1 Lorbeerblatt

100 g Feder-/Grünkohl
60 g in Öl eingelegte getrocknete Tomaten
30 g Bergkäse
1 TL Rosmarinnadeln
1 Knoblauchzehe
frisch gemahlener Pfeffer

Tomatensauce

2 EL Olivenöl extra nativ
1 kleine Zwiebel
1 Knoblauchzehe
250 g Pelati aus dem Glas
2–3 EL Wasser
1 Prise Zucker
1 Prise Chilipulver
Salz

1 Maisgrieß und Gemüsebrühe unter Rühren aufkochen, Lorbeerblatt zufügen, bei schwacher Hitze unter zeitweiligem Rühren 15 bis 20 Minuten köcheln lassen.

2 Federkohl im Salzwasser etwa 3 Minuten blanchieren, in ein Sieb abgießen, mit kaltem Wasser abschrecken, Blattrippen herausschneiden, Blätter fein hacken.

3 Getrocknete Tomaten in feine Streifen schneiden. Bergkäse klein würfeln.

4 Maisbrei auf einem Backtrennpapier 4 mm dick und rechteckig ausstreichen. Federkohl, Tomaten und Käse darauf verteilen, mit Rosmarin, durchgepresstem Knoblauch und Pfeffer würzen. Maisblatt mit Hilfe des Backtrennpapiers aufrollen, 30 Minuten ruhen lassen.

5 Für die Sauce Zwiebel und Knoblauchzehe fein hacken, im Olivenöl andünsten, zerkleinerte Pelati zufügen, bei schwacher Hitze 15 bis 20 Minuten köcheln lassen. Sauce würzen.

6 Maisroulade in 15 mm dicke Scheiben schneiden, auf ein Blech legen, im Ofen bei 180 °C heiß werden lassen. Auf vorgewärmten Tellern anrichten, mit der Tomatensauce umgießen.

Großmutters Sauerbraten

für 4 Portionen

1 große Zwiebel
1 Karotte
1 Stück Knollensellerie
1 dl/100 ml Essig
2½ dl/250 ml Rotwein
½ l Wasser
5 Gewürznelken
½ TL Pfefferkörner
1 TL Wacholderbeeren

1 kg Rindsschmorbraten
2 EL Bratbutter/Butterschmalz oder Öl
75 g Brot ohne Rinde
75–100 g Rosinen
1–3 EL Rübensirup
150 g Crème fraîche
Salz
frisch gemahlener schwarzer Pfeffer

1 Für die Marinade Zwiebel, Karotte und Sellerie schälen und grob hacken, mit Essig, Wein, Wasser, Gewürznelken, Pfefferkörnern und Wacholderbeeren aufkochen, abkühlen lassen.

2 Rindfleisch in eine schmale, hohe Schüssel legen. Marinade darüber gießen – das Fleisch sollte mit der Marinade bedeckt sein. Im Kühlschrank 3 bis 4 Tage zugedeckt marinieren, häufig wenden.

3 Am Kochtag den Rindsbraten aus der Marinade nehmen, mit Küchenpapier trocknen. Fleisch in der heißen Bratbutter oder im Öl rundum kräftig anbraten, mit ein wenig Wasser ablöschen, dann etwa 2 dl/200 ml der Marinade durch ein Sieb dazugeben, zugedeckt 1½ Stunden bei schwacher Hitze schmoren.

4 Braten aus der Sauce nehmen, zugedeckt warm stellen.

5 Brot zerpflücken, mit Rosinen, Rübensaft und Crème fraîche unter die Sauce rühren, je nach Konsistenz einkochen lassen oder mit etwas Marinade verdünnen, mit Salz und Pfeffer abschmecken. Braten in Scheiben schneiden, anrichten, mit der Sauce übergießen.

Dazu passen Rotkraut oder Rosenkohl sowie Nudeln, Kartoffelpüree, oder Kartoffelgnocchi, Seite 105

Maluns – Kartoffelriebel

für 3 bis 4 Portionen

500 g gekochte Schalenkartoffeln vom Vortag
150 g Knöpfli-/Spätzlemehl
Salz
frisch gemahlener schwarzer Pfeffer
50 g Bratbutter/Butterschmalz
25 g Butter

1 Kartoffeln schälen und auf der Röstiraffel raspeln, Knöpflimehl beifügen, zwischen den Handflächen krümelig reiben, mit Salz und Pfeffer würzen.

2 Bratbutter am besten in einer Gusseisenpfanne erhitzen, Kartoffelmasse unter ständigem Rühren bei starker Hitze rösten. Geduld ist gefragt! Zum Schluss sollte die Masse aus kleinen goldgelben Klümpchen bestehen. Butter unterrühren. Von der Pfanne auf den Tisch, lautet bei Maluns die Devise. Dazu Apfelmus und Bergkäse servieren.

Maluns waren früher ein Armeleute-Gericht. Heute sind sie sogar in der Haute Cuisine hoch im Kurs. Neueren Datums ist das Knöpfli-/Spätzlemehl, eine Mischung aus Mehl und Grieß, das den Maluns mehr Biss gibt.

Schneller Kürbisauflauf

2 EL Olivenöl, extra nativ
1 kleine Zwiebel
1 Knoblauchzehe
400 g mehliges Kürbisfleisch
1 EL fein gehackte Kräuter, z. B. Thymian, Petersilie, Majoran
1½ dl/150 ml Rahm/Sahne
1 Freilandei
2–3 EL geriebener Käse
Salz
frisch gemahlener Pfeffer
Muskatnuss

1 Zwiebel und Knoblauchzehe fein hacken. Kürbisfleisch klein würfeln.

2 Zwiebeln und Knoblauch im Olivenöl andünsten, Kürbiswürfelchen und Kräuter kurz mitdünsten, mit Rahm ablöschen, bei schwacher Hitze 4 bis 6 Minuten köcheln lassen, je nach Größe der Kürbiswürfelchen. In eine eingefettete Gratinform verteilen.

3 Backofen auf 180 °C vorheizen.

4 Ei verquirlen, Käse unterrühren, würzen mit Salz, Pfeffer und Muskat, über den Kürbis verteilen.

5 Form in der Mitte in den Ofen schieben, Kürbisauflauf bei 180 °C rund 25 Minuten backen.

Dazu passt ein Salat

Hecht an Beurre blanc

- 40 g Bratbutter/Butterschmalz
- 600 g ausgenommener Hecht am Stück
- Salz
- frisch gemahlener Pfeffer
- Mehl zum Wenden
- 1 kleine Zwiebel
- 1 dl/100 ml Weißwein
- 1 dl/100 ml Fischfond
- 100 g kalte Butterstückchen
- ½ dl/50 ml Rahm/Sahne
- Estragon
- Dill

1 Beim Hecht beidseitig des Rückgrats (siehe Bild), alle 10 mm einen 15 mm tiefen Einschnitt machen und Gabelgräte durchschneiden. Fisch innen und aussen mit Salz und Pfeffer würzen, sanft einreiben.

2 Zwiebel fein hacken. Rahm steif schlagen. Je 2 Esslöffel Dillspitzen und Estragonblätter zerkleinern.

3 Hecht im Mehl wenden, überschüssiges Mehl abschütteln. Bratbutter in einem großen Brattopf erhitzen, Hecht unter zeitweiligem Wenden auf jeder Seite 4 Minuten braten. Hitze reduzieren, Zwiebeln zugeben und andünsten, mit Weißwein und Fischfond ablöschen, zugedeckt bei schwacher Hitze 10 Minuten dünsten, immer wieder mit der Flüssigkeit begießen. Fisch herausnehmen und zugedeckt warm stellen.

4 Fond durch ein Sieb in eine kleine Pfanne passieren, auf ½ dl/50 ml einkochen lassen. Hitze reduzieren. Butter unter kräftigem Rühren mit dem Schneebesen stückchenweise unterrühren, Schlagrahm unterziehen, mit Salz und Pfeffer abschmecken, Kräuter unterrühren.

5 Hecht anrichten, mit der Beurre blanc umgießen.

20. NOVEMBER

Blattsalat mit Orangen und Nüssen

200–250 g Blattsalat, z. B. Endivie und krause Endivie, Lattich, Spinat, Brüsseler Endivie, Cicorino rosso, Catalogna
2 Orangen oder 1 rosa Grapefruit
einige Baumnüsse/Walnüsse

Marinade
Zitronensaft
Olivenöl extra nativ oder kalt gepresstes Rapsöl, gemischt mit Baumnussöl/Walnussöl
1 durchgepresste Knoblauchzehe
Salz
frisch gemahlener Pfeffer

Baguette mit Frischkäse-Aufstrich
1 kleine Baguette, ca. 8 Scheiben
150 g Ziegen- oder Kuhmilchfrischkäse
3 EL fein gehackte Kräuter
1–2 EL Limonenöl oder Olivenöl extra nativ
frisch gemahlener Pfeffer

1 Baguettescheiben im Backofen auf Grillstufe hellbraun rösten, auskühlen lassen.

2 Für den Aufstrich Frischkäse, Kräuter und Limonenöl zu einer Paste rühren, mit Pfeffer abschmecken. Geröstete Baguettescheiben kurz vor dem Servieren damit bestreichen.

3 Blattsalate in mundgerechte Stücke schneiden/zupfen, waschen und trocken schleudern.

4 Aus Zitronensaft, Olivenöl und durchgepresstem Knoblauch eine Marinade rühren, mit Salz und Pfeffer würzen.

5 Orangen oder Grapefruit grosszügig schälen, auch die weißen Häutchen entfernen, Fruchtfilets aus den Trennhäutchen lösen, entkernen.

6 Blattsalat mit der Marinade mischen, anrichten. Garnieren mit Orangenscheiben und Baumnüssen.

Varianten Zitrusfrüchte durch gebratene Pilze ersetzen. Dazu 100 g Pilze putzen und in mundgerechte Stücke schneiden, in wenig Olivenöl braten, mit Salz, Pfeffer und Thymianblättchen würzen. Oder 100 g Tofuwürfelchen mit Sojasauce beträufeln, 1 Stunde marinieren, in wenig Olivenöl knusprig braten.

Dazu passt Mahlzeit mit einer Gemüsecremesuppe beginnen

Kalbsleber mit Kürbis und Rosenkohl

1 EL Olivenöl extra nativ
250 g Kalbsleber
Kräutersalz
frisch gemahlener Pfeffer

Gemüse
200 g Rosenkohl
300 g fruchtiges Kürbisfleisch, Muscade de Provence, Butternut oder Acorn
1 EL Olivenöl extra nativ
einige Salbeiblätter
Meersalz
frisch gemahlener Pfeffer

1 Rosenkohl putzen, je nach Größe halbieren. Kürbisfleisch würfeln. Rosenkohl im Dampf 4 Minuten garen, Kürbis zufügen, weitere 4 Minuten garen.

2 Salbei in feine Streifen schneiden, im Olivenöl andünsten, Gemüse zufügen, 3 bis 4 Minuten rührbraten, würzen mit Salz und Pfeffer.

3 Kalbsleber in Streifen schneiden, im Olivenöl bei starker Hitze kurz braten, mit Kräutersalz und Pfeffer würzen.

4 Leber und Gemüse mischen, anrichten.

Spätzle mit Wirz-Apfel-Allerlei

für 4 Portionen

Spätzleteig
300 g Weißmehl
3 Freilandeier
ca. 1 dl/100 ml Milch
ca. 2 dl/200 ml Wasser
1 Msp Salz
50 g Bündner Bergkäse
½ Zigerstöckli, nach Belieben

1 EL Bratbutter/Butterschmalz
4 Wirz-/Wirsingblätter
1 mittelgroße Zwiebel
2 säuerliche rotbackige Äpfel
1 EL rosa Pfefferkörner

1 Für den Teig Mehl, Eier, Milch, Wasser und Salz glatt rühren, Teig so lange klopfen/schlagen, bis er Blasen wirft. Der Teig darf nicht zu dickflüssig sein. Zugedeckt 30 Minuten oder länger ruhen lassen.

2 Bergkäse auf der Bircher-Rohkostreibe reiben.

3 Zwiebel fein hacken. Äpfel mit Schale vierteln, entkernen, Viertel feinblättrig schneiden. Mittelrippe der Wirzblätter entfernen, Blätter in Vierecke schneiden. Wirz in der Bratbutter dünsten, bis er leicht Farbe angenommen hat, Zwiebeln und Äpfel zufügen und kurz mitdünsten, rosa Pfefferkörner unterrühren.

4 Backofen auf 100 °C vorheizen.

5 In einem großen Kochtopf reichlich Salzwasser erhitzen. Teig portionsweise in das Knöpflisieb füllen und in das kochende Wasser tropfen lassen. Wenn die Spätzle an die Oberfläche steigen, mit einem Schaumlöffel herausnehmen, mit dem Gemüse-Apfel-Gemisch und dem geriebenen Bergkäse lagenweise in eine eingefettete Gratinform füllen, im Ofen warm stellen. Vor dem Servieren mit dem gehobelten Zigerstöckli bestreuen.

Dazu passen Apfelmus oder ein bunter Blattsalat

Hackfleisch-Kürbis-Kugeln

für 4 Portionen

Fleischkugeln
400 Rindshackfleisch
100–150 g mehliges Kürbisfleisch
1 grüner Peperoncino/Pfefferschote
1 kleine Zwiebel
25 g geriebener Parmesan
1 großes Freilandei
1 EL fein gehackter Rosmarin
1 EL fein gehackte Petersilie
Salz, frisch gemahlener Pfeffer

Tomatensauce
4 EL Olivenöl extra nativ
1 große Zwiebel
4 Knoblauchzehen
1 roter Peperoncino/Chilischote
1 EL Tomatenpüree
1 TL Oreganopulver
700 g Pelati aus der Dose
1 Hand voll entsteinte schwarze Oliven
½ dl/50 ml Rotwein
Salz, frisch gemahlener Pfeffer
2–3 Zweiglein Basilikum

1 Kürbis auf der Bircher-Rohkostreibe fein reiben, gut ausdrücken. Peperoncino längs aufschneiden, nach Belieben entkernen, fein hacken. Zwiebel fein hacken. Alle Zutaten für die Fleischkugeln miteinander vermengen, mit Salz und Pfeffer abschmecken.

2 Für die Tomatensauce Zwiebel und Knoblauchzehen fein hacken. Peperoncino längs aufschneiden, nach Belieben entkernen, klein hacken. Bei den Pelati den Stielansatz entfernen, Tomaten grob hacken. Zwiebeln, Knoblauch und Peperoncini im Olivenöl andünsten, Tomatenpüree und Oregano kurz mitdünsten, Tomaten unterrühren, Rotwein zugeben, Sauce bei schwacher Hitze 30 Minuten köcheln lassen, mit Salz und Pfeffer abschmecken.

3 Aus der Fleischmasse Kugeln von 3 bis 4 cm Durchmesser formen, in der Tomatensauce zugedeckt bei schwacher Hitze 10 Minuten ziehen lassen. Basilikumblätter in Streifen schneiden und unterrühren.

Dazu passen Reis, Nudeln oder Kartoffelpüree

Schneller Apfelauflauf

500 g Äpfel
2½ dl/250 ml Milch
60 g Weißmehl
10 g Butter
40 g Zucker
2 große Freilandeier

1 Backofen auf 180 °C vorheizen.

2 Mehl und Milch in einer Pfanne glatt rühren, Butter und Zucker zugeben, erhitzen, unter Rühren zu einem Brei kochen, Pfanne von der Wärmequelle nehmen, Eier unterrühren.

3 Äpfel schälen, vierteln, entkernen, Fruchtviertel in Schnitze schneiden, in eine eingefettete Gratinform füllen. Teigmasse darüber verteilen.

4 Apfelauflauf in der Mitte in den Ofen schieben, bei 180 °C 50 bis 60 Minuten backen.

Schwarzer Karpfen mit Stangensellerie und Schalotten

300 g Karpfenfilets
Salz
je 1 TL frisch gemahlener weißer und schwarzer Pfeffer
scharfes Paprikapulver
Thymian

Gemüse

10 g Butter
200 g Stangensellerie
40 g Schalotten
wenig Gemüsebrühe

Sauce

½ dl/50 ml Rotwein
1 dl/100 ml Rahm/Sahne
1 TL Fischgewürz (vom Fisch)
Salz

1 Karpfen in 2 Portionen teilen, salzen. Gewürze in einem Teller mischen, Fischstücke in der Gewürzmischung wenden, gut andrücken.

2 Stangensellerie in 8 cm lange Stücke schneiden. Sellerie und Schalotten in der Butter andünsten, ein wenig Gemüsebrühe zugeben, knackig dünsten.

3 Für die Sauce Rotwein und Rahm bei starker Hitze auf zwei Drittel einkochen lassen, mit Fischgewürz und Salz würzen.

4 Eine beschichtete Bratpfanne aufheizen, Karpfenfilets beidseitig ohne Öl braten, bis sich der Fisch fest anfühlt. Er darf sogar schwarz werden, das schmeckt!

5 Mit der Rotweinsauce auf vorgewärmten Teller einen Spiegel gießen, Karpfenfilets und Gemüse anrichten.

Karpfen Sie schmecken in der kalten Jahreszeit am besten.

Dazu passt Reis

Karottencremesuppe mit Ingwer

2 EL Olivenöl extra nativ
500 g Karotten oder fruchtiger Kürbis
1 kleine Zwiebel
ca. ½ l Gemüsebrühe
2½ dl/250 ml Kokosnussmilch
frisch gemahlener Pfeffer
1 kleines Stück Ingwer
Mandarinenöl nach Belieben

1 Karotten schälen, grob würfeln. Zwiebel grob hacken.

2 Zwiebeln und Karotten im Olivenöl andünsten, mit Gemüsebrühe und Kokosnussmilch ablöschen, aufkochen, bei schwacher Hitze köcheln, bis das Gemüse gar ist, 12 bis 15 Minuten. Fein pürieren.

3 Karottencremesuppe erhitzen, Ingwer schälen und auf einer feinen Reibe dazu reiben, mit Pfeffer abschmecken. Anrichten, mit ein paar Tropfen Mandarinenöl beträufeln.

Ingwerwurzel Frischen Ingwer bekommt man heute in den meisten Gemüseabteilungen von Großverteilern. Die Ingwerwurzel wird mit dem Messer oder mit dem Kartoffelschäler geschält und auf einer feinen Reibe direkt in die Suppe gerieben. Je nach gewünschter Schärfe kann das mehr oder weniger sein. Wer Zeit sparen will, kann auch mit wenig getrockneter Ingwerwurzel abschmecken.

Mandarinenöl gibt der Suppe einen exotischen Geschmack.

Dazu passen Mahlzeit mit einem bunten Salat beginnen. Suppe mit knusprigem Brot servieren.

Flammkuchen mit Stachys

Hefeteig

200 g Weißmehl
½ TL Salz
5 g Hefe
ca. 1¼ dl/125 ml lauwarmes Milchwasser (halb Wasser/halb Milch)
25 g weiche Butter

Belag

1½ dl/150 ml Sauerrahm/saure Sahne oder Crème double
1 Knoblauchzehe
1 mittelgroße Zwiebel
1 EL Kapern
70 g Speckscheiben, in Streifen
50–100 g Stachys
Salz
frisch gemahlener schwarzer Pfeffer
1 Msp getrockneter Majoran

1 Für den Teig Mehl und Salz in einer Schüssel mischen, eine Vertiefung drücken, Hefe und Milchwasser in die Vertiefung geben, rühren, bis sich die Hefe aufgelöst hat. Butter auf dem Mehlring verteilen. Das Ganze zu einem geschmeidigen Teig kneten. Schüssel mit einem feuchten Tuch bedecken, Teig bei Zimmertemperatur auf das doppelte Volumen aufgehen lassen.

2 Stachys putzen, im Dampf rund 5 Minuten garen.

3 Backofen auf 250 °C vorheizen.

4 Teig in 2 Portionen teilen, 2 mm dicke Rondellen ausrollen, auf mit Backpapier belegte Bleche legen.

5 Teigrondellen mit Sauerrahm bestreichen. Knoblauchzehe und Zwiebel in möglichst feine Scheiben schneiden, mit Kapern, Speckstreifen und ganzen oder eventuell halbierten Stachys auf den Teig legen. Mit Salz, Pfeffer und Majoran würzen.

6 Flammkuchen im unteren Drittel in den vorgeheizten Ofen schieben, bei 250 °C 15 bis 20 Minuten backen.

Dazu passt ein Blattsalat

Omelett aus Süßkartoffeln mit Avocadosauce

für 2 bis 3 Portionen

500 g Süßkartoffeln
1 Freilandei
1 mittelgroße Zwiebel
1 gehackte Chilischote
2 EL Reismehl
Kräutersalz
frisch gemahlener weißer Pfeffer

Olivenöl zum Braten

Avocadosauce
2 dl/200 ml Sauerrahm/saure Sahne
1 Msp Kräutersalz
frisch gemahlener schwarzer Pfeffer
½ Limette, Saft
2 reife Avocados
1 Chilischote
6 geröstete, grob gehackte Cashewkerne
1 EL gehackter Koriander

2 Zweige Koriander für die Garnitur

1 Süßkartoffeln schälen, auf der Röstiraffel in ein Sieb reiben, gut ausdrücken, Saft auffangen und die Stärke setzen lassen, Flüssigkeit abgießen.

2 Ei mit Süßkartoffelstärke verrühren. Zwiebel schälen und auf der Bircher-Rohkostreibe dazu reiben. Gehackte Chilischote und Reismehl unterrühren, mit Kräutersalz und Pfeffer würzen.

3 Für die Sauce den Sauerrahm mit Kräutersalz, Pfeffer und Limettensaft würzen. Avocados halbieren, Stein entfernen. Fruchtfleisch mit einem Esslöffel herauslösen, klein würfeln, zum Sauerrahm geben. Chilischote längs aufschneiden, entkernen, Hälften in feine Streifen schneiden, zur Sauce geben. Kurz vor dem Anrichten Cashewkerne und Koriander unterrühren.

4 In einer beschichteten Bratpfanne wenig Olivenöl erhitzen, Süßkartoffelmasse möglichst dünn zu Omelettes von 10 cm Durchmesser ausstreichen, beidseitig goldbraun backen. Auf einen Teller legen.

5 Eine Hälfte der Omelett mit der Avocadomasse bestreichen, die andere Hälfte darüber klappen. Mit Koriander garnieren.

Dazu passt ein bunter Blattsalat

Kabisgratin

- 600 g Weißkabis/-kohl
- 50 g geriebener Gruyère
- 50 g Schinken, in Streifen
- 1 geschälte mittelgroße gekochte Schalenkartoffel, in Scheiben
- 1 dl/100 ml Rahm/Sahne
- Salz
- frisch gemahlener Pfeffer
- Butterstückchen
- 50 g feine Speckscheiben

1 Weißkabis halbieren, Strunk herausschneiden, die beiden Hälften in etwa 1 cm breite Streifen schneiden, im Dampf knackig garen.

2 Backofen auf 200 °C vorheizen.

3 Eine kleine Gratinform mit Butter einfetten. Die Hälfte der Kabisstreifen in die Form verteilen, Gruyère, Schinken und Kartoffeln darüber verteilen. Mit restlichen Kabisstreifen zudecken. Rahm mit Salz und Pfeffer würzen, darüber gießen. Mit Butterflocken belegen.

4 Kabisgratin auf mittlerer Schiene in den Backofen schieben, bei 200 °C 20 Minuten backen. Mit Speckscheiben belegen, weitere 15 Minuten backen.

Klare Suppe mit Grießklösschen

30 g weiche Butter
60 g Hartweizengrieß
1 Freilandei, verquirlt
Salz
frisch geriebene Muskatnuss
½ l kräftige Gemüsebrühe
4 EL Gemüsewürfelchen (Brunoise) oder tiefgekühlte Erbsen

1 Für die Grießklößchen die Butter luftig aufschlagen. Nach und nach Grieß und Ei unter die Butter rühren, mit Salz und Muskat würzen. Mindestens 30 Minuten ruhen lassen.

2 Gemüsebrühe aufkochen, Gemüsewürfelchen zugeben, 5 Minuten köcheln lassen. Die Hitze der Brühe so reduzieren, dass sie gerade eben noch köchelt, aber nicht sprudelnd kocht. Vom Grießteig mit zwei Teelöffeln längliche Klößchen abstechen, in der heißen Brühe etwa 15 Minuten ziehen lassen.

Dazu passt Suppe mit einem Pilzsalat kombinieren. Dazu 200 g Austernpilze in einem Esslöffel Butter kurz dünsten, mit Salz und Pfeffer abschmecken. Zwei Brüsseler Endivien in die einzelnen Blätter zerlegen, kreisförmig auf Teller legen, Austernpilze in die Mitte geben. 1 EL Zitronensaft, Salz, frisch gemahlenen Pfeffer und 2 EL Olivenöl extra nativ zu einer Vinaigrette rühren, über den Salat träufeln, grob gehackte Haselnüsse oder andere Nüsse darüber streuen.

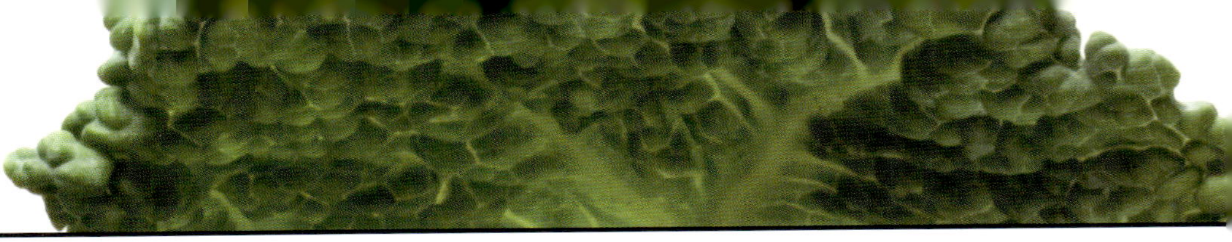

Dezember

1. DEZEMBER

Kalbfleischvögel mit Steinpilzen

für 4 Portionen

Erdnussöl
8 große, dünn geklopfte Kalbsschnitzel, je 50 bis 60 g
20 g getrocknete Steinpilze
100 g Kalbsbrät
Salz, frisch gemahlener Pfeffer
1 dl/100 ml Weißwein
4 dl/400 ml Kalbsfond oder Fleischbrühe

Pilzragout

1 EL Butter
80 g Steinpilze
Salz
frisch gemahlener Pfeffer

1 Getrocknete Steinpilze 15 Minuten in kaltem Wasser einweichen, gut ausdrücken, grob hacken. Pilze mit dem Kalbsbrät vermengen, mit Salz und Pfeffer würzen.

2 Pilz-Brät-Mischung auf den Kalbsschnitzeln verstreichen, einrollen, mit Zahnstochern fixieren.

3 Backofen auf 180 °C vorheizen.

4 Fleischvögel im Öl anbraten, in eine ofenfeste Form legen. Bratöl weggießen, Wein zugeben, Bratfond auflösen, Kalbsfond zugeben, erhitzen, in die Form füllen. In der Mitte in den Ofen schieben, Fleischvögel bei 180 °C 20 Minuten garen. Fleischvögel warm stellen.

5 Sauce durch ein Sieb in eine kleine Pfanne passieren, erhitzen, je nach Konsistenz einköcheln lassen, eventuell mit wenig Mehlbutter (Mehl und Butter zu gleichen Teilen zu einem Klümpchen zusammenfügen) binden, die krümelig dazugerieben wird.

6 Pilze in der Butter andünsten, mit Salz und Pfeffer würzen.

7 Mit der Sauce auf vorgewärmten Tellern einen Spiegel gießen, aufgeschnittene Fleischvögel darauf anrichten. Steinpilze dazu legen.

Dazu passen Polenta-Halbmond, gedünstete Kürbiswürfelchen (fruchtige Kürbissorte), Knöpfli/Spätzle, Nudeln oder Kartoffelpüree

Quinua-Omelett mit Feta-Spinat-Füllung

für 6 Omeletts

Omeletteig
1 EL Olivenöl extra nativ
1¼ dl/125 ml Milch oder Sojamilch
3 Freilandeier
½ TL Salz
75 g Quinuamehl
25 g Weißmehl
1 Rosmarinzweig, Nadeln abgestreift und fein gehackt

Füllung
2 EL Olivenöl extra nativ
1 kleine Zwiebel, fein gehackt
400 g tiefgekühlter Blattspinat, aufgetaut und abgetropft
wenig Gemüsebrüheextrakt
Salz, frisch gemahlener Pfeffer
100 g Fetawürfelchen

geriebener Pecorino oder Parmesan, nach Belieben
1 unbehandelte Zitrone, abgeriebene Schale und Saft

1 Für den Teig Olivenöl, Milch, Eier und Salz verquirlen, Mehle zugeben und glatt rühren. 30 Minuten quellen lassen.

2 Für die Füllung Zwiebeln im Olivenöl andünsten, Spinat mitdünsten, mit Gemüsebrüheextrakt, Salz und Pfeffer würzen. Etwas abkühlen lassen, Flüssigkeit abgießen. Feta untermischen.

3 Aus dem Teig in einer beschichteten Bratpfanne in wenig Olivenöl 6 Omeletts ausbacken.

4 Backofen auf 220 °C vorheizen.

5 Spinat-Feta-Mischung auf die Omeletts verteilen, aufrollen, in die eingefettete Gratinform legen. Omeletts mit einer Mischung aus geriebenem Pecorino und abgeriebener Zitronenschale bestreuen. Im vorgeheizten Backofen bei 220 °C einige Minuten überbacken. Mit ein wenig Zitronensaft beträufeln, sofort servieren.

Dazu passen gedünstetes Gemüse und/oder Salat

Provenzalische Kastaniensuppe mit Maiskörnern

1 EL Olivenöl extra nativ
1 kleine Zwiebel
1 Knoblauchzehe
150 g geschälte Kastanien
½ l Gemüsebrühe
Kräutersalz
frisch gemahlener Pfeffer
geriebene Muskatnuss
½ TL Kräuter der Provence
½ dl/50 ml Rahm/Sahne
50 g tiefgekühlte Maiskörner oder aus dem Glas
1 Msp frisch geriebener Ingwer

Olivenöl extra nativ zum Beträufeln

1 Zwiebel und Knoblauchzehe fein hacken, im Olivenöl andünsten, Kastanien zugeben, mit der Gemüsebrühe ablöschen, aufkochen, mit Kräutersalz, Pfeffer und Muskatnuss würzen, bei schwacher Hitze köcheln lassen, bis die Kastanien weich sind. Etwa die Hälfte der Kastanien mit einem Schaumlöffel herausnehmen und beiseite legen. Suppe pürieren.

2 Kastaniensuppe mit dem Rahm aufkochen, ganze Kastanien und Maiskörner zugeben, mit Ingwer abschmecken, eventuell mit Salz und Pfeffer nachwürzen. Anrichten. Ein paar Tropfen Olivenöl darüber träufeln.

Dazu passt Mahlzeit mit einem bunten Salat beginnen

4. DEZEMBER

Karpfen an Rotweinsauce

1 Karpfen oder Zander, küchenfertig, etwa 1,2 kg
Zitronensaft
Salz
frisch gemahlener schwarzer Pfeffer

Marinade
7 dl/700 ml kräftiger Rotwein
3–5 dl/300–500 ml Wasser
1 besteckte Zwiebel

Sauce
6 dl/600 ml Kochsud
2 EL Lebkuchenbrösel
Salz
frisch gemahlener Pfeffer
1 unbehandelte Zitrone, wenig abgeriebene Schale
50 g kalte Butterstückchen
6 Backpflaumen, klein geschnitten
3 EL gehackte Baumnüsse/Walnüsse

1 Fisch mit Zitronensaft, Salz und Pfeffer einreiben.

2 Für die Marinade Rotwein, Wasser und besteckte Zwiebel aufkochen, Fisch in den Kochsud legen und bei schwacher Hitze 20 bis 30 Minuten pochieren, bis er eine Kerntemperatur von 60 °C erreicht hat.

3 Für die Sauce 6 dl/600 ml Kochsud auf die Hälfte einkochen lassen, Lebkuchenbrösel zugeben, Sauce würzen. Butterstückchen nach und nach unter die heiße Sauce rühren. Backpflaumen und Nüsse zugeben.

4 Fisch häuten und portionieren, auf vorgewärmten Tellern anrichten, mit der Sauce umgießen.

Ravioli mit Kürbis-Käse-Füllung

für 3 bis 4 Portionen

Ravioliteig
250 g Weißmehl
1 TL Salz
2 Freilandeier
1 EL Olivenöl extra nativ
2 EL Wasser,
je nach Konsistenz des Teigs

Füllung
120 g Ricotta
150 g Kürbispüree,
gut abgetropft, Seite 334
1 EL fein gehackte Petersilie
40 g geriebener Parmesan
frisch geriebener Pfeffer

Butter
Salbeiblätter
Parmesanspäne

1 Für den Teig Mehl und Salz mischen, Eier und Olivenöl zugeben, zu einem geschmeidigen Teig verarbeiten. Je nach Konsistenz braucht es noch ein wenig Wasser. Teig in Klarsichtfolie einwickeln, im Kühlschrank 30 Minuten ruhen lassen.

2 Für die Füllung alle Zutaten miteinander vermengen, mit Pfeffer abschmecken.

3 Ravioliteig mit Nudelholz oder Nudelmaschine dünn ausrollen. Rondellen von etwa 7 cm Durchmesser ausstechen. Einen Teelöffel der Füllung auf jede Teigrondelle geben, zusammenklappen, Rand mit einer Gabel gut andrücken.

4 Die Ravioli in einem großen Kochtopf in reichlich Salzwasser al dente kochen, 6 bis 8 Minuten. Mit einem Schaumlöffel herausnehmen und in vorgewärmte Suppenteller verteilen. Nach Belieben mit Salbeibutter (Butter mit Salbeiblättern erhitzen) übergießen und mit Parmesanspänen bestreuen.

Dazu passt ein bunter Salat

Toskanischer Bohneneintopf

für 3 bis 4 Portionen

250 g große weiße Bohnen

2 EL Olivenöl extra nativ
1 mittelgroße Zwiebel
2 Spross Stangensellerie
1 mittelgroße Lauchstange
2 große fest kochende Kartoffeln
Salz
frisch gemahlener Pfeffer
2 Thymianzweiglein
2 EL Tomatenpüree
3 dl/300 ml Gemüsebrühe

reichlich fein gehackte Petersilie
2 EL Olivenöl extra nativ

1 Weiße Bohnen über Nacht in kaltem Wasser einweichen. Einweichwasser anderntags weggießen. Bohnen mit viel frischem Wasser aufkochen, bei mittlerer Hitze weich garen, 75 bis 90 Minuten. Abgießen.

2 Zwiebel fein hacken. Stangensellerie in 1 cm dicke Scheiben schneiden. Grobfasrige Blätter beim Lauch entfernen, Stange längs halbieren und in Streifen schneiden. Kartoffeln schälen und klein würfeln.

3 Zwiebeln im Olivenöl andünsten, Stangensellerie und Lauch kurz mitdünsten, Kartoffeln zugeben, mit Salz und Pfeffer würzen, abgezupfte Thymianblättchen und Tomatenpüree unterrühren, mit Gemüsebrühe ablöschen, aufkochen, 10 Minuten bei schwacher Hitze kochen, weiße Bohnen unterrühren, weiterkochen, bis die Kartoffeln gar sind. Abschmecken mit Petersilie und Olivenöl.

Dazu passt Mahlzeit mit einem bunten Salat beginnen

Tofu-Pilz-Ragout auf Toast

4–6 Toastbrotscheiben

1 EL Olivenöl extra nativ
200 g Tofu
1 kleine Zwiebel
100 g Champignons
1 EL Mehl
3–4 EL Weißwein
½ dl/50 ml Gemüsebrühe
½ dl/50 ml Rahm/Sahne
Salz
frisch gemahlener Pfeffer
1 Bund Schnittlauch

1 Tofu in Streifen schneiden, mit Salz und Pfeffer würzen. Zwiebel fein hacken. Pilze in feine Scheiben schneiden. Schnittlauch fein schneiden.

2 Tofustreifen in Rührbratpfanne oder beschichteter Bratpfanne im Olivenöl bei mäßiger Hitze braten, aus der Pfanne nehmen und beiseite stellen.

3 Zwiebeln und Pilze in der Tofupfanne in wenig Olivenöl andünsten, Mehl darüber streuen, Weißwein zugeben, einkochen lassen, Gemüsebrühe und Rahm zugeben, kurz köcheln lassen, Tofu und Schnittlauch unterrühren.

4 Toastbrot im Backofen auf Grillstufe oder im Toaster bräunen.

5 Tofu-Pilz-Ragout auf den Toastscheiben anrichten. Sofort servieren.

Dazu passen ein bunter Salat. Das Tofu-Pilz-Ragout passt auch zu Reis und Nudeln.

Rösti nach Großmutterart

400–500 g gekochte Schalenkartoffeln vom Vortag
Salz
Muskatnuss
frisch gemahlener schwarzer Pfeffer
2 EL Bratbutter/Butterschmalz
70 g Speckwürfelchen
1 mittelgroße Zwiebel, fein gehackt
2 EL Butter

1 Kartoffeln schälen und auf der Röstiraffel in eine Schüssel reiben, mit Salz, Muskatnuss und Pfeffer würzen.

2 Speckwürfelchen in der Bratbutter in einer Bratpfanne knusprig braten, Zwiebeln kurz mitbraten, Kartoffeln zufügen, gut mischen, mit einem Holzlöffel immer wieder rühren, damit die Kartoffeln gleichmäßig gebräunt werden. Nun einen Kuchen formen, Rösti bei mittlerer Hitze einige Minuten braten. Röstikuchen auf eine flache Platte oder einen großen Teller stürzen, dazu die Platte/den Teller umgekehrt auf die Bratpfanne legen und fest halten, Pfanne ruckartig stürzen. Röstikuchen vorsichtig in die Pfanne gleiten lassen. Restliche Butter an den Rand verteilen, Rösti fertig braten.

Dazu passen gedünstetes Gemüse und/oder ein bunter Salat

Linsen-Curry mit Kokosnuss

1 EL Erdnussöl
½ TL Kreuzkümmelsamen
2 EL Rosinen
1 TL scharfes gelbes Currypulver
1 Msp Kurkuma
1 kleine Zwiebel
1 Karotte
½ TL gehackter Ingwer
1 Tasse grüne Linsen
2 ganze Kardamomkapseln
2 EL Kokosnussraspel
Wasser
1 Spritzer Zitronensaft
Salz oder Gemüsebrühe

1 Linsen über Nacht in viel Wasser quellen lassen, Einweichwasser weggießen.

2 Zwiebel fein hacken. Karotte schälen und klein würfeln.

3 Erdnussöl erhitzen, Kreuzkümmel und Rosinen zugeben und kurz rösten, Curry, Kurkuma und Zwiebeln unterrühren und andünsten, Karotten kurz mitdünsten, Ingwer, Linsen, Kardamom, Kokosnussraspel und so viel Wasser zugeben, dass alles gut bedeckt ist, erhitzen, bei schwacher Hitze köcheln lassen, bis die Linsen weich sind (probieren), mit Zitronensaft und Salz oder Gemüsebrühepulver abschmecken.

Spaghetti alla pescatora

200 g Spaghetti

3 EL Olivenöl extra nativ
2 Knoblauchzehen, grob gehackt
1 EL gehackte glattblättrige Petersilie
1 TL zerriebener getrockneter roter Peperoncino/Chilischote
2 geräucherte Forellenfilets
frisch gemahlener Pfeffer

1 Spaghetti in reichlich Salzwasser al dente kochen.

2 Olivenöl nicht zu stark erhitzen, Knoblauch, Petersilie und Peperoncino zugeben, andünsten, Forellenfilets grob zerpflücken, mit den übrigen Zutaten vermengen. Abgetropfte Spaghetti zugeben, vermengen. Sofort servieren.

Dazu passt ein bunter Salat

Schweinsragout mit Wirz und Rüben

- 1 EL Erdnussöl
- 400 g Schweinsragout
- 2 dl/200 ml Fleischbrühe
- 300 g Wirz/Wirsing
- 2 Pfälzer Rüben/gelbe Rüben
- Salz
- frisch gemahlener Pfeffer

1 Beim Wirz Strunk entfernen, Blätter in Streifen schneiden. Pfälzer Rüben schälen, je nach Größe längs halbieren oder vierteln.

2 Schweinefleisch im Brattopf im heißen Erdnussöl rundum kräftig anbraten, mit der Fleischbrühe ablöschen, aufkochen, bei schwacher Hitze zugedeckt 30 Minuten schmoren. Wirz und Rüben unter das Fleischragout mischen, zugedeckt weitere 30 Minuten schmoren, bis die Rüben gar sind. Je nach Flüssigkeitsstand noch etwas Fleischbrühe zugeben. Würzen.

Dazu passen im Dampf gegarte Kartoffeln

Mais-Grünkohl-Kuchen

für eine Springform
von 26 cm Durchmesser

für 6 Portionen

250 g Rahm-/Sahnequark
3/4 dl/75 ml Rahm/Sahne
1/2 dl/50 ml Wasser oder Gemüsebrühe
4 Eigelbe von Freilandeiern
200 g feiner Maisgrieß
2 EL Olivenöl extra nativ
100 g Speckwürfelchen nach Belieben
1 mittelgroße Zwiebel
2 Knoblauchzehen
500 g Grünkohl/Federkohl ohne Blattrippen (mit Blattrippen ca. 750 g)
wenig Gemüsebrühe
100 g geriebener Gruyère
2 EL fein gehackte Kräuter
Kräutersalz
frisch gemahlener Pfeffer
1 unbehandelte Zitrone, abgeriebene Schale
geriebene Muskatnuss
Salz
4 Eiweiß
1–2 EL geriebener Gruyère

1 Quark, Rahm, Wasser und Eigelb glatt rühren, Maisgrieß unterrühren, 30 Minuten quellen lassen.

2 Zwiebel und Knoblauchzehen fein hacken. Grünkohl in feine Streifen schneiden. Speckwürfelchen im heißen Olivenöl braten, herausnehmen und beiseite stellen. Zwiebeln und Knoblauch in der gleichen Pfanne andünsten, Grünkohl zugeben und mitdünsten, evtl. wenig Gemüsebrühe zugeben, Gemüse knackig dünsten. Abkühlen lassen.

3 Backofen auf 200 °C vorheizen. Boden und Rand der Springform gut einfetten.

4 Speckwürfelchen, Käse und Kräuter unter den Maisbrei rühren. Kräftig würzen. Eiweiß zu Schnee schlagen und unterziehen. Die Masse in die Springform füllen, glatt streichen, mit dem Käse bestreuen.

5 Mais-Grünkohl-Kuchen in der Mitte in den Ofen schieben, bei 200 °C rund 40 Minuten backen.

Varianten Grünkohl durch Wirsing oder Cima di Rapa/Stängelkohl ersetzen.

Kürbis-Risotto

150 g Mittel- oder Rundkornreis für Risotto
4 dl/400 ml Wasser
1 EL Olivenöl extra nativ
1 kleine Zwiebel, fein gehackt
½ dl/50 ml Weißwein
200 g Kürbiswürfelchen, mehlige Sorte, z. B. Potimarron
2–2½ dl/200–250 ml heiße Gemüsebrühe
frisch gemahlener Pfeffer
Salz
1–2 EL Olivenöl extra nativ oder 15 g Butter
geriebener Käse, z. B. Pecorino, Sbrinz oder Parmesan

50 g Frischkäse oder Ziegenfrischkäse, nach Belieben

1 Reis und Wasser aufkochen, 5 Minuten sprudelnd kochen, auf der ausgeschalteten Wärmequelle zugedeckt 30 Minuten ausquellen lassen.

2 Zwiebeln im Olivenöl andünsten, Weißwein, Kürbis und Gemüsebrühe zugeben, je nach Größe der Kürbiswürfelchen 15 bis 20 Minuten köcheln lassen, Reis unterrühren, je nach Konsistenz mit Gemüsebrühe verflüssigen, mit Pfeffer und Salz würzen, mit Olivenöl oder Butter verfeinern. Der Risotto soll sämig sein, geriebenen Käse unterrühren.

3 Risotto in vorgewärmten Suppentellern anrichten, Frischkäse über den heißen Risotto verteilen, mit Petersilie bestreuen.

Variante Einige gebratene Pilze unter den Risotto mischen.

Dazu passt ein bunter Blattsalat

Omeletts mit Mischgemüse

Teig

- 1 ½ dl/150 ml Milch
- 1 EL flüssige Butter
- 1 Freilandei
- 75 g Weißmehl
- 1 Msp Salz

- Öl zum Ausbacken

Füllung

- 1 EL Olivenöl extra nativ
- 1 kleine Zwiebel
- 300–400 g Saisongemüse, z. B. Karotten, Kürbis, Knollensellerie, Lauch
- etwa ½ dl/50 ml Gemüsebrühe
- 1–2 EL fein gehackte Kräuter
- frisch gemahlener Pfeffer
- Salz

1 Für den Teig Milch, flüssige Butter und Ei verquirlen. Mehl und Salz beifügen, zu einem glatten Teig rühren. Mindestens 30 Minuten zugedeckt quellen lassen.

2 Zwiebel schälen und fein hacken. Gemüse putzen/schälen, in Stäbchen, Scheiben oder kleine Würfel schneiden.

3 Zwiebeln im Olivenöl andünsten, Gemüse zugeben und mitdünsten, mit ein wenig Gemüsebrühe ablöschen, Gemüse bei schwacher Hitze knackig dünsten, Kräuter zugeben, mit Pfeffer und Salz würzen.

4 In einer beschichteten Bratpfanne wenig Öl nicht zu stark erhitzen. Aus dem Teig 4 Omeletts backen. Immer wieder einige Tropfen Öl in die Pfanne geben. Warm stellen.

5 Mischgemüse auf die Omeletts verteilen, ein zweites Omelett darauf legen.

Variante Anstelle von Gemüse mit einer Tomatensauce servieren.

Dazu passt ein bunter Salat

Tofustreifen mit Bohnensprossen

¾ TL flüssiger Honig
2 EL Weißwein
1 EL Olivenöl extra nativ
1 TL Maisstärke
1 Prise Salz

1 EL Olivenöl extra nativ
200 g Tofu
1 TL Mehl
1 kleine Zwiebel
wenig frisch geriebene Ingwerwurzel
100 g Bohnensprossen
1 Karotte
Sambal Oelek
frisch gemahlener Pfeffer
Chinagewürz
1 TL Sojasauce

1 Sämtliche Zutaten für die Marinade verrühren. Tofu in Streifen schneiden, mit der Marinade beträufeln, etwa 4 Stunden marinieren.

2 Karotte schälen, mit dem Sparschäler Streifen abziehen. Zwiebel längs vierteln.

3 Tofu in einer Rührbratpfanne oder in einer beschichteten Bratpfanne im Olivenöl bei mäßiger Hitze braten, mit dem Mehl bestäuben, aus der Pfanne nehmen und beiseite stellen.

4 Zwiebeln in der Tofupfanne dünsten. Ingwer, Bohnensprossen und Karotten zufügen und kurz mitdünsten, würzen. Tofu zufügen, erhitzen.

Dazu passen Reis und ein bunter Salat

Wolfsbarsch mit Mandarinen und Zwiebeln

1 mittelgroßer Wolfsbarsch oder Goldbrasse oder Lachsforelle, je nach Marktangebot, küchenfertig
frisch gemahlener schwarzer Pfeffer
Salz
1 Zweig glattblättrige Petersilie
2–3 unbehandelte Mandarinen
1 kleine Zwiebel
2 EL Mandarinenöl

1 Backofen auf 100 °C vorheizen.

2 Bauchhöhle des Fischs mit Salz und Pfeffer würzen, mit Petersilie und einem Mandarinenschnitz füllen, auch außen mit Salz und Pfeffer würzen, auf ein leicht geöltes Backblech legen. Mandarinen mit Schale in Scheiben schneiden, Kerne entfernen. Zwiebel in Streifen schneiden, Mandarinen und Zwiebeln auf den Fisch verteilen, mit Mandarinenöl beträufeln.

3 Fisch in der Mitte in den Ofen schieben, bei 100 °C etwa 45 Minuten dünsten, dann den Ofen auf 250 °C aufheizen, am besten auf Grillstufe, und den Fisch Farbe annehmen lassen, die Mandarinenscheiben dürfen leicht gebräunt sein. Die Grilldauer beträgt je nach Hitze und Ofentyp 5 bis 10 Minuten.

Dazu passen ein bunter Salat, im Dampf gegarte Kartoffeln oder ein lauwarmer Kartoffelsalat

Linsen-Bulgur-Suppe

15 g Butter
1 kleine Zwiebel
50 g orange Linsen
50 g feiner Bulgur
¾ l Wasser
2 EL Tomatenpüree
Salz
frisch gemahlener Pfeffer
15 g Butter
1 TL getrocknete Pfefferminze
wenig glattblättrige Petersilie

1 Zwiebel fein hacken, in der Butter andünsten, Linsen und Bulgur zugeben, mit dem Wasser ablöschen, aufkochen, bei schwacher Hitze 30 Minuten köcheln lassen, von Zeit zu Zeit rühren. Tomatenpüree unter die Suppe rühren, mit Salz und Pfeffer würzen. Je nach Konsistenz mit Wasser oder Gemüsebrühe verdünnen.

2 Getrocknete Minze in der nicht zu heißen Butter schwenken, unter die Suppe rühren. Die Suppe in vorgewärmten Tellern anrichten. Fein geschnittene Petersilie darüber streuen.

Tipp Als zweiten Gang überbackene Äpfel servieren. Dazu den Backofen auf 180 °C vorheizen. 2 große Boskoop oder andere säuerliche Äpfel schälen, Kerngehäuse mit einem Fruchtentkerner ausstechen. Äpfel in kleine eingebutterte Gratinform stellen. Etwa 1½ dl/150 ml Rahm/Sahne erwärmen, zwei Esslöffel Honig unterrühren, in die Löcher der Äpfel gießen. Form in der Mitte in den Ofen schieben, Äpfel bei 180 °C 10 Minuten backen, je 1 Esslöffel Zucker über die Früchte streuen, weiterbacken, bis der Zucker karamellisiert und die Äpfel weich sind. Sofort servieren.

Zwiebelkuchen

für eine Kuchenform von 28 cm Durchmesser

für 3 bis 4 Portionen

300–400 g Kuchenteig oder geriebener Teig, Seite 31

1 EL Olivenöl extra nativ
300 g Zwiebeln
2 Freilandeier
150 g Crème fraîche
100 g Sauerrahm/saure Sahne
Salz
frisch gemahlener Pfeffer
Muskatnuss

1 Backofen auf 200 °C vorheizen.

2 Teig rund ausrollen und in die eingefettete Form legen.

3 Zwiebeln halbieren, die Hälften in Scheiben schneiden, im Olivenöl glasig dünsten.

4 Eier, Crème fraîche und Sauerrahm verrühren, Zwiebeln zufügen, würzen, auf den Teigboden verteilen.

5 Kuchen auf der untersten Schiene in den Ofen schieben, bei 200 °C 30 bis 40 Minuten backen.

Dazu passt ein bunter Salat

19. DEZEMBER

Kürbiscrêpes mit scharfem Rindfleisch-Kürbis-Ragout

Crêpeteig

100 g mehliges Kürbisfleisch, z. B. Potimarron, Hubbard, gewürfelt
ca. ½ dl/50 ml kohlensäurehaltiges Mineralwasser
1 TL Maiskeimöl
2 Freilandeier
150 g Weißmehl
1 Msp Salz

Öl zum Ausbacken

1 TL Olivenöl extra nativ
1 kleine Zwiebel
1 Knoblauchzehe
150 g fruchtiges Kürbisfleisch, z. B. Muscade de Provence, gewürfelt
2–3 EL Gemüsebrühe
1 TL Olivenöl extra nativ
200 g Rindfleisch, in Streifen oder gewürfelt
1 EL scharfes Currypulver (Madras)
1 Msp Salz
frisch gemahlener Pfeffer
2 EL Rahm/Sahne

1 Für die Crêpes Kürbiswürfel über Dampf weich garen, pürieren, das Püree in einem Chromstahlsieb abtropfen und auskühlen lassen. Kürbispüree, Mineralwasser, Öl und Eier verquirlen. Mehl und Salz zufügen, zu einem glatten Teig rühren. Mindestens 30 Minuten zugedeckt quellen lassen.

2 Für die Füllung Zwiebel und Knoblauchzehe hacken, im Olivenöl andünsten, Kürbiswürfelchen und Brühe zufügen, Kürbis knapp weich garen.

3 Fleisch in einer Bratpfanne im Olivenöl anbraten, mit Curry, Salz und Pfeffer kräftig würzen, zu den Kürbiswürfeln geben, mit Rahm verfeinern. Warm stellen.

4 In einer beschichteten Bratpfanne wenig Öl nicht zu stark erhitzen. Einen zu dickflüssigen Teig mit ein wenig Mineralwasser verdünnen. Aus dem Teig 4 Crêpes ausbacken. Immer wieder ein paar Tropfen Öl in die Pfanne geben. Warm stellen.

5 Fleisch-Kürbis-Ragout auf die Crêpes verteilen, zusammenklappen. Sofort heiß servieren.

Variante Fleischstreifen durch Hackfleisch ersetzen

Rustikale Sauerkrautsuppe mit Wacholdertoast

1 EL Bratbutter/Butterschmalz
1 kleine Zwiebel
1 Knoblauchzehe
2 mittelgroße fest kochende Kartoffeln
300 g rohes Sauerkraut
1 EL edelsüßes Paprikapulver
1 dl/100 ml Weißwein
1 l Gemüsebrühe
Kräutersalz
frisch gemahlener Pfeffer

Wacholdertoast

8 Scheiben Baguette
30 g weiche Butter
1 EL milder Senf
8 zerdrückte Wacholderbeeren

1 Zwiebel und Knoblauchzehe fein hacken. Kartoffeln schälen und klein würfeln.

2 Zwiebeln und Knoblauch in der Butter andünsten, zuerst die Kartoffeln, dann das Sauerkraut mitdünsten, mit Paprika bestäuben, Weißwein zugeben, aufkochen, bei schwacher Hitze 20 bis 30 Minuten köcheln lassen; die Kartoffeln dürfen nicht zerfallen. Würzen.

3 Brotscheiben mit Butter und Senf bestreichen, zerdrückte Wacholderbeeren darauf verteilen. Im vorgeheizten Ofen bei starker Oberhitze knusprig backen.

Fischfilets auf Kräuterrisotto

300 g Fischfilets, z. B. Felchen
1 Scheibe Pancetta je Fischfilet
1 Hand voll Salbeiblätter

Risotto verde

1 EL Olivenöl extra nativ
1 kleine Zwiebel, fein gehackt
150 g Risottoreis
½ dl/50 ml Weißwein
½ l heiße Gemüsebrühe
½ Bund glattblättrige Petersilie
2 EL Olivenöl extra nativ
½ unbehandelte Zitrone, abgeriebene Schale

1 Für den Risotto Zwiebeln im Olivenöl andünsten, Reis zugeben und mitdünsten, mit Weißwein ablöschen, einkochen lassen, nach und nach heiße Gemüsebrühe unterrühren. Kochzeit 20 Minuten. Ein Risotto darf nie zu trocken sein, im Zweifelsfall noch mehr heiße Brühe zugeben. Der Reis sollte noch Biss haben, deshalb Garzeit überwachen. Petersilie von den Stielen zupfen, fein hacken, unter den Risotto rühren, mit Zitronenschalen, Salz und Pfeffer abschmecken.

2 Fischfilets mit Pancetta und Salbei belegen, mit Zahnstochern fixieren. In einer Bratpfanne im Olivenöl bei mittlerer Hitze auf beiden Seiten kurz braten.

3 Fischfilets auf dem Reis anrichten.

Kürbis-Ricotta-Gnocchi

für 4 Portionen

300 g sehr trockenes Kürbispüree, Seite 334
250 g Ricotta
120–150 g Parmesan
1 Freilandei
Meersalz
frisch gemahlener Pfeffer
Muskatnuss
150–200 g Weißmehl
grob geriebener Parmesan
Olivenöl extra nativ

1 Kürbispüree, Ricotta, Parmesan und Ei verrühren, mit Salz, Pfeffer und Muskatnuss würzen. So viel Mehl einkneten, dass der Teig nicht mehr klebt.

2 Gnocchiteig in 3 bis 4 Portionen teilen, Rollen von 2 cm Durchmesser drehen, in 2 bis 3 cm lange Stücke schneiden, mit einer Gabel leicht flach drücken. Oder den Gnocchiteig mit 2 Teelöffeln portionieren.

3 Gnocchi in reichlich Salzwasser portionsweise garen, bis sie an die Oberfläche steigen. Mit einem Schaumlöffel herausnehmen und warm stellen.

4 Gnocchi kurz vor dem Servieren mit Parmesan bestreuen und mit Olivenöl beträufeln.

Variante Gnocchi im Backofen bei starker Oberhitze kurz überbacken oder mit einer Tomatensauce servieren.

Dazu passen kurz gebratenes Fleisch und ein bunter Salat

Lauwarmer Kartoffelsalat

400 g fest kochende Kartoffeln
3–4 EL Olivenöl extra nativ
1 Hand voll glattblättrige Petersilie, grob gehackt
1 roter Peperoncino/Pfefferschote, fein gehackt
wenig getrockneter Oregano
2 Knoblauchzehen, in feinen Scheiben
Salz
Limonenöl nach Belieben

Kartoffeln in der Schale im Dampf weich garen, noch heiß schälen, in Scheiben oder Würfel schneiden. Noch warm mit Olivenöl, Petersilie, Peperoncini und Knoblauch mischen und mit Salz abschmecken. Mit Limonenöl verfeinern.

Dazu passen Beinschinken, Rippli/Kasseler, Brühwürstchen und ein großer Blattsalat.

Entenbrust mit süßsaurer Sauce

für 4 Portionen

2 Entenbrüste mit Haut, je 400 g
Salz
frisch gemahlener Pfeffer

Sauce

1 unbehandelte Orange, abgeriebene Schale
2 EL milder Apfelessig
1 TL Balsamico-Essig
1 EL Zucker oder geschmacksneutraler Honig
½ Hand voll Rosinen
1 EL ungesüßtes Kakaopulver
1 EL Pinienkerne
1–1½ dl/100–150 ml Wasser

1 Alle Zutaten für die süßsaure Sauce aufkochen und bei schwacher Hitze 5 Minuten ziehen lassen. Zugedeckt erkalten lassen.

2 Entenbrüste mit Salz und Pfeffer würzen, in einem Brattopf ohne Öl zuerst auf der Hautseite 6 bis 8 Minuten braten, wenden und weitere 3 bis 4 Minuten braten. Die Bratzeit hängt von der Größe der Entenbrüste ab. Die süßsaure Sauce zufügen, bei schwacher Hitze zugedeckt 5 Minuten ziehen lassen.

Dazu passen Nudeln, Reis oder Kartoffelgnocchi, Seite 105

Hohrückenbraten mit Butter-Pfeffersauce

für 4 bis 6 Portionen

1 kg Hohrücken, gut gelagert

Marinade

2 EL roter Portwein
1 EL Worcestersauce
1 EL Senf
2 EL Olivenöl extra nativ
1 durchgepresste Knoblauchzehe

Sauce

1 dl/100 ml kräftiger Rotwein
1 dl/100 ml roter Portwein
1 fein gehackte Schalotte
2 TL eingelegte grüne Pfefferkörner, grob gehackt
75 g kalte Butterstückchen
Salz, frisch gemahlener Pfeffer

Gebratene Zwiebeln

einige kleine Zwiebeln
2 EL Olivenöl extra nativ

1 Für die Marinade alle Zutaten verrühren. Fleisch damit einstreichen, im Kühlschrank über Nacht zugedeckt marinieren.

2 Backofen auf 230 °C aufheizen.

3 Hohrücken auf den Rost legen und Fleischthermometer einstecken. Mit einem Blech als Auffangsschale auf der Schiene in den Ofen schieben, bei 230 °C 15 Minuten braten, Temperatur auf 155 °C reduzieren, Ofentüre geöffnet lassen, bis die Temperatur gesunken ist. Hohrücken 25 bis 35 Minuten (saignant = Kerntemperatur 55 °C) oder 45 Minuten (à point = Kerntemperatur 60 °C) braten.

4 Zwiebeln längs halbieren, mit dem Öl mischen. 25 Minuten vor Ende der Bratzeit des Hohrückens auf den Fleischrost legen und mitbraten.

5 Für die Sauce alle Zutaten bis und mit Schalotten in einem Pfännchen auf die Hälfte einkochen lassen, absieben. Fond wieder in die Pfanne geben, Pfefferkörner beifügen. Butter in Portionen unterrühren, würzen. Sauce nicht mehr kochen.

Dazu passt eine Rahmpolenta. Dazu 200 g Bramata-Mais, 8 dl/800 ml Milchwasser (halb Milch/halb Wasser), 2 dl/200 ml Halbrahm/Sahne und 1½ TL Salz unter Rühren aufkochen, bei schwacher Hitze 30 bis 40 Minuten köcheln lassen, immer wieder rühren, mit Pfeffer und Muskatnuss abschmecken.

Kastanien-Buchweizen-Blinis mit Lauch

Teig
- 2 dl/200 ml Milch
- 2 Freilandeier
- 1 EL Olivenöl extra nativ
- 70 g Kastanienmehl (aus luftgetrockneten Kastanien)
- 70 g Buchweizen- oder Weißmehl
- 1 Msp Salz
- 1 Msp phosphatfreies Backpulver

- Olivenöl oder Bratbutter/Butterschmalz zum Braten

Gemüse
- 1 EL Olivenöl extra nativ
- 300–400 g Lauch
- 1 EL mittelscharfes Currypulver
- ¾ dl/75 ml Weißwein
- Gemüsebrühepulver
- Salz
- frisch gemahlener Pfeffer

- Buchweizensprossen für die Garnitur

1 Für den Teig Milch, Eier und Olivenöl verquirlen, Kastanien- und Weißmehl, Salz und Backpulver zufügen, zu einem glatten Teig rühren, mindestens 30 Minuten zugedeckt quellen lassen.

2 Grobfasrige Blätter beim Lauch entfernen, Stangen schräg in Stücke schneiden, im Olivenöl andünsten, Curry darüber streuen, mit dem Weißwein ablöschen, Lauch knackig garen, mit Gemüsebrühepulver, Salz und Pfeffer würzen.

3 In einer beschichteten Bratpfanne wenig Olivenöl oder Bratbutter erhitzen. Teig aufrühren, in kleinen Portionen, etwa 2 Esslöffel oder 1 Schöpflöffel je Blinis in die Pfanne geben, bei mittlerer Hitze backen.

4 Blinis mit dem Lauch anrichten. Mit Buchweizensprossen garnieren.

Gebratener Ingwer-Reis mit Tofu

2 EL Erdnussöl
50 g frische chinesische Pilze oder
10 g getrocknete chinesische Pilze
150 g Tofuwürfelchen
1 EL Sojasauce
1 Schalotte, fein gehackt
1 EL fein geriebener Ingwer
wenig Honig
200 g gekochter Langkornreis
1 Bund Schnittlauch, fein geschnitten

1 Getrocknete Pilze etwa 30 Minuten in lauwarmem Wasser einweichen, gut ausdrücken und klein schneiden. Frische Pilze je nach Größe zerkleinern.

2 Pilze und Tofuwürfelchen in einer Rührbratpfanne oder in einer beschichteten Bratpfanne im Erdnussöl kräftig anbraten. Aus der Pfanne nehmen, mit der Sojasauce würzen.

3 Schalotten und fein geriebenen Ingwer in der Tofupfanne anbraten, Honig unterrühren, gekochten Reis zugeben und mitbraten, Pilz-Tofu-Gemisch unterrühren, garnieren mit Schnittlauch.

Dazu passt ein bunter Salat

Fleischkuchen

für eine Kuchenform von 28 cm Durchmesser

für 4 Portionen

Teig

300 g Weißmehl
1 TL Salz
120 g kalte Butterstückchen
4–5 EL Wasser
Eigelb zum Bepinseln

Füllung

2 EL Bratbutter/Butterschmalz
200 g gehacktes Kalbfleisch
200 g gehacktes Schweinefleisch
1 Brötchen
wenig Milch
2 Schalotten, gehackt
½ dl/50 ml Rotwein
½ dl/50 ml Fleischbrühe
½ dl/50 ml Rahm
Salz
frisch gemahlener Pfeffer
Paprika, Majoran

1 Für den Teig Mehl, Salz und Butterstückchen krümelig reiben, Wasser zugeben, rasch zu einem Teig zusammenfügen. Möglichst nicht kneten. Teig halbieren. Zwischen Klarsichtfolien zwei Rondellen ausrollen. Die eine soll den Durchmesser des Kuchenblechrandes haben, die andere in die Form passen und den Blechrand 1 cm überlappen. Teigrondellen (die größere in die gebutterte Form legen) kühl stellen.

2 Für die Füllung das Fleisch in der Bratbutter portionsweise anbraten. Beiseite stellen. Klein geschnittenes Brötchen kurz in wenig Milch einweichen, gut ausdrücken.

3 Backofen auf 220 °C vorheizen.

4 Schalotten in der Fleischpfanne andünsten, Hackfleisch und Brot zugeben, gut mischen, Rotwein, Fleischbrühe und Rahm unterrühren, gut würzen, bei starker Hitze kochen, bis alle Flüssigkeit verdampft ist.

5 Leicht ausgekühlte Füllung auf dem Teigboden verteilen. Teigrand nach innen legen und sparsam mit Wasser bepinseln, Teigdeckel darauf legen und den Rand gut andrücken. Mit Eigelb bepinseln. Mit einem spitzen Messer dekorative Linien ziehen.

6 Fleischkuchen in der Mitte in den Ofen schieben, bei 220 °C 40 Minuten backen.

Dazu passt ein bunter Salat

Kürbissuppe mit Randenwürfelchen

1 EL Olivenöl extra nativ
1 kleine Zwiebel
300–400 g Kürbisfleisch
1 kleine mehlig kochende Kartoffel
½ l Gemüsebrühe
Kräutersalz
frisch gemahlener Pfeffer
1 Msp frisch geriebener Ingwer
1 Bund Schnittlauch
100 g gekochte Randen/Rote Bete
2 EL Sauerrahm/saure Sahne

1 Zwiebel fein hacken. Kürbis klein würfeln. Kartoffel schälen, klein würfeln. Schnittlauch fein schneiden. Rande schälen, klein würfeln (Brunoise).

2 Zwiebeln und Kürbis im Öl andünsten, Kartoffeln zugeben, mit der Gemüsebrühe ablöschen, aufkochen, bei schwacher Hitze köcheln, bis das Gemüse weich ist. Pürieren.

3 Kürbissuppe aufkochen, mit Kräutersalz, Pfeffer und Ingwer abschmecken. Anrichten. Schnittlauch und Randenwürfelchen darüber streuen. Einen Esslöffel Sauerrahm in die Mitte geben.

Dazu passen knuspriges Brot, Beinschinken, Rohschinken

Käsefondue moitié-moitié

300–400 g Baguette/Pariserbrot

2 Knoblauchzehen
1½ dl/150 ml Weißwein
1 TL Maisstärke
150 g reifer Gruyère
150 g Freiburger Vacherin
1 kleines Glas Kirsch (30 ml)
frisch gemahlener schwarzer Pfeffer

1 1 Knoblauchzehe halbieren, die andere fein hacken. Die beiden Käse auf der Röstiraffel reiben. Maisstärke und Kirsch glatt rühren.

2 Den Boden des Caquelon mit den halbierten Knoblauchzehen einreiben, Weißwein zufügen und erhitzen, Käse und fein gehackten Knoblauch zufügen, unter Rühren bei mittlerer Hitze langsam schmelzen, Kirsch zufügen, weiterrühren, bis das Fondue von sämiger Konsistenz ist, mit Pfeffer abschmecken.

Servieren Käsefondue am Tisch auf einem Rechaud köcheln lassen. Damit die Kruste nicht anbrennt und bitter wird, mit den eingetauchten Brotwürfeln auch auf dem Pfannenboden gut rühren.

Lammfilet auf karamellisierten Orangenscheiben

300–400 g Lammfilet oder -steak
Thymian, Blättchen abgezupft
2–3 EL Olivenöl extra nativ
Kräutersalz
frisch gemahlener Pfeffer

2 schöne unbehandelte Orangen
1 EL Waldhonig
1 TL süßlicher Balsamico-Essig

Orangenöl zum Beträufeln

1 Lammfilets oder -steaks in 3 bis 4 Stücke schneiden, mit Salz und Pfeffer würzen, mit Thymianblättchen bestreuen, im Olivenöl allseitig kurz braten. Warm stellen.

2 Orangen in dicke Scheiben schneiden, in einer Bratpfanne mit dem Honig und dem Balsamico-Essig von beiden Seiten leicht karamellisieren.

3 Fleisch auf den karamellisierten Orangenscheiben anrichten. Nach Belieben mit Orangenöl beträufeln.

Dazu passen Bratkartoffeln, Seite 182

Register

V

W

Z